高等学校毒品预防教育通识课程教材

毒品辨识与预防

主　编　刘传银　姚继平
副主编　邹小建　欧雪娇

西南交通大学出版社
·成　都·

图书在版编目（CIP）数据

毒品辨识与预防 / 刘传银，姚继平主编. —成都：西南交通大学出版社，2022.11
ISBN 978-7-5643-9009-9

Ⅰ. ①毒… Ⅱ. ①刘… ②姚… Ⅲ. ①禁毒 – 中国 – 教材 Ⅳ. ①D669.8

中国版本图书馆 CIP 数据核字（2022）第 216995 号

Dupin Bianshi yu Yufang
毒品辨识与预防

主　编　　刘传银　姚继平

责 任 编 辑	何宝华
封 面 设 计	原创动力
出 版 发 行	西南交通大学出版社
	（四川省成都市金牛区二环路北一段 111 号
	西南交通大学创新大厦 21 楼）
发行部电话	028-87600564　028-87600533
邮 政 编 码	610031
网　　　址	http://www.xnjdcbs.com
印　　　刷	成都中永印务有限责任公司
成 品 尺 寸	185 mm × 260 mm
印　　　张	16
字　　　数	381 千
版　　　次	2022 年 11 月第 1 版
印　　　次	2022 年 11 月第 1 次
书　　　号	ISBN 978-7-5643-9009-9
定　　　价	48.00 元

课件咨询电话：028-81435775
图书如有印装质量问题　本社负责退换
版权所有　盗版必究　举报电话：028-87600562

前 言

Foreword

本书是针对普通高等学校进行毒品预防教育缺乏合适教材的现状而编写出版的通识类教材，适用于高等学校不同专业学生的毒品预防教育。

目前，毒品辨识与预防已成为全社会的共识，根据教育部的要求，中小学应开展毒品预防教育的相关讲座。但是对于开展毒品预防教育的老师而言，还是缺乏一本适用性较高的预防教育教材。对大学生而言，毒品预防教育将使他们能够正确辨识毒品、识别毒品危害并远离毒品，同时大学生具有的专业知识可以使他们积极参与到社会帮扶和志愿行列，但目前仍缺少一本合适的大学生毒品预防教育的教材。故本教材立足于不同专业大学生的知识基础，帮助他们掌握毒品的辨识知识，使其在此基础上能够积极参与毒品的社会防控，做好志愿工作，为中华民族的伟大复兴贡献力量。

本书按照毒品辨识的脉络，从毒品的危害性、依赖性和违法性的角度，给出了毒品的定义，分析了毒品与药物、毒物之间的关系，然后介绍了目前常见的各类毒品与其检测方法。之后从学校、家庭和社会三个维度出发，分析对不同阶段青少年进行毒品预防教育的方式方法。最后通过对禁毒相关法律法规的介绍以及对涉毒典型案例的分析，使学生明白涉毒违法犯罪行为的后果，从而加强自身修养，从我做起，拒绝毒品。

作为一种通识类教材，本教材的读者范围较宽，能适合不同阶层读者的需要。本教材可以作为高等学校本科、专科等不同专业学生的禁毒及毒品预防教育教材，也可以作为公安禁毒部门、司法戒毒部门、社区戒毒中心工作人员及禁毒志愿者的培训教材和参考用书。

本书刘传银负责第一章到第三章的编写，姚继平负责第四章和第六章的编写，邹小建和欧雪娇为案例分析提供了非常珍贵的素材并对涉毒案件的法律适用及教材的编写给予了许多积极的建议,最后全书由刘传银统稿。

在本书的编撰过程中,我们得到了国家禁毒局专家、湖北省司法鉴定协会专家、襄阳市公安局禁毒支队以及湖北文理学院同事的积极支持,得到了湖北文理学院教务处的大力支持,对此,编者一并致以诚挚的谢意。

由于编者的水平有限,书中难免存在一些不妥与疏漏之处,期盼广大读者给予批评和指正,不胜感谢!

编 者

2022 年 2 月

目 录
Contents

第一章 毒品的基础知识	1
第一节 毒品的概念及范围	2
第二节 毒品的特征	5

第二章 各类毒品及辨识方法	8
第一节 鸦片类毒品	9
第二节 大麻及合成大麻类毒品	18
第三节 可卡因类毒品	19
第四节 兴奋剂类毒品	22
第五节 致幻类毒品	25
第六节 抑制剂类毒品	32
第七节 新精神活性物质	36
第八节 易制毒化学品	47

第三章 毒品的实验室识别与检验	51
第一节 毒品检验概述	52
第二节 毒品定性定量分析方法的基本原理	57

第四章 毒品预防及戒毒治疗	70
第一节 毒品滥用形势分析	71
第二节 毒品预防教育概述	74
第三节 毒品预防学校教育	81

第四节 毒品预防家庭教育 91
第五节 毒品预防社区教育 98
第六节 戒毒治疗及回归社会 103

第五章 禁毒法律法规及解读 118

中华人民共和国禁毒法（节选）及其解读 119
中华人民共和国刑法（节选） 135
最高人民法院关于审理毒品犯罪案件适用法律若干问题的解释 138
中华人民共和国药品管理法（节选） 142
易制毒化学品管理条例 147
吸毒成瘾认定办法 155
关于修改《吸毒成瘾认定办法》的决定 157
麻醉药品和精神药品管理条例 158

第六章 涉毒案件构成要件及案例分析 172

第一节 毒品犯罪案件构成要件 173
第二节 毒品犯罪典型案例分析 175

附 录 198

附录1：我国非药用类麻醉药品和精神药品管制时间及目录 198
附录2：121种麻醉药品品种目录（2013年版） 199
附录3：精神药品品种目录（2013年版） 203
附录4：非药用类麻醉药品和精神药品管制品种增补目录 209
附录5：大中小学生禁毒知识竞赛试题库 214
附录6：中小学毒品预防教育方案设计模板 249

参考文献 250

第一章 毒品的基础知识

【知识目标】
1. 了解毒品的概念、特性及形式。
2. 认识毒品的分类及主要特性。
3. 正确认识毒品与药品、毒品与毒物之间的关系。

【能力目标】
通过学习能够认识毒品的基本特性及其概念的内涵和外延,认识到毒品的危害性,对该课程的整个内容有系统的了解。

【思政目标】
1. 正确运用普遍性和特殊性的原理和方法来认识毒品与药品、毒品与毒物之间的关系。
2. 正确运用量变和质变的辩证思维来分析毒品对个人、家庭及社会的危害性。

第一节 毒品的概念及范围

一、毒品的定义

《中华人民共和国刑法》第357条规定的毒品是指"鸦片、海洛因、甲基苯丙胺（冰毒）、吗啡、大麻、可卡因以及国家规定管制的其他能够使人形成瘾癖的麻醉药品和精神药品"。

毒品的范围具有历史性和时代性。随着对药物滥用及依赖性研究范围的扩大和新药合成的不断发展，毒品的种类和范围会进一步增大，所以毒品的管制是一种动态管制。为了掌握毒品的范围、种类，国际上通过各国采取开列和定期公布毒品清单的方法，确认毒品的范围。《联合国禁止非法贩运麻醉药品和精神药物公约》规定，所列的麻醉药品、精神药品及制毒物资清单，需依照缔约国和国际麻醉品管制局的提议，经联合国麻醉药品委员会决定，随时修订。目前大约有200多种麻醉药品和精神药品被置于国际公约的名单之下，受到国际管制。我国根据国际公约及本国实际使用的情况，2021年7月1日整类列管合成大麻素类物质、新增列管氟胺酮等18种新精神活性物质后，我国管制毒品包括449种麻醉药品和精神药品（121种麻醉药品、154种精神药品、174种非药用类麻醉药品和精神药品）、整类芬太尼类物质、整类合成大麻素类物质，数量之多在全世界位于前列。

毒品通常分为麻醉药品和精神药品两大类。其中最常见的主要是麻醉药品类中的大麻类、鸦片类和可卡因类。毒品一般是指使人形成瘾癖的药物，这里的药物一词是个广义的概念，主要指吸毒者滥用的鸦片、海洛因、冰毒等，还包括具有依赖性的天然植物、烟、酒和溶剂等，与医疗用药物是不同的概念。

制毒物品是指用于制造麻醉药品和精神药品的物品。毒品，有些是可以天然获得的，如鸦片类、恰特草、大麻类、麦司卡林等，但绝大部分毒品只能通过化学合成的方法取得。这些加工毒品必不可少的医药和化工生产用的原料就是我们所说的制毒物品。因此，制毒物品既是医药或化工原料，又是制造毒品的配剂。

表1-1 截至目前我国列管的麻醉药品和精神药品目录（详细目录见附录1至附录4）

列管时间	列管目录类型	种类数目
2013年版	麻醉药品品种目录	121种
2013年版	精神药品品种目录	149种
2015.10.1	非药用类麻醉药品和精神药品管制品种增补目录	116种
2015.5.1	第二类精神药品	含可待因复方口服液体制剂1种
2017.3.1	非药用类麻醉药品和精神药品管制品种增补目录	卡芬太尼等4种芬太尼类物质

续表

列管时间	列管目录类型	种类数目
2017.7.1	非药用类麻醉药品和精神药品管制品种增补目录	N-甲基-N-（2-二甲氨基环己基）-3,4-二氯苯甲酰胺（U-47710）等4种
2018.9.1	非药用类麻醉药品和精神药品管制品种增补目录	4-氯乙卡西酮等32种物质
2019.5.1	非药用类麻醉药品和精神药品管制品种增补目录	芬太尼类物质
2019.9.1	精神药品管理	含羟考酮复方制剂
2020.1.1	第二类精神药品	瑞马唑仑
2021.7.1	非药用类麻醉药品和精神药品管制品种增补目录	合成大麻素类物质，氟胺酮等18类物质

二、毒品的分类

毒品是一个广泛的称呼，按照其时间、来源、属性、效果又可以分成不同种类，但都具有共同性，即有非法性、成瘾性和危害性三大特性（特别说明的是，虽然烟草和酒精也有一定的成瘾性和危害性，但是烟草和酒精是合法商品，并未被界定为毒品）。毒品可以按照不同的标准进行分类。

按流行时间分类，可以分为传统毒品和新型毒品。传统毒品一般指鸦片、海洛因等阿片类、可卡因、大麻等流行较早的毒品，一般从植物中提取。其中典型的毒品就是海洛因、可卡因、大麻，以海洛因为首。新型毒品是相对于传统毒品而言，主要指甲基苯丙胺等人工化学合成的兴奋剂、致幻剂类毒品。在我国主要是20世纪末、21世纪初开始在歌舞娱乐场所中流行的毒品，其典型代表是甲基苯丙胺（冰毒）、摇头丸、麻古、K粉等。

按照毒品来源分类，可以分为天然毒品、半合成毒品和合成毒品。

天然毒品，它是指自然界植物体内含有的具明显生理活性的毒品。人们可将植物的某一部分直接吸食、饮用，或通过简单地提取净化，得到含量较高的毒品。鸦片、大麻、古柯、恰特草、致幻毒蘑菇等均属于天然毒品。同一植物科属的植物，由于部位不同，所含的毒品成分含量也有所不同。此外，植物的产地、天然或栽培以及不同栽培方式、采摘时间、新鲜或干燥以及提取方法都会影响毒品的含量和效能。

半合成毒品是采用天然毒品和化学物质反应制成的一些纯度更高、成瘾效果更高的毒品，其典型代表就是海洛因、二氢埃托啡等。

合成毒品，它是指利用两种或两种以上的化学物质，通过一系列化学反应制造出来的毒品。如安非他明、氯胺酮（K粉）、杜冷丁、麦角酸二乙胺（LSD）、苯环利定（PCP），等等。特别需要说明的是，同一种物质合成时可能采用不同的方法，因采用的原料和试剂不同，最终产品中会产生不同的杂质种类，而这些杂质就为毒品的溯源提供了非常重要的信息。

国际禁毒公约分类是目前国际上统一的分类方法，基本按照药理学的分类原则。按照这一毒品分类方法，可将毒品分为以下几类：

麻醉药品类：指连续使用后产生生理依赖性，能形成瘾癖的药品，包括鸦片类、可卡因类、大麻类及合成麻醉品类，如吗啡、杜冷丁、美沙酮，等等。

精神药品类：它是指直接作用于中枢神经细胞，使之兴奋或抑制，连续使用能产生依赖性的药品。按照这类精神药品作用性质的不同，又可将其分为镇静剂、兴奋剂和致幻剂。镇静剂是对中枢神经系统有抑制镇静作用的药品，可减轻人的心理活动能力。常见的镇静剂有巴比妥类安眠药、苯并二氮杂䓬类安眠药、安眠酮等。兴奋剂又称中枢神经系统兴奋剂，它可以使人精神亢奋。常见的兴奋剂有安非他明类的合成毒品及非安非他明类的哌醋甲酯、苯甲吗啡、咖啡因和安钠咖等。致幻剂是使人产生幻觉或错觉的药品。常见的有麦司卡林、致幻蘑菇菌等天然毒品和麦角酸二乙酰胺（LSD）、二甲基色胺（DMT）等合成毒品。

其他类，主要包括烟草、酒精、挥发性有机溶剂等，本类尽管属于合法，但是依然具有成瘾性的主要特征。

联合国世界卫生组织（WHO）也有一种分类方法。世卫组织（WHO）对毒品的分类很详细，合法、非法的都有，分为八大类，即阿片类、可卡因类、大麻类、中枢神经兴奋剂类、酒精及镇静催眠类、致幻类、挥发性有机溶剂类、烟草类。

另外还有从毒品的作用程度分类，按毒性作用及成瘾性的强弱来进行分类，习惯上将毒品分为硬性毒品和软性毒品。将温和成瘾及毒性较小的大麻类、甲丙氨酯、咖啡因等称为软性毒品，而将毒性及成瘾性剧烈的吗啡、海洛因、安非他明类毒品、可卡因等称为硬性毒品。

按照各国管制法律分类，可以将毒品分为合法毒品和非法毒品。非法毒品是指海洛因、冰毒、K粉等为世界各国管制、禁止的成瘾性物质。而合法毒品一般指烟草、酒精，这两种物质都有一定的身体依赖和精神依赖性，但由于历史、受众群众、消费等多种原因，已经成为世界各种文化的构成部分，且社会危害较轻，所以大多数国家都进行了妥协，将其归类为合法毒品，所以烟酒可以经营流通。

三、毒品与药品、毒物的关系

毒品与药品可以通过以下几种方式来进行区别：

第一、目的不同：合理用于医疗目的、用于预防、诊断和治疗人的疾病，有目的地调节人的生理机能并规定有适应证、用法和用量的物质就是药品，反之，被滥用的就是毒品。麻醉性镇痛剂与部分精神药品就属此种情况，如吗啡针剂、阿片、复方桔梗散、可卡因、盐酸二氢埃托啡等。

第二、价值不同：药品是出于医疗的需要，具有医疗价值；而毒品本身不具有药用价值，不是出于医疗目的而生产或使用的。海洛因、冰毒及摇头丸等，由于被列为非法禁用品，因此现在它们在临床上不具有任何药用价值，仅有毒品这一单一的属性。

第三、性质不同："药品"和"毒品"具有双重性质，违背法律规定生产、使用的药品就是毒品，法律规定范围之内的就是药品。

毒品与毒物之间的关系，要从毒物的概念方面进行区别。

毒物是指在一定条件下，经过生物体吸收后引起生物体功能性或器质性损害的化学物质。毒物的概念是相对的而不是绝对的，它与药物之间没有截然的界限，甚至食物超大剂量服用或处理不当也可引起中毒。

毒药，就是能通过各种途径使人中毒甚至死亡的药物。毒药按药性分急性毒药和慢性毒药，急性毒药如氰化钾、砒霜等，慢性毒药的典型是鸦片；毒药按明显度又分显性毒药和隐性毒药，前面所提毒药都是显性毒药，很容易被人察觉，而对隐性毒药人们往往疏忽大意，如放在卧室的有毒的花等，这种毒药最要提防，因为不注意就会酿成大祸。

毒品一般是指因非医学用途滥用而使人形成瘾癖的药物，主要指吸毒者滥用的鸦片、海洛因、冰毒等，还包括一些非特殊用途的精神药品的滥用和非医疗用途的合成及天然物质滥用。这里的物质既包括在医疗中应用的药物，又包括无医疗用途的化合物，还包括具有依赖性的天然植物等。成瘾主要涉及机体对药物的反应，连续用药使机体对该药物产生耐受性，需要加大药物的剂量。有些药物长期使用会使人产生欢欣感，中断会感到主观上不适，精神上产生想再用的欲望，产生了心理依赖性。另一些药物使用时会使人产生生理依赖感，停用后产生严重的生理功能紊乱，产生生理依赖性。心理依赖性和生理依赖性统称为依赖性。毒品包括被管制的具有依赖性的药物，这时毒品和药物之间就没有绝对的界限了，以治病为目的，合法使用就是药物；超剂量非法滥用，形成依赖性就成为毒品。

毒品与毒物都具有明显的毒性反应，对人体产生功能性或器质性损害。毒品对人身体和精神产生毒性，是一个较为缓慢的过程，当毒品的量积累到一定程度，自然就会对身体产生毒性，也就具有毒物的特性。二者的显著区别是毒品具有明显的依赖性，滥用普遍；而毒物一般不产生依赖性，很少被滥用。

第二节　毒品的特征

毒品一般具有三个基本特征，即依赖性，危害性和违法性。

一、毒品的依赖性

耐受性是机体对毒品反应的一种适应性状态的结果。当长期反复使用某种毒品时，机体对该毒品的反应敏感性降低，药效随之减弱，为了达到与原来相同的反应和药效，就要逐步增加剂量，这种现象就是毒品的耐受性。不同种类的毒品产生耐受性的快慢不同，鸦片类毒品，产生耐受性快，镇静催眠类毒品产生耐受性较慢，致幻剂则都不产生耐受性。

某些毒品还产生交叉耐受性，即机体对某种毒品产生耐受性后，对另一种毒品的敏感性也随之降低。如对鸦片类毒品产生耐受的个体，对其他鸦片类毒品的耐受性提高。

耐受性产生的快慢与用药模式有关，停止用药后，其耐受性很快消失。医疗上有控制地监督用药，可在一定时间内保持治疗剂量的药物性能。毒品的耐受性也是可逆的，停止使用毒品后，耐受性逐渐消失，机体对毒品的反应又恢复到原来的水平。所以一些鸦片类毒品的成瘾者，戒毒后又复吸者，即使服用低于平时所用的剂量，也会产生过量中毒。

毒品的依赖性是一种综合征，是由于长期反复服用毒品，毒品与机体相互作用，引起的心理和生理状态。"药物依赖"一词是世界卫生组织成瘾药物专家委员会将药瘾和习惯性更名而成。药物依赖性，是指药物与机体相互作用所造成的一种精神状态，有时也包括身体状态，表现为一种强迫性和定期使用该药的行为和其他反应。药物依赖的目的是体验它的精神效应，有时也是为了避免停药所引起的不舒适感，可以发生或不发生耐受性。按照依赖性的形成及影响效果，又分为心理依赖和身体依赖。

心理依赖性又称精神依赖性，又称习惯性。它是毒品成瘾的病理心理学特征，是指多次用药导致精神和心理上对药物的一种主观渴求或继续使用该药的强烈愿望，抑或获得心理上的满足和避免精神上的不适。心理依赖性也就是人们常说的心瘾。一般来讲，毒品的心理依赖十分顽固长久，给用药者留下的心理烙印极难消除，是吸毒者在摆脱生理依赖后重新复吸的重要原因。

生理依赖又称身体依赖，是毒品成瘾的病理生理学特征。生理依赖性指的是由于长期反复使用毒品，建立了机体内在毒品存在下的平衡，使机体处于适应状态，中断毒品供应打破了这种平衡，机体便不能维持正常生理和功能，产生一系列强烈的躯体方面的损害，造成的一种人体生理生化过程异常或紊乱的状态。其主要表现在随着时间的延长而需要不断增加用药量才能达到原有的药效，一旦停药，身体便会出现一系列症状，即戒断综合征。

心理依赖性是毒品的重要特征。某些病人对有些药物具有生理依赖性，如糖尿病人依赖胰岛素，高血压病人依赖降压药，但这些药物不产生心理依赖，只是身体依赖，因而这些药物不具有毒品特征。

毒品具有交叉依赖性。某种毒品能够产生减弱或抑制另一种毒品，使人不产生戒断症状，并能维持其生理依赖的功能，称为交叉依赖性。毒品的交叉依赖性是对某种依赖者进行脱毒治疗的理论依据。如用与海洛因毒理性能相近的美沙酮取代海洛因依赖，用中枢神经镇静剂取代抗焦虑剂依赖等。

毒品的耐受性和依赖性直接导致了毒品的滥用，即吸毒现象的泛滥。

二、毒品的危害性

毒品的依赖性导致的毒品滥用及由此引起的毒品违法犯罪所产生的危害是多方面的，不仅损害吸毒者的身心健康，而且危及社会治安，破坏国家经济，影响政局稳定，极大阻碍了人类社会的发展与进步。

（一）毒品严重危害人类的身体健康

毒品包括各种兴奋剂、麻醉剂、镇静剂及致幻剂等，在进入人体后都会损害人的健康，毒害人体重要的组织器官，干扰破坏正常的新陈代谢过程，导致体力、智力明显下降，免疫力降低，精神颓废。而且毒品的吸食方式和由此带来的不健康的生活方式会引发肝炎、艾滋病、性病等严重传染性疾病的蔓延。从长远看会影响整个民族素质的提高，直接威胁人类的生存发展。

（二）毒品阻碍社会的进步与发展

毒品破坏家庭幸福。吸毒导致众多家庭出现危机甚至破裂，影响国家和社会的安定。吸毒者在耗尽个人和家庭钱财后，会铤而走险，走上违法犯罪的道路，进行贩毒、卖淫、诈骗、盗窃、抢劫、凶杀等犯罪活动，严重破坏社会治安秩序。毒品无情地吞噬了巨额社会财富，破坏生产力的发展，降低劳动生产率。毒品的巨额利润使世界上毒品犯罪活动日益猖獗。毒品犯罪集团或是直接参与政治活动，或用重金支持反政府组织，制造恐怖活动，产生一系列政治问题。

三、毒品的违法性

毒品对人类社会产生的巨大危害，迫使各国政府以及国际社会对其进行严格的管制。违法性是毒品的法律属性，即按照国家关于麻醉药品、精神药品的管理规定，滥用麻醉药品、精神药品，非法种植、制造、加工、运输、贩卖、走私上述药品，属于违法犯罪行为，将受到法律的制裁。

在毒品的三个属性中，依赖性是最主要的。毒品的依赖性，决定了其他特性。即由于依赖性导致滥用性，造成一定的危害性，因此具有违法性。依赖性是毒品的物质特征，危害性是毒品的本质特征，违法性是毒品的法律特征，三者密切相关，缺一不可。

思考题

1. 请根据唯物辩证法的基本理论，来分析毒品与药品、毒品与毒物之间的关系。
2. 请搜集相关数据，说明毒品泛滥对社会经济、社会稳定造成的严重影响，并探究禁毒与和谐社会构建之间的关系。
3. 毒品的基本特征是什么？为什么将危害性、依赖性和违法性界定为毒品的基本特征？
4. 分组讨论：从网络上搜集相关的毒品危害及禁毒视频，分组探究毒品对个人、家庭、社会的危害，进一步明确全社会禁毒的必要性。

第二章 各类毒品及辨识方法

【知识目标】
1. 了解毒品的主要类型及其主要特性。
2. 明确不同类型毒品对人体的危害。
3. 明确毒品的滥用途径。
4. 初步掌握不同类型毒品的辨识方法。

【能力目标】
1. 通过认识不同类型毒品的特性,学会辨识毒品。
2. 通过认识毒品的出现渠道,学会合理避免接触和拒绝毒品。

【思政目标】
1. 学会从唯物辩证法的角度,分析毒品与药品之间的辩证关系。
2. 学会从禁毒法律的角度,探究拒绝毒品与和谐社会建设之间的关系。

按照世界卫生组织对毒品的定义和性质分类,我们将从以下几个方面来分别认识毒品。

第一节 鸦片类毒品

鸦片类毒品也称阿片类毒品,是指从天然鸦片原生植物罂粟中提取的生物碱和人工合成的,可使机体产生类似吗啡效应的药物。医疗上常用鸦片生物碱及其衍生物减轻疼痛,治疗腹泻和镇咳。

一、天然鸦片类毒品

(一)鸦片原植物毒品

鸦片又称阿片、大烟,来源于具有催眠麻醉功效的罂粟属植物(图2-1)。罂粟是近180种植物的俗称,其有两种类型:一种为观赏罂粟。这类罂粟植物,吗啡含量极低,如黑色罂粟,白色罂粟,石竹花罂粟等。另一种为鸦片罂粟,它是鸦片类毒品的主要来源。鸦片罂粟,是一种两年生草本植物,茎和叶都是无毛的,叶呈椭圆形,边缘呈锯齿状。罂粟花妖艳绚丽,花色有红白等色。花瓣脱落后,果实随即长大,在果实尚未成熟时,用小刀在其果实表面上切小口,然后再将渗出的牛奶状液体用刀刮下,在空气中干燥即成鸦片膏。现代化的收割方法,则是对成熟干燥后的罂粟植物进行工业化的处理,以提取其中的生物碱。提出物具有液体、固体、粉状等形式。

罂粟是适应力很强的植物,在世界上许多国家都有生长。罂粟的主要鉴别特征是植株形态和雄蕊、果实的特征:罂粟茎的特点是直立、不分枝,光滑、没有刚毛,表面具有白粉状的蜡质分泌物。罂粟的叶片较大,边缘呈现不规则的波浪状,叶片基部包围茎干,呈抱茎样。罂粟雄蕊的花丝为白色,果实圆胖,并且王冠状结构明显。罂粟植株高大,一般株高60~150 cm。由于罂粟集医用性和危害性于一体,故各国都限制其种植。现在世界上最大的非法鸦片产地为亚洲的金三角和金新月地区以及美洲的墨西哥。犯罪集团以鸦片为原料,对其提炼加工后,合成纯度更高、毒性更强的毒品海洛因。目前全球毒品市场上 60%~70%的海洛因来自上述三个鸦片产地。

在我国的禁毒实践中,非法种植罂粟是违法行为,如被发现,则必须予以铲除,并根据种植罂粟的株数给予种植者不同程度的处罚。

图 2-1 罂粟花、罂粟果实及种子

（二）鸦片的主要成分结构和药效

鸦片中含有上百种生物碱，目前可至少提取出 25 种生物碱，可将它们分为两大类，每一类都有不同的药效。第一类是菲类生物碱，代表成分有吗啡和可待因。第二类是异喹啉类生物碱，代表成分有罂粟碱和那可丁。以前民间流传的大烟可以治疗牙痛等疼痛症状以及腹泻、气管炎等症的说法，就是源于大烟中的 5 种成分：吗啡、可待因、蒂巴因、那可丁、罂粟碱。

吗啡是鸦片的主要成分之一，含量为 4%~21%，平均约 10%。吗啡是 19 世纪初德国化学家从鸦片中分离出来的生物碱，为无色结晶粉末，是极为有效的镇静剂，20 世纪初曾在世界各国军队中广泛使用，致使成千上万的士兵染上毒瘾。

吗啡与盐酸、硫酸、醋酸、水杨酸等可生成盐。含三分子结晶水的盐酸吗啡是医疗中常用的麻醉药品（图 2-2）。盐酸吗啡有极强的镇痛作用，可治疗多种疼痛，多用于创伤手术、烧伤等引起的剧痛，也用于心肌梗死引起的心绞痛，也可用作镇痛镇咳和止泻剂。对晚期癌症疼痛患者，硫酸吗啡控释片是首选药物。

可待因在粗制鸦片中的含量为 0.7%~2.5%，1832 年第 1 次作为杂质从吗啡中被分离出来。含一分子结晶水的可待因，为无色透明斜方形晶体，无臭，味苦，熔点 155 ℃，微溶于水，易溶于乙醇、乙醚、氯仿、二硫化碳等溶剂。可待因可与磷酸、硫酸生成盐，在临床上广为应用。磷酸可待因（图 2-3），为镇痛镇咳药，用于剧烈干咳及中等疼痛。与吗啡相比，可待因的镇痛和呼吸抑制等作用较小，具有减轻轻微疼痛的作用。磷酸可待因一般为片剂，还可以与其他药物如阿司匹林或扑热息痛等制成药剂使用，止咳糖浆中含磷酸可待因。

需要说明的是，鸦片中含有的蒂巴因、那可丁和罂粟碱都不具有成瘾性，所以不是毒品。

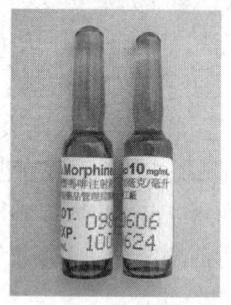
图 2-2　盐酸吗啡注射液

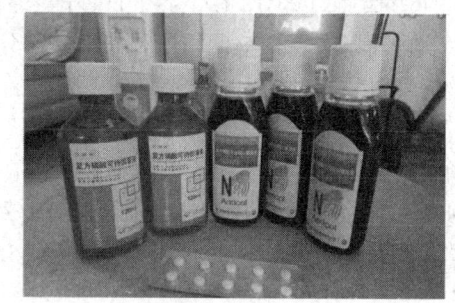
图 2-3　磷酸可待因制剂

（三）鸦片毒品的种类

生鸦片。将未成熟的罂粟果割开，渗出乳白色浆汁，置于空气中氧化而变成棕褐色沥青状物即为生鸦片。生鸦片具有很浓的特殊气味，可被模压成各种形状。有时掺有香蕉肉或树脂。通常生鸦片会被包装为 1 kg 的团状物或饼状物。

精制鸦片。将生鸦片用水浸泡混合后加热，经过滤除去树叶等杂质，将滤液蒸发成沥青状，在空气中凝固成深褐色块状，即为熟鸦片。由于经过加工，便于吸食者抽吸。

鸦片渣。未燃尽的精制鸦片呈珠状或粉末状。由于不完全燃烧，鸦片渣中仍残留有相当大量的吗啡，因而具有鸦片的特性，毒贩通常将鸦片渣与生鸦片一起加工制成精制鸦片。

药用鸦片。鸦片液、鸦片酊、鸦片粉为合法生产的药用鸦片的三种制剂类型，鸦片制剂常用于止痛止泻，该类药物流入非法渠道即转变为毒品。

在禁毒实践中通常会查获一些鸦片膏，这些鸦片膏含有生鸦片、鸦片渣或者精制鸦片。（图2-4）。

图2-4 罂粟及鸦片膏

（四）吗啡毒品的种类

鸦片中的重要成分是吗啡（结构如下）。从鸦片中提取出吗啡时，由于毒品生产工艺落后，通常会将鸦片中那可丁、罂粟碱、可待因（结构如下）混杂其中。粗制吗啡中存在的可待因，在吗啡乙酰化制造海洛因的过程中可产生乙酰可待因。

吗啡　　　　　　　　　　　可待因

粗制吗啡。在生产过程中，用盐酸来提取罂粟中的生物碱，形成盐酸吗啡。粗制吗啡中一般含盐酸吗啡 70%~90%，有粉末状及压成片状，颜色为白色、米色及褐色，可作为海洛因的原料。东南亚地区习惯称粗制吗啡为1号海洛因。

吗啡碱。直接从鸦片中提取的一种生物碱，有鸦片的特殊气味，形状如细咖啡粒，其中吗啡的含量一般为60%~70%。毒品市场称"黄皮"。

吗啡片或吗啡针剂。为合法生产的盐酸吗啡、硫酸吗啡，压成小片，呈黄色或浅黄色，作为药用。针剂则是用于医疗用途的注射液。

（五）海洛因毒品的种类及特性

海洛因是由鸦片或吗啡合成的衍生物。1887年由英国化学家赖特首先用吗啡合成而出。1898年德国的拜耳公司用盐酸吗啡经酰化作用获得了这种物质，并开始生产，定名为海洛因（Heroin）。其镇痛和镇咳效果比吗啡要强很多。海洛因初始用于吗啡的成瘾性戒断，但后来人们发现，海洛因的成瘾性比吗啡更强，并更容易产生身体依赖。

海洛因的化学名称是二乙酰吗啡，是吗啡的半合成衍生物，分子量 369.4，结构如下所示。海洛因又俗称白面、白粉，纯品为白色晶体，外观像洗衣粉、碱面，溶于水、乙醇、乙醚和氯仿。盐酸海洛因，溶于水、乙醇和氯仿，不溶于乙醚。

海洛因

海洛因的特征分析：由于海洛因是由鸦片提炼后，和乙酸酐或乙酰氯混合加热制备而成的，因此样品中其含量差异很大，从 0.1%~90% 不等，样品中除海洛因以外，常含有单乙酰吗啡、单乙酰可待因等副产物。社会上流通的海洛因毒品中，一般均加有其他成分，如咖啡因、非那西丁、巴比妥、士的宁、喹啉、东莨菪碱、去痛片等，因此海洛因毒品除了有白色粉末外，还有灰色粉末、棕色粉末、棕色膏状、黑色膏状等。不管其颜色如何，其中都含有一定的海洛因成分。

在毒品交易中，来自金三角的海洛因，按其成分区别及不同杂质含量，分为 1~4 号海洛因。其中 1 号海洛因即粗制吗啡，含盐酸吗啡，为 70%~90%。2 号海洛因也叫次海洛因，化学名称为单乙酰吗啡碱或一乙酰吗啡碱，是 1 号海洛因经过基本乙酰化（或单乙酰化）后得到的粗制品。3 号海洛因在东南亚流行，供吸食用，常称"香港石"、棕色糖、白龙珠等。颜色从浅棕色到深灰色，其二乙酰吗啡盐酸盐的含量一般为 25%~45%，主要其他成分为咖啡因，含量为 30%~60%，也有的掺杂巴比妥、士的林、非那西丁、阿司匹林等药物。4 号海洛因，白色或米色细粉末，二乙酰吗啡盐酸盐的浓度达到 90% 以上，由于在生产过程中进行提纯，通常只含少量杂质。需要说明，国际上对海洛因的鉴定只定性不定号，除海洛因含量超过 80% 的确认为四号海洛因外，一般只认定是海洛因而不认定是几号海洛因，只写明海洛因的含量。

根据海洛因的特征分析，可以大致判断海洛因的产地。根据海洛因的生产工艺以及添加的掺杂物的种类，可以对海洛因的产地及流通渠道进行溯源。一般来讲，海洛因常见的掺杂物包括喹啉、麻黄素、普鲁卡因、乙酰普鲁卡因、美舍东、烟酰胺、苯巴比妥、非那西丁、酚酞、氯喹、N-苯基萘胺、乙酰氨基苯、抗组胺、福可定、甘露糖，乃至碳酸钙和氯化钠，等等。基于习惯和生产方面的便利，各地区的海洛因掺杂往往形成了各自的特点，在某种程度上，分析检测毒品中的添加成分，可为毒品来源推断提供参考。如西南亚海洛因，其中的代表性成分有：乙酰可待因约占 5%，单乙酰吗啡约占 3%，那可丁约占 10%，罂粟碱约占 4%。而东南亚海洛因通常颗粒直径在 1~5 mm，不像西班牙的海洛因，硬得难以压碎，仅有少量的粉末存在，通常大多数是灰色的，也常见到暗褐色的，其中含有约 20% 的海洛因、40%

咖啡因，这种海洛因可以迅速水解，而生成约 5%的 O^6-单乙酰吗啡。而且东南亚海洛因，O^6-单乙酰吗啡含量通常低于 3%，乙酰可待因含量明显比西南亚的高纯度海洛因产品高些，所有生物碱都是以盐酸盐的形式存在。墨西哥海洛因，主要为褐色海洛因，在我国较少出现。

（六）鸦片、吗啡和海洛因的毒性或中毒症状

鸦片中毒主要是吗啡的作用。吗啡对中枢神经系统的作用极不规则，它兼有兴奋和抑制两种作用，而吗啡的毒性，主要体现在对中枢神经系统的抑制作用上。长期使用吗啡容易成瘾，是吗啡在体内形成了病态平衡状态，一旦戒断，这种平衡突然不能维持，出现呕吐腹泻、烦躁不安、失眠、恐惧、流泪、出汗、瞳孔散大、心力衰竭等戒断症状，甚至虚脱死亡。

海洛因为短效麻醉镇痛、镇痛药，主要作用于中枢神经系统，先兴奋后抑制。海洛因和单乙酰吗啡脂溶性好，能很快通过血脑屏障作用于大脑。长期吸食毒品，会抑制人体的两种自然分泌物——类内啡肽和脑啡肽系统，突然停止使用会引起大脑自然分泌物失常。海洛因毒瘾发作时，吸食者全身流汗，浑身如筛糠，头晕耳鸣，打哈欠，流鼻涕，淌眼泪，肠胃不适，恶心呕吐，四肢剧痛及痉挛，用量大时昏迷嗜睡，周身痒痛，呼吸缓慢，瞳孔极微小，畏光，血压过低，心率缓慢不规律，血液缺氧，并伴有肺水肿，最后呼吸抑制导致死亡。

一般来讲，海洛因的吸食的方式有鼻吸、吞食、皮下注射、静脉注射等方式。所以海洛因滥用者一般身体上有静脉注射痕迹，有静脉硬块且不消失，瞳孔缩小，畏光，说话含糊不清，身上发痒，身体消瘦。其中瞳孔针尖样缩小是海洛因滥用者的重要体征。

二、合成鸦片类毒品

（一）美沙酮

美沙酮又叫美散酮、非那酮、阿米酮，在镇痛、呕吐、呼吸抑制、耐受和成瘾等方面与吗啡相似。其左旋异构体的效率比右旋为强，临床试用证实它能解除手术后疼痛，月经痛以及肾绞痛，但由于其呼吸抑制作用，它被禁止用于临盆阵痛。与吗啡相比，其镇痛作用要小得多。美沙酮的优点是镇痛作用强，持续时间长，口服效果好，适用于慢性疼痛。该药从 20 世纪 60 年代起广泛用于麻醉剂成瘾者的治疗，目前主要作为海洛因的替代品，用作海洛因吸毒者的戒毒药。

美沙酮的分子式为 $C_{21}H_{27}NO·HCl$，化学名称为 6-(Dimethylamino)-4,4-diphenyl-3-heptanone monohydrochloride，其分子结构为：

及其对映异构体

美沙酮可从甲醇中结晶得到，熔点为 79~81 ℃。盐酸美沙酮，为白色结晶状粉末，无臭、味苦，熔点 233~236 ℃，溶于水、乙醇，易溶于氯仿，几乎不溶于乙醚。

美沙酮对人有明显的耐受性，久用成瘾，其戒断症状较吗啡为轻，持续时间也较短。它能满足成瘾者追求毒品的渴望，但并不产生欢欣感。美沙酮的药效和以吗啡为主制成的药物药效不同，其作用时间较长，可长达 24 h，因而在戒断海洛因成瘾时，一天只需给药一次。但是随着使用时间的延长，其耐受性与依赖性也会增加，其戒断综合征虽然增加较慢，程度不是很严重，但经历时间长。

美沙酮是鸦片受体激动剂。20 世纪 60 年代开始作为海洛因的替代治疗药物应用。虽然美沙酮也有成瘾性，但与鸦片类毒品相比较，一是作用时间长，二是美沙酮口服，避免了静脉注射滥用造成的多种危害。目前国内戒毒所，常使用美沙酮代替阿片类毒品，以后逐步地减少美沙酮的剂量，并最终完全戒除该药。国外通常采用美沙酮维持疗法对海洛因等毒品吸食者戒毒，脱瘾后采取定期服用美沙酮的方法，防止其对海洛因等毒品的觅求。这一方法已在美国、加拿大及我国香港地区广泛使用，但欧洲一些国家对此持保留态度。因为美沙酮治疗并非完全的脱毒治疗，也有一定的副作用。2009 年开始，我国公安部对强制戒毒部门的美沙酮疗法制定了严格的使用规范，见《公安部、卫生部关于公安机关强制隔离戒毒所使用美沙酮等麻醉药品和精神药品有关问题的通知》（公通字（2009）53 号）。

（二）杜冷丁

杜冷丁，又名盐酸哌替啶，是于 1939 年在研究阿托品解痉药过程中发现的新型镇痛药，是一种广泛应用的合成镇痛药，也是鸦片受体激动剂，作用与吗啡相似，镇痛作用是吗啡的 1/8~1/10，持续时间较短，2~4 h，仅有轻微的镇咳效果，其优点是作用较轻，因此在一般情况下代替吗啡，用于各种剧痛的镇痛。

杜冷丁的化学式为：$C_{15}H_{22}ClNO_2$，其分子结构为：

杜冷丁为人工合成的吗啡代用品，药理作用与吗啡相似，具有镇痛、镇静等作用。虽然杜冷丁的镇痛效果仅为吗啡的 1/10~1/8，但其成瘾性也相对较小，依赖性发展较慢，戒断症状持续时间短，所以临床上代替吗啡用于各种剧痛与创伤、烧伤、术后、心肌梗死、晚期癌症、内脏病及分娩疼痛等。由于长期使用杜冷丁同样会产生严重的依赖性，因此杜冷丁被列入麻醉药品管理。

（三）二氢埃托啡

二氢埃托啡是利用蒂巴因人工合成的埃托啡类化合物。埃托啡，1967 年由英国的本特利等人合成，药效比吗啡强约6000倍，依赖性强且作用时间短，因此未发展成药物。二氢埃托啡为麻醉性高效镇痛剂，其效率为吗啡的数百倍到数千倍，广泛用于晚期癌症创伤手术后疼痛的止痛治疗。小剂量间的用药不易于产生耐受性，大剂量持续用已出现耐受性和依赖性，曾用于鸦片类毒品依赖者的戒毒治疗。1991年国内正式应用，但不久就出现大量二氢埃托啡滥用依赖乃至中毒死亡临床案例，与之相关的刑事案件、中毒死亡也时有发生，故现已不再用于戒毒。

二氢埃托啡的分子式为 $C_{25}H_{35}NO_4$，其分子结构为：

（四）丁丙诺啡

丁丙诺啡又叫布洛菲、叔丁啡，为阿片受体激动剂-拮抗剂。丁丙诺啡的镇痛作用强度为吗啡的25~50倍，为哌替啶的500倍，其作用时间较长，呼吸抑制出现较慢，但持续时间较长。丁丙诺啡长期使用可产生耐药性，但较吗啡的可能性要低，戒毒所常用其对海洛因、盐酸二氢埃托啡等鸦片类毒品依赖者进行治疗，戒毒效果较好，属于红处方用药。

丁丙诺啡的不良反应与吗啡相似，最常见的有嗜睡、恶心、呕吐、出汗和晕眩，呼吸抑制、缩瞳、欣快、口干。盐酸丁丙诺啡为混合型鸦片受体激动-拮抗剂。

丁丙诺啡的化学式为 $C_{29}H_{42}ClNO_4$，其分子结构为：

（五）曲马多

曲马多又叫反胺苯环醇，为一种新型的中枢性镇痛药，具有较强的镇痛作用。曲马多为阿片受体激动剂，但与其他强镇痛药相比，曲马多无明显的呼吸抑制作用，也不影响血压，动物实验中显示其产生较弱的身体依赖性。

曲马多的化学式为 $C_{16}H_{25}NO_2$，其分子结构为：

（六）芬太尼

枸橼酸芬太尼为镇痛药，属于阿片类受体激动剂，属于高效的麻醉镇痛药。适用于各种原因引起的疼痛，还可以与麻醉药合用，作为麻醉辅助用药。动物实验表明，其镇痛效力约为吗啡的 80 倍。镇痛作用产生快，但持续时间较短，静脉注射后 1 min 起效，4 min 达高峰，维持作用 30 min。肌内注射后约 7 min 起效，维持 1~2 h。本品呼吸抑制作用较吗啡弱，不良反应比吗啡小。与氟哌啶合用，有安定镇痛作用，依赖性小。

芬太尼的化学名称为 N-[1-（2-苯乙基）-4-哌啶基]-N-苯基丙酰胺，化学式是 $C_{22}H_{28}N_2O$，其分子结构为：

芬太尼使用后有眩晕、恶心呕吐及胆道括约肌痉挛。有明显肌肉僵直、静脉注射过速、鼻子呼吸、支气管哮喘、颅脑肿瘤等副作用，贴片禁用于急性或术后疼痛、非阿片类镇痛剂有效者。慎用于颅内肿瘤、脑外伤、肝肾功能不全、儿童或 18 岁以下体重不足 50 kg 的患者。在临床上，现在主要是用于各种疼痛以及外科、妇科手术后，或者手术过程中的疼痛。除此之外，也用于防止和减轻手术后出现的谵妄状态。

然而有一点要说明，芬太尼是一种精神类管制药品，因此在使用的时候一定要遵照相关的规定，不可以擅自使用芬太尼。

美国疾病控制与预防中心（CDC）公布数据显示，2021 年美国因过量用药导致死亡人数 10.7 万人，其中因过量服用芬太尼为主的阿片类药物致死人数超过 7.1 万人，占致死总人数的 66%，较 2020 年增长 23%。

芬太尼类物质，是指化学结构与芬太尼相比，符合以下一个或多个条件的物质：

（1）使用其他酰基替代丙酰基；
（2）使用任何取代或未取代的单环芳香基团替代与氮原子直接相连的苯基；
（3）哌啶环上存在烷基、烯基、烷氧基、酯基、醚基、羟基、卤素、卤代烷基、氨基及硝基等取代基；
（4）使用其他任意基团（氢原子除外）替代苯乙基。

芬太尼类物质品种达到 25 种，超过联合国规定管制的 21 种。

公安部、国家卫生健康委、国家药监局联合发布公告，宣布从 2019 年 5 月 1 日起将整类芬太尼类物质列入《非药用类麻醉药品和精神药品管制品种增补目录》，对整类芬太尼物质进行管控。

（七）阿片受体拮抗剂

纳洛酮、纳曲酮、纳美芬均为阿片受体拮抗剂，是最常见的阿片类毒品所表现催促戒断作用的药物，给可疑吸毒者肌肉注射阿片受体拮抗剂，能在阿片受体部位阻断阿片类毒品的作用，造成人为地中断毒品从而诱发各种戒断症状。阿片受体分为四种亚型，即 μ、δ、σ、κ 亚型。根据阿片类药物对不同亚型受体亲合力的大小和内在活性的强弱，分为激动药和拮抗药。纳洛酮、纳曲酮和纳美芬均为强拮抗药。纳曲酮的化学式为 $C_{20}H_{23}NO_4$，纳洛酮的化学式为 $C_{19}H_{21}NO_4$，纳美芬的化学式为 $C_{21}H_{25}NO_3$，它们的分子结构分别为：

纳洛酮为吗啡受体拮抗剂，口服无效，注射给药起效很快。主要用于阿片类药物过量中毒或用于阿片药成瘾的诊断，还用于吗啡类复合麻醉药术后，解除呼吸抑制及催醒。纳洛酮结构类似吗啡，为一特异性类阿片拮抗剂。纳洛酮是一种有效的类阿片拮抗剂，通过竞争阿片受体（依次为 μ、κ、δ）而起作用；同时伴有激动作用，即激动-拮抗的结合作用，能解除类阿片药物过量中毒和术后持续的呼吸抑制，还可对吸毒者进行鉴别诊断。

纳曲酮为阿片类药物拮抗剂，能阻断外源性阿片类药物与阿片受体结合，对 3 种阿片受体均有阻断作用，有显著减弱或完全阻断静脉注射的阿片类药物的作用。如与吗啡长期同用，可阻止人体对吗啡的生理依赖性，与其他阿片类药物同用时很可能产生同样的效应。对阿片类药物成瘾者，纳曲酮可消除其戒断症状，其本身不产生任何依赖性或耐药性。纳曲酮与纳洛酮相比，具有强效、长效、可口服的特点。对海洛因等阿片类毒品产生的生理依赖性有预防作用，可抑制脱毒后的心理依赖性，减轻或解除渴求及觅药行为。临床研究表明，50 mg 的纳曲酮可阻断静脉注射 25 mg 海洛因的药理作用 24 h，如纳曲酮剂量加倍，则可阻断 48 h。

临床上纳美芬除了具有阿片受体拮抗剂的传统用途，如抗休克、治疗酒精中毒、吗啡类药物中毒的治疗、麻醉催醒外，还可用于心力衰竭、治疗脊髓损伤、减肥、胃肠功能紊乱，脑保护等。同时，由于同体内内源性物质竞争与阿片受体的作用，纳美芬能刺激黄体激素（LH）及促性腺激素的释放，因此还可能应用于治疗男性性功能障碍及一些功能紊乱。

预防戒毒患者复吸方面，纳美芬生物利用度高且无滥用的可能，具有的特殊药理学性质使它比目前其他的阿片受体拮抗剂（比如纳曲酮）在预防戒毒患者的复吸上有更大的优势。目前是最有效的、副作用最小的、没有残留的阿片类毒品拮抗剂，应用纳美芬长效缓释剂防止复吸是最有效、最可靠、最安全、最理想的治疗方法。

鸦片受体部分激动剂烯丙吗啡曾用于诊断鸦片类毒品依赖者，但由于其对正常人也产生烦躁不安等不良反应，因而被淘汰。

第二节 大麻及合成大麻类毒品

大麻也称麻烟，在世界各国和地区均有不同的俗名，在我国一般称大麻或者大麻烟。大麻在植物学上属于桑科，为雌雄异株之一年生草本植物，通常在五六月间播种，成熟期高度在 0.3~1.5 米，平均高度为 0.6~0.8 米，叶子一般有 7 片，顶部呈暗绿色、多毛，边缘为锯齿形，茎为钩状。

大麻自幼苗起就含有麻醉性的树脂，用手或手指去揉搓植物的各部分，就可嗅到一种类似薄荷的气味。大麻可以生长在任何地方，是一种生命力极强的植物。大麻在我国是常见的纺织工业原料，其杆上纤维可用于织布或制绳，果实可榨油，用于制造油漆。气候干燥高温，气压低的区域，特别适合于大麻的生长。

一、大麻毒品的成分结构和药效

在大麻植物中可提炼和鉴别出 400 多种化合物，但在法庭上有意义的化学成分主要有 Δ^8 四氢大麻酚（Tetrahy drocannabinol, Δ^8-THC），Δ^9 四氢大麻酚（Tetrahy drocannabinol, Δ^9-THC），大麻酚（cannabinol, CBN）和大麻二酚（cannabinol, CBD）等十余种化合物。这几种化合物的结构如下：

Δ^8-THC

Δ^9-THC

CBN

CBD

二、大麻毒品的理化性质

四氢大麻酚为多种异构体的混合物,为油状液体,其中两种晶体的熔点分别为146 ℃、125 ℃。这些衍生物大多溶于氯仿、乙醇、乙醚、苯、正己烷和石油醚等有机溶剂,不溶于水。大麻二酚不溶于水,易溶于乙醇、苯、石油醚和氯仿。大麻酚溶于多种有机溶剂。

在非法大麻制品中,不同地区的产品其有效成分均不同,有的组分含量很低或根本没有,有的却高得异常。大麻的价格和药用价值取决于非法大麻制品中四氢大麻酚的含量。

大麻是一种对中枢神经能产生强烈刺激的物质,对中枢神经系统既有兴奋又有压制作用,是世界各国流传比较广泛的毒品。其中四氢大麻酚的作用最强,大麻二酚次之,大麻酚几乎无麻醉作用,但毒性很大。吸食大麻一般不会出现生理上的依赖性,亦无明显的戒断症状,但当停止使用时,会出现心理上的依赖性,长期服用大麻会产生精神堕落,使精神病态越来越严重,严重者丧失工作能力,直至精神病发作。大麻滥用者表现为精神障碍、恐慌、自发性怪诞,荒谬行为,红眼和眼结膜炎,瞳孔散大。吸毒者身上也散发出强烈的大麻味道,有些吸毒者为了掩盖大麻味,常用香水或清洁剂。

三、大麻制品种类及产地特点

大麻制品一般有三种类型,大麻植物、大麻树脂和大麻油(图2-5)。必须要说明的是,没有两种大麻制品具有类似的物理性状,天然产品易变化,同一批产品由于生产过程和贩运转换而有很大差异。在三种大麻制品中,四氢大麻酚的含量分别为:大麻植物0.5%~5%,大麻树脂2%~10%,大麻油10%~60%。在禁毒实践中只要检出四氢大麻酚,即被视为大麻类毒品。

图2-5　大麻植物、大麻树脂、大麻油

第三节　可卡因类毒品

1859年,可卡因首次由奥地利维也纳的化学家阿贝尔·尼纳马拉(Albert niemann)从古柯叶中分离出来。随后,威廉姆·洛森(William Lossen)在此基础上确定了可卡因的分子式。从那时起,人们开始就可卡因对人的中枢神经的兴奋作用进行研究,不久它的局部麻醉作用被发现,并临床应用于外科手术和眼科手术。1880年,奥地利的著名心理学家、精神病医生西格蒙·弗洛伊德（Sigmund Freud）经过广泛的实验后，公开发表文章，认为它在抗疲劳、增强工作能力、消除沮丧情绪方面是相当有效的。他认为可卡因的使用可以抑制精神萎靡、酗酒和吸食吗啡等不良社会现象的蔓延，但后来当他了解到这种药能使人上瘾时，便成为反对使用可卡因的积极倡导者。

可卡因是从古柯属的小灌木树的叶中提取出来的一种生物碱。这种植物广泛生长在南美洲的安第斯山的西坡，尤其是在玻利维亚、秘鲁和哥伦比亚这些国家，即所谓"银三角地区"。长期以来，南美洲的印第安人就已形成咀嚼古柯叶的习俗或将古柯树叶当茶来饮用，目的是克服从事重体力劳动、进行长途急行军或登山时食欲不振的影响，增强抵抗饥饿疲劳和困倦的能力。

一、可卡因的结构与理化性质

古柯叶（图2-6）中可提炼出多种生物碱，人们感兴趣的主要有可卡因、肉桂酰可卡因、苯甲酰爱冈宁、爱冈宁甲基酯及爱冈宁等。可卡因化学名称为甲基苯甲酰芽子碱，苯甲酰甲基爱冈宁，纯品可卡因的化学名称是：8-甲基-3-（苯甲酰氧基）-8-氮杂双环[3,2,1]辛烷-2-甲酸甲酯，分子式为$C_{17}H_{21}NO_4$，分子量303。分子结构为：

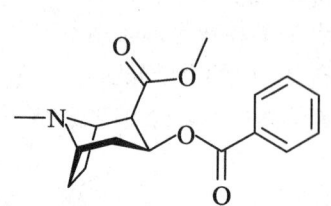 

图2-6 古柯植物

可卡因是单斜片状结晶，熔点98℃，沸点187~188℃，水溶液呈碱性，味微苦，水溶液保存过久，经煮沸很容易水解生成爱冈宁。纯品为白色结晶，无气味，味略苦而麻，不溶于水（1∶600），易溶于氯仿（1∶0.7）、乙醚（1∶3）、乙醇（1∶7）等有机溶剂，溶于丙酮、苯、乙酸乙酯、二硫化碳、石油醚等有机溶剂；在乙醇中呈现单斜片状结晶。熔点98°（90°以上即可缓慢挥发），比旋光度-16°（C=4，氯仿）。其盐酸盐为白色结晶或结晶性粉末，极易溶于水，可溶于乙醇和氯仿，但不溶于乙醚。可卡因的主要代谢产物有苯甲酰芽子碱和芽子碱甲酯，还可进一步水解生成芽子碱（又名爱冈宁）。可卡因多数是从古柯叶中直接提取的，一般都不纯，主要含有苯甲酰甲基芽子碱、芽子碱（Ecgonine）、苯甲酰芽子碱（Benzoylecgonine，BZE）、肉桂酰可卡因、N-甲醛可卡因、6-羟基可卡因、3,4,5-三甲氧基肉桂酰可卡因和3,4,5-三甲氧基卓可卡因等。可卡因酯键不稳定，在碱性、强酸或水溶液中煮沸可迅速水解断裂酯基。主要代谢产物为苯甲酰芽子碱（为总量的29%~54%）、芽子碱甲酯(Ecgonine Methyl Ester，EME，占26%~60%)，此外还有去甲可卡因(Norcocaine)、乙基苯酰爱冈宁（Cocaethylene）、间羟基可卡因、对羟基可卡因、3-羟基-4-甲氧基可卡因、

4-羟基-3-甲氧基可卡因。

二、可卡因的毒性

可卡因是一种古老的局部麻醉药，麻醉作用强，穿透力也强，主要用于表面麻醉，适应于眼、耳、鼻、喉、直肠和阴道手术等，因毒性强不宜注射。

可卡因滥用的原因不在于它的麻醉作用，而是在于其对中枢神经系统的兴奋作用。研究表明，一定剂量的可卡因能产生短期的精神欣快，精神旺盛现象，使人感到精力一时充沛，感觉意识增强，同时伴随着降低饥饿，对疼痛和疲劳不敏感。若大剂量使用，可产生令人难以想象的荒诞行为和可怕的举止，有时甚至可以达到只有施加暴力才可以释放其能量的地步。其表现为过分兴奋激动，全身颤抖，痉挛，肌肉扭曲变形，严重时可出现癫狂的幻觉病。

可卡因的吸食方式有咀嚼古柯叶、鼻吸、借助吸烟方式吸入其烟雾、静脉注射和肌肉注射其水溶液。

三、可卡因类毒品的分类

（一）天然可卡因毒品

（1）古柯叶和古柯茶，用作咀嚼和冲茶喝。在晾干的古柯叶中，可卡因生物碱的含量在 0.5%~1%，成熟比较好的叶子中含量高达 1.8%。

（2）古柯膏，又称粗可卡因，它是由古柯叶和石灰混合研碎之后，经有机溶剂提取等一系列方法分离出来的物质，其中游离的古柯碱8%以上。

（3）可卡因制剂，是将古柯膏进一步精炼而得，有盐酸可卡因和可卡因游离碱两种形式，外观形态均为白色或浅白色粉末，有特殊气味，纯度在90%以上。在发展中国家，可卡因走私掺假物相对较少，国际上买卖的样品通常为80%~90%的盐酸可卡因。而在发达国家，往往通过掺杂和转换，掺杂物多为当地容易获得并且不受控制的药物，如利多卡因、普鲁卡因、苯佐卡因或一些碳氢化合物，如甘露糖醇、乳糖或葡萄糖等，其可卡因的含量在30%左右。

（4）可卡因游离碱，也称快客，它是将盐酸可卡因溶于水中，然后调成弱碱性，生成沉淀物，此沉淀物即为可卡因游离碱或者游离可卡因，这种药物吸食后，效力来得更猛烈，有一种闪电兴奋效应。

（二）合成可卡因类麻醉剂

最早的局麻药可卡因不仅毒性大，水溶液不稳定，在研究其构效关系的过程中人们还发现，对其结构进行适当改造，可得到多种有用的局部麻醉药。如普鲁卡因、利多卡因，还有辛可卡因、丁哌卡因、盐酸可卡因、丙胺卡因、苯佐卡因、甲哌卡因、氯普鲁卡因、三甲卡因等合成可卡因类局麻药。

第四节 兴奋剂类毒品

一、苯丙胺类兴奋剂

苯丙胺类兴奋剂，即安非他明类药物，源自日本。1888年，日本药学博士长井氏在研究镇咳药物成分麻黄素时，意外发现了甲基安非他明，经证实，该成分具有中枢神经兴奋作用，能打消睡意，消除疲劳，故日本人称之为觉醒剂。1932年，有人开始吸食苯丙胺，兴奋剂滥用的问题开始产生。第二次世界大战期间，美国日本等国为提高士兵连续作战的能力和提高士兵的士气，大量生产甲胺注射液和片剂作为军需品，供军队使用，促进了其滥用。1937—1947年，安非他明可在美国任何一家商店购买。大学生将其用于考前复习，司机将其作为长途开车的提神药。海洛因吸毒者发现，它是更便宜、更容易获得的替代物。第二次世界大战后该类药品在日本市场上大量出售。当时日本秩序混乱，市民使用甲胺麻醉自己，追求精神上的逃避，造成世界上首次甲胺大流行。

由于认识到甲胺滥用造成的危害，随后日本政府禁止了其生产和销售，但是韩国又继承了日本的技术，成为国际上非法制造甲胺的中心，后这一技术又传到中国台湾，且美国也发生滥用。20世纪80年代，日本毒贩将甲基安非他明制成自身外观透明的冰毒，由于这种形式便于加工、运输贩卖、保存，因此这段时间是冰毒滥用发展最快的阶段。

该类药物属于合成的药物，且原料易得，合成方法简单，至20世纪90年代以来，该类药物的非法合成、贩卖、吸食愈加猖獗。目前在非法市场上出现的摇头丸，即属于该类药物，多以粉末、药片和胶囊形式出现，少数有浸在吸水纸上的形式，如4-溴-2,5-二甲氧基安非他明（DOB）。

（一）苯丙胺类毒品的结构与理化性质

该类毒品是苯丙胺（安非他明）的衍生物，除苯丙胺和甲基苯丙胺（Methamphetamine）外，还包括苯环上取代衍生物，3,4-亚甲二氧基苯丙胺（MDA）、3,4-亚甲二氧基甲基苯丙胺（MDMA）、3,4-亚甲二氧基乙基苯丙胺（MDEA）、3,4-亚甲二氧基-5-甲氧基苯丙胺（MMDA）等。

该类毒品的化学结构通式如下：

苯丙胺类毒品的游离体多为无色油状液体，市场上的苯丙胺多为硫酸盐或磷酸盐，甲基苯丙胺都为盐酸盐，其苯环上的衍生物也多为盐酸盐。安非他明游离碱一般不溶于水而溶于有机溶剂。其盐类溶于水和醇，微溶于氯仿，不溶于乙醚。

（二）苯丙胺毒品的特点

大部分苯丙胺类毒品通常以晶体状、片剂、胶囊、糖浆和配剂形式存在。其中甲基苯丙胺常以晶体形式存在（有透明或掺杂不同的颜色），片剂和胶囊尺寸不一，颜色各异，图案众多，而且此类毒品中有效成分也不尽一致。苯丙胺、甲基苯丙胺、MDA、MDMA、MDEA、MBDB等成分或以单一成分存在或混合成分存在，制剂中都有掺假剂、稀释剂及合成与加工过程中的杂质。

由于合成的方法、起始原料的配比、来源反应的时间和温度、中间产物的脱水条件和过程的净化条件的差异，苯丙胺毒品有不同的颜色（白色、灰白色、黄色和褐色等），这些都取决于所掺杂的杂质和稀释剂的类型和数量。而且这些衍生物中经常有一些副产品和中间物存在，这是由于不纯的生产原料、反应不完全和中间产物以及最终产品的不完全净化而造成的。在禁毒实践中，这些中间产物副产品、掺杂的杂质以及稀释剂的类型，对研究其非法合成方法提供了非常有用的信息，了解这些杂质的种类和含量对毒品的溯源非常重要，通过是否存在一些特殊的杂质，可以判断其合成路线和来源。

（三）苯丙胺类毒品的毒性及体内代谢

苯丙胺为拟肾上腺素药物，作用类似麻黄碱，临床用于治疗发作性嗜睡、中枢抑制药中毒、精神抑郁症等。苯丙胺能刺激中枢神经及周边交感神经，使人的神经系统和血管系统呈现亢奋现象，属于中枢神经兴奋剂。服用后，出现精神亢进、心悸不安、颤抖、焦虑、失眠、头痛反应，在这些反应之前会有短暂的欣慰感，药效消失后，吸食者会产生疲劳、无力、不快的感觉，使用多次后产生耐药性，用药量逐渐增加。滥用安非他明的最严重后果是产生药物的心理依赖性，它不产生真正的生理依赖性，停药后，会出现较强的抑郁状态，并常见有精神病发作。

该类毒品注射或吸食后，易被肠道吸收，常以原体药物的形式排出。尿pH值对该类毒品以及代谢物的分布和排泄有很大的影响。酸性尿，使原体药物的排泄量增加；碱性尿条件下，因肾重吸收药物，而使药物在体内的半衰期延长，同时碱性尿导致了药物保留而形成更多的代谢物。实验研究表明，0%~40%的安非他明通常在48 h内以原体从尿中排泄。大剂量使用时，停药后7 d，在尿中仍可检出安非他明。除以原体排出外，尿中有3%的结合态的对羟基安非他明。所以在毒品的快速尿检中，常以尿检板对吸毒者的甲基安非他明、安非他明、对羟基安非他明、对羟基甲基安非他明进行检出，从而判断是否近期内吸食苯丙胺类毒品。

二、其他类兴奋剂

其他兴奋剂有哌醋甲酯、苯甲吗啉、咖啡因和氯胺酮等。还包括一些新精神活性物质，我们将在后续详细介绍。

（一）哌醋甲酯

哌醋甲酯又名利他林，被列为第一类精神药品管控，化学名称为α-苯基-2-哌啶乙酸甲酯，化学式为 $C_{14}H_{19}NO_2$，分子量为 233.3，其分子结构为：

哌醋甲酯临床上主要用于治疗儿童注意力缺乏症和发作性睡眠，该品对大脑皮层下中枢具有兴奋作用，并有升高血压和兴奋呼吸中枢的作用，能振奋精神，解除疲劳。该毒品兴奋作用比安非他明弱，毒性和副作用也较小。

（二）苯甲吗啉

苯甲吗啉又名芬美曲秦，被列为第一类精神病药品管控。化学名称为 2-苯基-3-甲基吗啉，化学式为 $C_{11}H_{15}NO$，分子量为 177.2，其分子结构为：

苯甲吗啉为拟交感神经药，作为食欲抑制剂，用于治疗外源性肥胖。长期大量服用可导致严重精神抑制，并导致具有精神病症状的成瘾。

（三）咖啡因

咖啡因是一种黄嘌呤生物碱化合物，是一种中枢神经兴奋剂，能够暂时地驱走睡意并恢复精力。有咖啡因成分的咖啡、茶、软饮料及能量饮料十分畅销，因此，咖啡因也是世界上最普遍被使用的精神药品。咖啡因是从天然植物中提取的生物碱，故又称咖啡碱，有 60 多种植物中含有咖啡因。茶叶、咖啡、可乐、可可，这 4 种饮品中都含有咖啡因。咖啡因的化学名称为 1,3,7-三甲基黄嘌呤，化学式为 $C_8H_{10}N_4O_2$，其分子结构为：

咖啡因对中枢神经系统有广泛的兴奋作用。小剂量口服具有消除疲劳，兴奋神经，消除睡意，改善思维的作用，临床上用作治疗神经衰弱和昏迷复苏，大剂量或长期使用会产生依赖性。虽然其依赖性较弱，戒断症状也并不十分严重，但是其耐受性会导致用量不断增加。咖啡因，已被列入国家第一类精神药品管理，临床上限制使用。

在禁毒实践中，咖啡因经常作为掺假剂，与安非他明类、海洛因等制成混合毒品。

（四）安钠咖

安钠咖又名苯甲酸钠咖啡因，是由苯甲酸钠和咖啡因按 1∶1 的比例配制而成，其中咖啡因起兴奋神经的作用，苯甲酸钠帮助人体吸收。

安钠咖是一种兴奋型的精神药品，在临床上用于治疗中枢神经抑制以及麻醉药引起的呼吸和循环衰竭症等，安钠咖还有一定的解热镇痛作用。长期使用安钠咖，会产生耐受性，需要不断加大剂量，也有与咖啡因相似的依赖性和毒副作用。安钠咖也常作为掺假剂和其他毒品混合配制。

（五）氯胺酮

氯胺酮（Ketamine），是我国近期滥用较为严重的药物，常与摇头丸成分混合服用，作用与摇头丸类似，产生兴奋麻醉的感觉，故在娱乐场所使用比较多。

氯胺酮化学名称为消旋-2-邻-氯苯基-2-甲氨基环己酮，分子量为 237.7，化学式为 $C_{13}H_{16}ClNO$，是苯环己哌啶（PCP）的衍生物，因为其物理性状通常呈白色粉末，而英文名称的第一个字母是 K，故俗称 K 粉。其分子结构如下所示：

氯胺酮可抑制中枢神经系统，临床上可作为全身麻醉的诱导剂。辅助麻醉性能较弱的麻醉剂，或与全身或局部麻醉剂复合使用。该品有兴奋血管的作用，可引起一定程度上的血压上升和脉率加快，并可能引起喉痉挛。在医学临床上一般作为麻醉剂使用，被列为第一类精神药品管控。

第五节 致幻类毒品

致幻剂也称致幻药，迷幻药或拟神经病药物。致幻剂是一种能够使人的知觉、思维、情绪和行为发生变化的物质。这类药物具有改变人的知觉过程的能力，能引起视幻觉，听幻觉，使人感觉脱离现实，进入梦幻般的仙境。人们在这种药的作用下，一般都能够同时感知"幻觉"世界和"现实"世界，会热衷于讲述他们经历的奇特感觉，并会将这种感觉记忆很久。最早被滥用的致幻剂多为天然物质，如毒绳伞、颠茄、仙人球等。它们是目前国际上广为滥用的一类毒品。大部分此类物质没有医学用途。

致幻剂的种类很多，而这类药物基本上是通过改变神经突触传递过程而产生行为改变。可以按照他们的来源、化学结构和已知的药理性质、在它们的作用下知觉的丧失程度、危险的大小等因素进行分类。

一、天然植物类致幻剂

"致幻植物"指那些食后能使人或动物产生幻觉的植物。有些植物体内含有某种有毒成分,如裸头草碱、四氢大麻酚等,当人或动物吃下这类植物后,可导致神经或血液中毒。中毒后的表现多种多样:有的精神错乱,有的情绪变化无常,有的头脑中出现种种幻觉,常常把真的当成假的,把梦幻当成真实,从而做出许许多多不正常的行为来。

(一)乌羽玉

墨西哥北部荒漠上的仙人掌类植物中,有一些是被当地人称为"魔球"的致幻植物。这种球形植物的茎为扁球形,在灰绿色球茎顶部的小芽苞上生有鸟羽状的软毛,故又名"乌羽玉"(图2-7)。每当生机盎然的夏季来临,从茎的中央开出薄如蝉翼的白色或粉红色小花。乌羽玉有着神奇的致幻作用,人们吃了它的嫩茎或嫩芽苞,随即就会出现种种幻觉:有的看到自己在水上浮着,不会沉下去,周围的鱼全都是奇形怪状的;有的看到自己周围全是奇珍异宝;有的则躺在万紫千红的花朵中;有的则进入了色彩斑斓的蝴蝶世界。

在墨西哥印第安人的宗教活动中,乌羽玉是不可缺少的。在特定日子里,教徒们成群结队地来到仙人球生长茂盛的地方,咀嚼顶部最嫩的幼茎或嫩芽苞,享受着从迷幻中得到的舒适感。直到1896年,科学家从仙人球中分离出了麦斯卡林生物碱,才揭开了这种迷幻植物的神秘面纱。

图2-7　乌羽玉

(二)肉豆蔻

肉豆蔻又称"麻醉果"(图2-8),内含有毒的肉豆蔻醚。食少量种仁即可产生幻觉,曲解时间与空间,并有超越实际的欣快感。据说,非洲某些地方的人爱随身携带一些肉豆蔻的果实,每当身体患病或精神痛苦时,便服食少许,能很快进入美妙幻境,暂时忘却了自身的痛苦与不幸。

图2-8　肉豆蔻

（三）天仙子

天仙子中含有的天仙子胺，能强烈地干扰中枢神经系统，使人神志昏迷，产生幻觉。古代南美洲的一些女巫就常用天仙子来骗人。女巫把天仙子粉搅拌成糊状，擦满受骗者的全身，在药物的作用下，受骗者的头脑开始恍惚，出现了种种不可思议的幻觉。清醒后，女巫们要他们把在幻觉中的感受说给人们听，并把她的致幻植物说成是在深山中修来的仙药，以此来骗取巨额钱财，自己因此也受到了不知情的人们的敬畏。

（四）曼陀罗

它是世界上最早、最有效的麻醉剂。早在公元 200 多年，我国名医华佗就曾应用以曼陀罗为主的麻醉剂——"麻沸散"，为病人施行刮骨。传说三国时，华佗在为中箭伤的关羽进行刮骨疗毒的过程中，便悄悄地在他的酒中下了"麻沸散"，而关公不知，术中神情自若，还夸赞华佗医术高明。李时珍在《本草纲目》中就充分肯定了曼陀罗的麻醉作用。在南美洲，死去武士的姬妾或奴隶在被活埋殉葬前，要喝用曼陀罗果实酿造的酒来麻痹自己以减轻痛苦。相似的是，在我国清代，行刑前的犯人会以高价向狱卒索取一种用曼陀罗酿的酒——蒙汗药酒，也是为了减轻痛苦。曼陀罗的花名为洋金花，至今仍是中药麻醉的主要药用成分。

曼陀罗的长相很奇特——长长的喇叭形花朵，果实被中南美洲的印第安人称为"仙果"（图 2-9）。他们也乐于从这种"仙果"中得到幻觉和"快乐"。在欧洲，曼陀罗又名詹姆斯草，其中隐藏着一支英国军队因误食该草而弄到十分尴尬的故事。1750 年，一支英国军队来到了北美的一个殖民地——詹姆斯镇。他们在食用生菜时，无意中混入了曼陀罗的嫩叶，导致士兵们产生了疯狂的幻觉，他们有时在地上打滚，有时手舞足蹈，口中念着莫名其妙的话。英国军队本来是以严肃、善战和服装整齐而闻名于世的，这次出了一个大洋相，弄得英军威名扫地。此后，殖民地人民便将它称为"詹姆斯草"。曼陀罗含有多种生物碱，它会干扰人体正常的神经功能，使人产生幻觉。

图 2-9　曼陀罗花及种子

（五）魔菇（Psilocybine）

它由引起幻觉的蕈类所萃取，具有迷幻、拟交感神经作用及类似 LSD 迷幻药的效果。此类蕈类的使用，自有人类历史即有记载，主要多供宗教仪式中使用，借其迷幻的特性来进入深层的精神意识之中，俗名包括 Shrooms、Mushines、Mexican magic mushrooms，又称幻菰。

（六）牵牛子（Morning glory seed）

牵牛子含有类似迷幻药 LSD 之成分 LSA，据传说，阿兹特克人喜欢在庆典中搭配巧克力或蜂蜜服食牵牛子，改变自己的精神状态。一颗牵牛子含有 0.05% 的生物碱，大约为 4.7 mg。

牵牛子含有麦角碱（Ergot alkaloid），包括裸麦角碱（Chanoclavine）、麦角醇（Lysergol）、麦角新碱（Ergometrine）、LSA 等成分，产生迷幻作用之主要成分为 LSA。

中毒症状：意识分离、交替性流泪、昏厥、感觉紧张、失去记忆的恐惧感、精疲力竭的迷幻感受、失去人性、产生鲜明的视觉、立体感觉、奇怪的感觉、超越自我及拯救世界的宏伟幻想、失控、近乎发狂、冲动行为。

（七）小韶子

在我国云南省也生长着一种名叫小韶子的致幻植物。小韶子为野生乔木，果似荔枝而稍小，其果仁有些涩口，煮熟后味同炒熟的板栗，当地群众称之为野荔枝，但从不敢大量食用，一些年老的当地巫医告诫人们说，小韶子是一种"魔鬼果"，大量食用后灵魂会被魔鬼慑去，也就是出现幻觉。过量食用将会出现幻觉——先是看到无数奇异的昆虫铺天盖地而来，随即又看到天空中有怪鸟在飞舞，地面上则有怪兽奔跑。病状严重者除了幻觉之外，感觉天地都随着自己的意志移动，飘飘然，口若悬河，但恢复知觉后却根本不知道自己说了些什么。

（八）蛤蟆菌

真菌家族中也不乏一些神秘植物。蛤蟆菌，被印第安人称为"神蘑菇"。早在古代它就在印第安人的宗教仪式中占据重要位置。在唱颂歌时，人们要在祭司的指导下，进食"神蘑菇"，过后很快会出现各种幻觉、幻象，如庄严华美的宫殿、绚丽缤纷的花园、变幻莫测的湖光山色等，让人仿佛脱离了尘世，遨游在极乐的"天国"。据说猫误食了这种菌，也会慑于老鼠忽然间变得硕大的身躯，而失去捕食老鼠的勇气。这种现象在医学上称为"视物显大性幻觉症"。该类神秘植物一度被人们赋予了玄妙神奇的色彩，曾经是中世纪女巫手中的一大法宝。它们的致幻作用令人惊奇、欣快、敬畏，甚至被视为超自然的神力而得到人们的顶礼膜拜。

近年来，随着人们对植物幻觉剂研究的深入，它又逐渐被用来制造模拟精神病或治疗精神病的药剂，成为科学研究的新领域。人类对于致幻植物发生作用的认识和利用还只是初步的，弄清其中的全部奥秘，做到物尽其用，还需要进行更深入的探索。

二、吲哚类致幻剂

吲哚类致幻剂通常是包括麦角二乙酰胺（LSD）、麦角新碱等含有吲哚结构的一类具有致幻作用的化合物的总称。

1938 年，瑞士的一个实验室，阿尔伯特·霍夫曼博士人工合成了 Lyserg Saure

Diethylamid，这个单词就是 LSD 的由来。直到 1943 年，LSD 才进入到精神病医疗领域，霍夫曼在他的试验记录中写道："1943 年 4 月 16 日，上星期五，由于我感觉特别烦躁并伴有一些头晕，在下午就中断了试验工作回到家中。到家后，我躺在床上，有一种喝酒的感觉，不过没有什么不舒服，脑子里异常活跃。我闭着眼睛头晕眼花地躺着，眼前不断出现奇异的、变化多样的、不停跳动的图像，充满着万花筒一样的颜色。这种状态一直持续了大约两个小时。"霍夫曼随后记道："第一次感觉非常弱，只有轻微的异样，有一点让人愉快的、像在神话中的仙境的感觉。"

LSD 可以制成对人们有用的药品，比如用于妇产科，特别是孕妇产后控制子宫出血，促进子宫恢复，以及治疗强烈的偏头疼等。20 世纪 50 年代，只有美国的桑多斯制药公司生产 LSD，而且仅限于医用和军用。今天，在世界各地已经有大量的地下制药厂生产这种毒品。由于种种原因，LSD 的使用越来越多，尤其是 60 年代中晚期，LSD 迅速蔓延。由于传说中的 LSD 的新感觉（这几乎是众所周知的）、有力的壮阳作用（并不一定是真的）、会让人产生同伴群体亲如一家的感觉（这倒是真的），LSD 迅速流传开来。到 1967 和 1968 年，LSD 的使用达到了顶峰，之后逐渐下降。LSD 使用下降有几种原因，包括用药后的不良反应、长时间的精神病状态、对染色体的损害、自残行为以及对过去事情的回忆，等等。为了谨慎起见，很多人开始拒服迷幻剂，但是许多人只是不再服用人工合成的 LSD，而转向非人工合成的墨西哥毒菌迷幻剂和麦司卡林。

吲哚类致幻剂的基本结构如下：

麦角二乙酰胺　　　　　　　　马来酸麦角新碱

致幻剂没有停服后的症状，因而没有身体上的依赖性。它的危害在于使人产生严重幻觉，并伴有不可战胜的气概和完全麻木无知的行为。比如认为可以在水面上行走，有飞翔的本领，能从几十层的高楼上跳下，其不良后果可想而知。LSD 引起的精神错乱与严重的精神分裂症有某些相同之处，而且 LSD 的刺激作用长达 10 h 之久。

滥用 LSD 的一般剂量是 100~200 mg，虽然有经验的滥用者可以用到 750~1 000 mg，但 35 mg LSD 就可以对人体产生作用。如此小的剂量一般人是无法计算和携带的，所以服用 LSD 的瘾君子就将其溶液滴在方糖上，或是饼干、巧克力以及饮料中，也有人混在菜叶里。

LSD 可以储存在一张吸水纸上、邮票背面或布片上（图 2-10），或常将液体滴在吸墨纸、方糖、邮票等传送物上，也可被做成注射剂或雪茄。其效力强，服用前须先混合其他物质。

滥用方式：口服、抽吸或注射、舌下。混入饮品中不易察觉。

图 2-10　被浸润 LSD 的邮票或小纸片

三、儿茶酚类迷幻剂

儿茶酚类致幻剂与吲哚类致幻剂的精神作用非常相似，但它们的结构不同，这些致幻剂都是基于儿茶酚核结构的。

这类致幻剂都包含有基本的儿茶酚胺结构（多巴胺）。其他具有类似结构的包括 5-羟色胺、2,5-二甲氧基-4-甲基安非他明（DOM）、3,4-亚甲基双氧安非他明（MDA）、3,4,5-三甲氧基-苯氧基乙基丙胺（麦司卡林）、3,4-亚甲基双氧甲基苯丙胺（MDMA，是快乐丸、摇头丸的主要成分）等（图 2-11）。

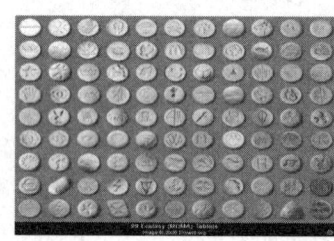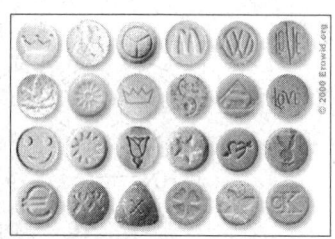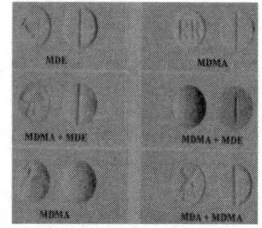

图 2-11　各种形态的 MDA、MDMA

除了一些毒蘑菇之外，常见的致幻剂主要是在脑内作用的一些突触递质化学物质如乙酰胆碱、去甲肾上腺素、多巴胺和 5-羟色胺等。根据致幻剂与这几种神经递质的作用及影响，常可以将其分为以下几类：

（一）乙酰胆碱能致幻药

该类致幻剂包括那些能增加人脑内胆碱能突触处乙酰胆碱的有效量的致幻剂，如毒扁豆碱、阿托品、东莨菪碱。

（二）去甲肾上腺素能致幻药

许多在化学结构上与去甲肾上腺素相似的化合物，被称为去甲肾上腺素能致幻药。这些化合物包括麦司卡林（三甲氧基苯乙胺）、二甲氧基甲基苯异丙胺、三甲氧基苯异丙胺、MDA、MMDA，以及从肉豆蔻中获得的某些药物如肉豆蔻醚和揽香素，从本质上来讲，这些化合物都是苯烷胺类化合物。除此之外，苯丙胺、可卡因也具有一定的致幻作用，只是它们的兴奋作用更强一些，故归入兴奋剂类型。

（三）5-羟色胺能致幻药

5-羟色胺与知觉过程有关，麦角二乙酰胺（LSD）具有引起幻觉的性能，除此之外，此类药物还包括赛洛西宾、4-羟基二甲色胺、二甲色胺等。

四、引起幻觉的麻醉药

苯环己哌啶（PCP）、氯胺酮、LSD、赛洛西宾、麦司卡林等均可以归入此类。PCP也称作普斯普剂，是一种有麻醉作用的致幻类药物。1956年由美国底特律一个化学实验室首次合成。最初是作为动物的麻醉剂。1970年代中叶，在美国和西欧的吸毒者中流行起来，至今仍是滥用面很广的药物之一。PCP通常以盐酸盐的形式存在，白色结晶性粉末，无嗅，易溶于水、乙醇和氯仿，其分子结构如下所示：

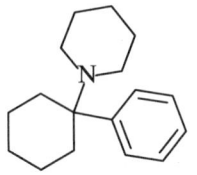

PCP的非法贩卖形态有白色、灰色、棕色结晶性粉末，黏性块状物，片剂、胶囊、液体，俗称天使粉、死亡之旅、魔幻粉。PCP在非法毒品领域提出了有一个新的问题，那就是传统概念中的毒品范围扩大了，出现了人们认为不一定具有成瘾性、几乎不给人以愉悦感的毒物，而这竟成了某些人追逐的对象，它似乎意味着人类在精神领域出现了更严重的危机，在寻找精神出路的时候，竟然违背了自身的本能，不遵循"快乐原则"，而是去寻找痛苦，去寻找磨难。这无疑对于毒品的研究和防范、对于成瘾性问题的研究提出又一个难题。PCP本来是一种动物镇静剂，当它被人体吸收后，会产生严重和长期的问题，如智力迟钝、知觉错误、偏执狂、精神病、敌对心理和暴力行为等，因而产生强烈的侵犯他人的举动，还伴有一种不可战胜的气概和对于痛苦完全麻木无知，其结果是无法控制的自毁行动。

麦司卡林，又名三甲氧苯乙胺、仙人球毒碱，是苯乙胺的衍生物，化学式为 $C_{11}H_{17}NO_3$，其分子结构如下所示：

麦司卡林是从生长在墨西哥北部与美国西南部的干旱地的一种仙人掌的种子、花球中提取的。麦司卡林是强致幻剂,没有医药用途。能使人产生幻觉,导致自我歪曲和思维分裂,引起情绪的抑郁及瞳孔扩大、心动过速、肢体反射亢进、震颤、恶心、呕吐等,长期服用可致器官损害。服用 2~3 h 后出现幻觉,幻觉可持续 7~8 h 甚至 12 h 以上。吸食麦司卡林的危害主要是导致精神错乱,服用者若发展为迁移性精神病,还会出现暴力性攻击及自杀、自残等行为。

赛洛西宾,又名裸盖菇素、光盖菇素、裸头草碱,是一种具有神经致幻作用的神经毒素,化学式为 $C_{12}H_{17}N_2O_4P$,其分子结构如下所示:

它首先进入血液循环,再到达神经系统,然后激活 5-羟色胺受体,而引起神经兴奋作用。主要作用于自主神经,引起神经兴奋、致幻,对时间和空间产生错觉,直至出现自我歪曲、妄想和思维分裂等症状,严重的出现心动过速,瞳孔放大,排尿困难,但一般不会危及生命。根据临床表现,赛洛西宾中毒是通过刺激自主神经系统而抑制运动神经系统引起的。由于赛洛西宾对交感神经起刺激作用,它能引起体温升高、血压升高、心跳加快、延长病症的时间如幻觉重现,严重者出现妄想综合征。

第六节 抑制剂类毒品

中枢抑制剂是对中枢神经系统具有抑制作用的药物,主要指巴比妥类和西泮类(苯并二氮杂䓬类、安定类)药物。其作用因剂量不同而异。小剂量镇静,中等剂量催眠,大剂量产生麻醉和抗惊厥作用,是临床上常用的镇静安眠药和抗焦虑药。近年来吸毒者把中枢抑制剂和其他毒品合用,严重危害身体健康,也给社会造成不良后果。

一、巴比妥类安眠药

巴比妥类安眠药多为巴比妥酸的 5,5'-取代物(R 和 R' 分别代表 H 或不同的取代基团),

其基本结构通式为：

$$\text{巴比妥酸结构式：1,3-二H，2,4,6-三酮，5位R, R'取代的六元环}$$

巴比妥类药物，是巴比妥酸的衍生物。巴比妥酸本身无中枢抑制作用，用不同基团取代 C5 上的两个氢原子后，可获得一系列中枢抑制药。这些药能对中枢神经产生强弱不等的镇静催眠作用。侧链越长（4~8 个 C 原子），以及侧链有分枝或有不饱和键，作用加速加强而不稳定，作用时间越短。C2 氧若被 S 取代，则作用更快、更强、更短。巴比妥类药物作用的快慢、强弱、长短取决于脂溶性的大小。

不同的取代烃基，构成了不同的巴比妥类安眠药。常见的药物有：巴比妥、苯巴比妥、戊巴比妥、异戊巴比妥、速可眠、硫喷妥钠等。临床将此类药物可分为四类：① 长效类，如苯巴比妥、巴比妥；② 中效类，如异戊巴比妥；③ 短效类，如司可巴比妥、海索巴比妥；④ 超短效类，如硫喷妥钠等。

巴比妥类药物对中枢神经系统有普遍性抑制作用。随剂量的增加，中枢抑制作用由弱变强，相应表现为镇静、催眠、抗惊厥及抗癫痫、麻醉等作用。大剂量对心血管系统也有抑制作用。过量可引起呼吸中枢麻痹而致死。

在非麻醉剂量时作用于 γ-氨基丁酸（GABAA）A 受体，主要抑制多突触反应，减弱易化，增强抑制。在没有 GABA 时，模拟 GABA 的作用，通过延长 Cl⁻通道的开放时间，增加 Cl⁻的通透性，使细胞膜超极化。此外，巴比妥类还可减弱或阻断谷氨酸作用于相应的受体后去极化导致的兴奋性反应，引起中枢抑制作用。

二、西泮类安定药物

西泮类药物即苯并二氮杂卓类，或弱安定类药物，主要用于治疗神经官能症，能解除焦虑不安，还有抗癫痫作用。常用的这类药物有利眠宁、地西泮、硝基西泮、去甲羟基西泮、舒乐西泮、三唑仑等。这类药物临床应用品种多，但易产生依赖性。该类药物还常用于自杀，有的药如舒乐安定、三唑仑等，常被伪装成或掺杂入其他的精神药品用于麻醉抢劫。

地西泮，是一种有机化合物，化学式为 $C_{16}H_{13}ClN_2O$，被列为第二类精神药品管控。临床上用于治疗：① 焦虑症及各种功能性神经症。② 失眠，尤对焦虑性失眠疗效极佳。③ 癫痫：可与其他抗癫痫药合用，治疗癫痫大发作或小发作，控制癫痫持续状态时应静脉注射。④ 各种原因引起的惊厥，如子痫、破伤风、小儿高烧惊厥等。⑤ 脑血管意外或脊髓损伤性中枢性肌强直或腰肌劳损、内镜检查等所致肌肉痉挛。⑥ 其他如偏头痛、肌紧张性头痛、呃逆、炎症引起的反射性肌肉痉挛、惊恐症、酒精戒断综合征，还可治疗家族性、老年性和特发性震颤，可用于麻醉前给药。

硝基西泮又名硝基安定，是一种有机化合物，化学式为 $C_{15}H_{11}N_3O_3$，分子结构如下所示，化学名称为 5-苯基-7-硝基-1,3-二氢-2H-1,4-苯并二氮杂卓-2-酮,是一种抗惊厥药和抗焦虑药,被列为第二类精神药品管控。

该种药物的定性方法:①取本品约 10 mg,加稀盐酸 15 mL,置水浴上加热 15 min,放冷,过滤,滤液显芳香第一胺类的鉴别反应;②取本品约 10 mg,加甲醇 1 mL,加氢氧化钠试液 2 滴,溶液即显鲜黄色;③取本品,加无水乙醇制成每 1 mL 中含 8 μg 的溶液,用分光光度法测定,在 220 nm、260 nm 与 310 nm 的波长处有最大吸收。260 nm 波长处的吸收度与 310 nm 波长处的吸收度的比值应为 1.45~1.65。④本品的红外吸收光谱应与对照的标准图谱一致。定量方法:取本品约 0.2 g,精密称定,加冰醋酸 15 mL 与醋酐 5 mL 溶解后,加结晶紫指示液 1 滴,用高氯酸滴定液(0.1 mol/L)滴定至溶液显黄绿色,并将滴定的结果用空白试验校正。每 1 mL 高氯酸滴定液(0.1 mol/L)相当于 28.13 mg 的 $C_{15}H_{11}N_3O_3$。

氟硝西泮(Flunitrazepam),别名氟硝基安定、Rohypnol、Darkene。分子式为 $C_{16}H_{12}FN_3O_3$,分子结构如下所示,淡黄色结晶性固体,被列为第二类精神药品管控。属苯二氮䓬类药物,有催眠、遗忘、镇静、抗焦虑、肌肉松弛和抗惊厥作用,其中催眠和遗忘的作用更显著。其药理作用与其他苯二氮䓬类药物相似,镇静催眠作用比硝西泮、地西泮强。当氟硝西泮与酒精混合使用时,会产生相当复杂的生理作用,使人神经兴奋、产生幻觉,就像吸食冰毒一样,容易使人上瘾,产生强烈的依赖性,过量使用会产生"自杀冲动",出现中枢神经强力抑制,导致呼吸停止、血压骤降、昏迷、肌肉无力甚至死亡。

氯硝西泮(Clonazepam)又名氯安定,化学式为 $C_{15}H_{10}ClN_3O_3$,分子结构如下所示,化学名称为 1,3-二氢-7-硝基-5-(2-氯苯基)-2H-1,4-苯并二氮杂䓬-2 酮,是一种苯二氮䓬类镇静剂,被列为第二类精神药品管控。临床上主要用于:①治疗癫痫和惊厥,对各型癫痫均有效,对小发作和肌阵挛发作疗效最佳。静脉注射治疗癫痫持续状态;②治疗焦虑状态和失眠;③对舞蹈症亦有效。对药物引起的多动症、慢性多发性抽搐、僵人综合征、各类神经痛也有一定疗效。作用类似地西泮及硝西泮,但抗惊厥作用比前二者强 5 倍,且作用迅速。与其他 BDZ 类药物的中枢抑制作用类似,由于加速神经细胞的氯离子内流,使细胞超极化,使神经细胞兴奋性降低。同时它还对谷氨酸脱羧酶有一定作用,因而具有广谱抗癫痫作用。本品尚具有抗焦虑、催眠及中枢性肌肉松弛作用。

三唑仑为短效苯二氮䓬类药物（分子结构如下所示），列为第一类精神药品管控。具有地西泮药理作用，有镇静、催眠作用，在苯二氮䓬类中属于代谢最快、作用最强的药物，强于地西泮，氟西泮。这类药物根据作用特点分属两类：三唑仑、艾司唑仑、依替唑仑、阿普唑仑等属于抗焦虑药，而溴替唑仑、咪哒唑仑等则属于镇静催眠抗惊厥药。

三、导眠能、安眠酮和眠尔通

这三种药物临床上主要用于治疗失眠症，长期使用会产生依赖性，过量使用会引起中毒。该三种药物均为国际公约管制的精神药品。

导眠能即格鲁米特（Glutethimide），又称多睡丹、苯乙哌啶酮，是一种有机化合物，化学式为 $C_{13}H_{15}NO_2$，分子结构如下所示，化学名称为 3-乙基-3-苯基-2,6-哌啶二酮，临床上用于神经性失眠、夜间易醒及麻醉前给药，是一类镇静催眠抗惊厥药，被列为第二类精神药品管控。导眠能为中时作用的非巴比妥类催眠药，可应用于失眠症的短期治疗，但不适合长期应用，因为作为催眠药的应用仅在 3~7 d 内有效，如需再给予本品治疗，应间隔一周以上。小剂量（125 mg）有防治晕动病的效果。导眠能属脂溶性，胃肠道吸收不规则，约 50% 与蛋白结合。几乎全部在肝脏内代谢转化。半衰期为 10~12 h。口服 30 min 内作用开始，作用持续时间约 4~8 h。主要经肾脏排泄，<2% 以原形随尿排出，另有 2% 随粪便排泄。

导眠能属酸性药物，在系统分离提取时常与巴比妥类药物在一起，对新鲜检材可采用无水乙醇沉淀蛋白法提取。化学检验法主要是异羟肟酸铁反应，即导眠能的分子结构中有酰胺基，在碱性条件下与羟胺作用生成异羟肟酸，异羟肟酸在酸性条件下与三价铁作用，生成紫红色络合物。氟乙酰胺也有此反应。乙醇溶液中的导眠能在紫外区有 3 个较弱的吸收（251 nm、257 nm、263 nm），当调成碱性时，235 nm 处有一强的吸收（哌啶环所致），而后渐渐消失。

安眠酮是一种有机化合物，化学式为 $C_{16}H_{14}N_2O$，分子结构如下所示，化学名称为甲喹酮，被列入第一类精神药品管控。主要作用于大脑皮层，具有镇静和催眠作用。催眠作用强且起效快，其催眠作用强度为苯巴比妥的 3~8 倍，为格鲁米特的 3 倍。可提高睡眠质量，而醒后无不快感。主要用于失眠、神经衰弱及麻醉前给药，安全性较大。口服极易吸收，在服药后 10~30 min 发挥药效，可维持 6~8 h。本品的半衰期为 20~40 h。在肝脏代谢后与葡萄糖醛酸结合从尿中排出。

眠尔通又称甲丙氨酯，是一种有机化合物，化学式为 $C_9H_{18}N_2O_4$，分子结构如下所示，化学名称为 2-甲基-2-丙基-1,3-丙二醇二氨基甲酸酯、氨甲丙二酯，被列为第二类精神药品管控。

眠尔通性质稳定，在稀酸、稀碱中均不被破坏。在胃液和肠液中不分解。人体内此药物大量由尿排出，可采取 24 h 之内的胃内容或尿液作检材，也可取肝，肾等内脏。

可在碱性条件下用乙醚或氯仿提取，无水硫酸钠脱水，乙醇-丙酮沉淀蛋白，化学显色反应主要有：与二甲氨基苯甲醛反应，形成黄色化合物；与 2%香荚兰素浓硫酸试剂反应，生成紫红色。薄层色谱法可用上述两种试剂显色。

第七节　新精神活性物质

2013 年，在联合国禁毒署的《世界毒品报告》中，联合国毒品与犯罪问题办公室（UNODC）首次将"没有被联合国国际公约（《1961 年麻醉品单一公约》和《1971 年精神药物公约》）管制，但存在滥用可能，并会对公众健康造成危害的单一物质或混合物质"定义为"新精神活性物质"。随后联合国禁毒署认为这类物质将成为全球范围流行的第三代毒品。第三代毒品是第二代毒品（精神活性物质）的变种，即新精神活性物质（New Psychoactive Substances，NPS）。根据结构特征和作用药理不同，新精神活性物质分为人工合成大麻素类、合成卡西酮类、氯胺酮、苯乙胺类、氨基茚烷类、哌嗪类、苯环利啶类、植物类和其他类等9类。NPS与传统毒品一样具有较强的成瘾性，具有使中枢神经兴奋的特性，或者强烈的致幻作用，滥用后会对使用者的生理和精神状况造成损害，并会导致一系列社会问题。新精神活性物质又称"策划药"或"实验室毒品"，是不法分子为逃避打击而对管制毒品进行化学结构修饰得到的毒品类似物，具有与管制毒品相似或更强的兴奋、致幻、麻醉等效果，已成为继传统毒品、合成毒品后全球流行的第三代毒品。

"新"并不是表示新发明的物质，很多物质是在多年前合成的。新精神活性物质最早可以追溯至20世纪初，自1929年首次生产甲氧麻黄酮以来，为规避监管而制造的新精神活性物质就不断出现。在19世纪60年代开始出现苯乙胺类的新精神活性物质（如2,5-二甲氧基-4-甲基苯丙胺）。随着1991年图书 *pihkal* 的出版，苯丙胺及其侧链衍生物得到快速发展。与苯乙胺同时出现的还有色胺衍生物，因其具有强烈的致幻特性和不受管制的地位而备受欢迎。随着 *pihkal* 时代的消亡，哌嗪衍生物得到迅速发展。哌嗪衍生物于19世纪90年代出现在美国，于2004年左右到达欧洲，直到2007年才受到欧盟范围的管制。2000年后，新精神活性物质的滥用在世界范围内急剧增加，2018年底，119个国家和地区累计报告发现891种新精神活性物质，而到2019年底，世界上120个国家和地区报告发现的新精神活性物质就达到了950多种。新精神活性物质还在增加，甚至在以我们难以估计的数量和速度出现。需要注意的是，有的已存在的精神活性物质、新精神活性物质，甚至国家批准上市的具有精神活性的药品，它们在研发、实验室试验、临床试验过程中，会产生很多中间体，这些中间体有可能被人利用流入社会，被人滥用而成为新精神活性物质。

从药物作用机理上讲，第三代毒品与前两代毒品一样具有较强的成瘾性，作用于人体中枢神经引发兴奋、致幻等，大剂量服用与毒品无异。但是，由于第三代毒品是对以往毒品进行化学结构修饰得到的毒品类似物，且不需要借助工具"鼻吸""注射"，这就导致其具有迷惑性，难以防范。据联合国毒品和犯罪问题办公室统计，2009—2017年间，全球共报告了803种新精神活性物质，报告发现的国家和地区有100余个。新精神活性物质自2009年兴起以来在全球不断泛滥，愈演愈烈，危害严重，是近年来国际禁毒领域最为棘手和突出的问题。新精神活性物质最初并未受到毒品立法的管制，因此在欧美市场上曾大量公开销售。随着管制的力度不断加大，不法分子充分利用日益增长的制造能力以及全球化的贸易促进犯罪手段隐蔽化发展，从"街头"转向"网络"。新精神活性物质种类也不断增多，其滥用现象给全球的公共健康造成了重大的威胁，类阿片新型精神活性物质在北美导致了过量死亡事件，西非、非洲中部和北非也正在遭受曲马多的滥用危机。

当前毒品滥用还存在一个明显的特征是，不法分子将国家已严格列管的毒品或者尚未列管的新精神活性物质，伪装成常见的小食品、小物品或者使用新奇、时尚的名字，比如"开心水""快乐水""奶茶""巧克力"等小食品，"小树枝""邮票"等小物品（图2-12），所以极具迷惑性、隐蔽性和诱惑性。

   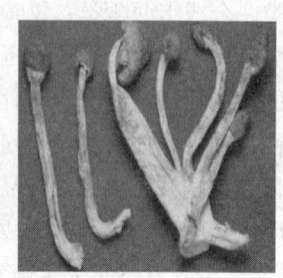
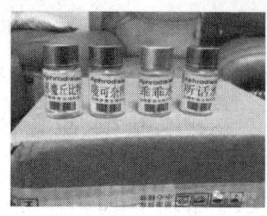 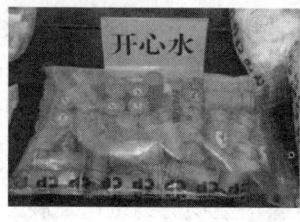 

图 2-12 不同形态伪装的新精神活性毒品
（小树枝、咔哇潮饮、毒奶茶、迷幻蘑菇、迷奸水、开心水、笑气）

通过对这些新活性物质及伪装样品的分析发现："小树枝"又名"雅典娜小树枝""维纳斯香薰""派对小树枝"，因外观类似细长的树枝而得名，一般为卷入香烟或磨成粉用香烟沾吸，最初在西方国家的大麻吸食群体里流行，一般与笑气混合吸食。

这种毒品的主要成分为 AMB-FUBINACA（或 MDMB-CHMICA），即人工化学合成大麻素，正是我国《非药用类麻醉药品和精神药品列管办法》所列管的品种。

AMB-FUBINACA 由美国辉瑞制药有限公司发明，并拥有专利，但从未让该药进入人体试验阶段。由于专利信息是公开的，且资料显示其比植物大麻中的 THC 含量高 85 倍（THC 含量越高，毒性更强），因此很快被人制作成合成大麻素类毒品。

由于不含天然大麻 THC 成分，合成大麻素类毒品在滥用之初，世界各国都没有重视，其先是在欧美国家的年轻人里流行，紧接着发展成为新的聚会毒品，之后就扩散到各大洲。"小树枝"最初进入中国，曾被当作一种国外提神的香薰物在某电商平台公然销售，直到国家毒品检测室发现，此类商品含有我国管制的新精神活性物质成分，才被纳入毒品的范围。

其他的伪装型的新精神活性物质，如咔哇潮饮（标示为含 γ-氨基丁酸的饮料）是一种含有高浓度的管制毒品——γ-羟基丁酸和 γ-丁内酯（羟基丁酸的前体）。2005 年我国就将 γ-羟基丁酸列入二类精神药物予以管制，并于 2007 年变更为一类。滥用"γ-羟基丁酸"会造成暂时性记忆丧失、恶心、呕吐、头痛、反射作用丧失，甚至很快失去意识、昏迷及死亡，与酒精并用更会加剧其危险性。"开心水"也称 HAPPY 水，是一种新型液态毒品，是一种呈无味、透明、液态状毒品，是由冰毒、摇头丸、氯胺酮等毒品混合而成。从成分上来说，"开心水"是由甲基苯丙胺、苯丙胺以及盐酸氯胺酮构成，所以，它并不是一种新的毒品品种，而是一种新的毒品吸食形态。"快乐水"通常被伪装成可乐，而其中液体中含有氯胺酮（K 粉）、摇头丸、冰毒混合而成的新型毒品，吸食微量就会致人产生亢奋感和幻觉，甚至会发狂。

毒品奶茶通常具有以下特征：①外在形态粉末状，与咖啡、奶茶粉相似；②多用奶茶、咖啡、茶叶包等包装掩饰；③使用方法简易，用开水调和后即可吸食，也可与其他饮品混合饮用；④主要成分是氯胺酮、MDMA 等，作用与 K 粉、冰毒相似，使人极度亢奋，容易上瘾。

毒巧克力一般比较粗糙简陋而且没有任何品牌，形态与正常的巧克力相似，但这可不是普通的巧克力，而是掺有"四氢大麻酚"或合成大麻素类新精神活性物质的"毒巧克力"。

迷幻蘑菇外形看起来就像黄褐色的蘑菇干，实际上里面含有一种用毒性菌类植物"毒蝇伞"制成的迷幻物质。误吃后会让人神经麻痹，出现幻觉，而且药力持久，比摇头丸、K 粉更强烈。如果长期大剂量摄入，还会造成机体功能失调和组织病理变化，严重危害身体健康，目前已被列管为二级毒品。

需要特别说明的是，这类含有毒品的物质名称是不法分子起的，含有的成分也是他们自己添加的，没有固定的成分种类，并且不断变换花样、推陈出新，上演"猫捉老鼠"的游戏。这类毒品新奇、时尚的伪装，使很多年轻人成为其目标人群。

第三类毒品的贩运方式也发生了一些变化。《2020 中国毒品形势报告》显示，"互联网+物流寄递"贩毒活动增多。物流寄递渠道贩毒案件持续上升，全国共破获物流寄递渠道贩毒案件 3011 起，缴获毒品 4.3 吨，分别上升 9.5% 和 1.1%，"大宗走物流、小宗走寄递"特点明显。网络贩毒手段多样，采用数字货币支付毒资，使用邮寄、同城快递等方式或小众物流快递公司运送毒品，中途变更收货地址，交易两头不见人，加大了发现、查处、取证难度。

下面介绍几种常见的新精神活性物质。

一、氯胺酮

英文名称：Ketamine，其他常见名称：K 仔、K 粉。

物理性质：氯胺酮纯品（即氯胺酮碱）为白色粉末。市面上常见的是外消旋氯胺酮盐酸盐，系白色结晶粉末。

滥用方式：鼻吸，也有将氯胺酮溶入饮料等液体或制成片剂以口服方式滥用，还有少数通过静脉注射、肌肉注射等方式。

毒性：使用剂量愈大、毒副作用愈显著。急性中毒症状包括：行为症状，表现为兴奋、话多、自我评价过高等，理解判断力障碍，可导致冲动，如自伤与伤害他人等行为。精神症状，表现为焦虑、紧张、惊恐、烦躁不安、濒死感等。躯体症状，心血管系统表现为心悸、气急、大汗淋漓、血压增加等；中枢神经系统表现为眼球震颤、肌肉僵硬强直、构音困难、共济运动失调、对疼痛刺激反应降低等；严重者可出现高热、抽搐发作、颅内出血、呼吸循环抑制，甚至死亡。意识障碍，表现为意识清晰度降低、定向障碍、行为紊乱、错觉、幻觉、妄想等以谵妄为主的症状；严重者可出现昏迷。

滥用症状：

（1）依赖综合征。通常在停药后 12~48 h 后可出现烦躁不安、焦虑、抑郁、精神差、疲乏无力、皮肤蚁走感、失眠、心悸、手震颤等戒断症状。在长期使用后，滥用者常需要增加使用剂量和频度才能取得所追求的效果。同时，滥用者有不同程度的心理渴求，控制不了氯胺酮使用频度、剂量，明知有害而仍然滥用。

（2）精神病性障碍。氯胺酮滥用者常出现精神病性症状，与精神分裂症非常相似，主要表现为幻觉、妄想、易激惹、行为紊乱等症状。幻觉以生动、鲜明的视幻觉、听幻觉为主；妄想多为关系妄想、被害妄想，也可有夸大妄想等；行为紊乱主要表现为冲动、攻击和自伤行为等。少数可出现淡漠、退缩和意志减退等症状，亦可有感知综合障碍。

（3）认知功能损害。表现为学习能力下降，执行任务困难，注意力不集中，记忆力下降等。由于氯胺酮神经毒性作用，慢性使用者的认知功能损害持续时间可长达数周、数月，甚至更长，较难逆转。

（4）躯体并发症。常见躯体并发症是泌尿系统损害和鼻部并发症等，表现为排尿困难、尿频、尿急、尿痛、血尿、夜尿增多以及急迫性尿失禁等，还有慢性鼻炎、鼻中隔穿孔和鼻出血等鼻部疾病。

此外，滥用氯胺酮后性冲动较强烈，易引发不当性行为，增加性传播疾病的机会。目前，氯胺酮主要吸食者是一些青少年亚文化群体，严重侵害青少年身心健康，并且容易导致暴力犯罪、聚众淫乱、艾滋病感染传播等一系列问题。

二、合成大麻类

合成大麻素类物质是九大类新精神活性物质中的一类，是人工合成的化学物质，不依赖于大麻的种植，成本更低，获取容易，并且能产生更为强烈的兴奋、致幻等效果，目前已成为新精神活性物质中涵盖物质种类最多、滥用最为严重的种类。在全球已发现的 1025 种非植物类新精神活性物质中，合成大麻素类有 297 种，占近 1/3；我国已发现 103 种，潜在数量可能高达成千上万种。2021 年 5 月，公安部、国家卫生健康委员会和国家药品监督管理局联合发布公告，决定正式整类列管合成大麻素类新精神活性物质，并新增列管氟胺酮等 18 种新精神活性物质。公告自 2021 年 7 月 1 日起施行。我国将成为全球第一个对合成大麻素类物质实行整类列管的国家。

吸毒人员吸食该类物质后，会出现头晕、呕吐、精神恍惚、致幻等反应，过量吸食会出现休克、窒息甚至猝死等情况，已引发数起毒驾、故意伤害等危害公共安全事件。吸食合成大麻素能产生比吸食天然大麻更为强烈的快感，这导致合成大麻素迅速蔓延，已成为新精神活性物质中涵盖物质种类最多、滥用也最为严重的家族。

物理性质：该类制品多以香料、花瓣、烟草、电子烟油等形态出现，代表制品包括"小树枝""香料""香草烟"等。

滥用方式：合成大麻素类物质一般被喷涂在植物碎末表面，制成植物熏香用于吸食，而且往往是多种合成大麻素混合使用，这使得它们的成瘾性和危害性更难以判断，相关的研究也很有限。

毒性：一般认为它们的成瘾性和戒断症状类似天然大麻，长期吸食会导致心血管系统疾病以及精神错乱，同时也存在致癌的风险。

三、合成卡西酮类

卡西酮类新精神活性物质主要包括卡西酮、甲卡西酮类、乙卡西酮类、含有亚甲二氧基基团的卡西酮类、含有吡啶环的卡西酮类、其他类等（常见物质结构如下）。卡西酮是一种来源于植物阿拉伯茶中的天然 β-酮基苯丙胺类似物，化学名为 2-氨基-1-苯基-1-丙酮，分子式为 $C_9H_{11}NO$，分子量为 149.2，属于兴奋性苯丙胺类精神药品，因其结构和药理活性都与安非他明类似，故而被称作"天然的安非他命"。人工合成的卡西酮也经常被用作消遣性毒品的重要组成部分，通常被叫作"浴盐"。除了卡西酮之外的其他卡西酮类新精神活性物质均为卡西酮 β-酮基类似物，与苯丙胺类化合物结构相似，在氨基碳链 β-位连有酮基，所有已知的卡西酮衍生物或者是 N-碱化，或者是 N 原子是吡咯环的一部分。卡西酮类新精神活性物质种类繁多，均为人工合成得到，其中最常见的有三种，分别为甲卡西酮（MC）、4-甲基甲卡西酮（4-MMC）和 3,4-亚甲二氧基吡咯戊酮（MDPV）。

| 卡西酮 | 甲卡西酮 | 4-甲基甲卡西酮 | MDPV |

甲卡西酮，俗称"长治筋""浴盐"，是苯丙胺的一种类似物，分子式为 $C_{10}H_{13}NO$，分子量为 163.2，通常为白色或浅黄色的粉末状物，也有以片剂、胶囊出售的，味苦，闻起来有香草的味道，易溶于水、甲醇、环己烷、三氯甲烷等溶剂。

4-甲基甲卡西酮，又称甲基麻黄酮，俗称"土冰"，分子式为 $C_{11}H_{15}NO$，分子量为 177.2，微黄色的液体，其盐酸盐是白色或类白色粉末，有时也会被制成各种颜色的片剂和胶囊进行贩卖，它有与众不同的气味，类似鱼腥味或香草味、漂白剂味、陈旧的尿味等。

3,4-亚甲基二氧吡咯戊酮，也是一种基于卡西酮的人工合成兴奋剂，分子式为 $C_{16}H_{21}NO$，分子量为 275.3，结构与苯丙胺类兴奋剂 3,4-亚甲基二氧基甲基苯丙胺（MDMA）相似，常见形式为 3,4-亚甲二氧基吡咯戊酮盐酸盐，是细白至黄褐色粉末，有少许气味，颜色越深气味越重，易吸水结块，是"浴盐"最常见的成分之一。

毒理作用：卡西酮类新精神活性物质为交感神经兴奋剂，直接作用于中枢神经系统，其作用机制与单胺类神经递质的刺激、释放、抑制和再摄取有关。滥用者经口服、静脉注射、鼻吸、直肠给药等途径摄入，初时产生欣快、自信增加、精力旺盛、狂躁等症状，后发展到抑郁心境、嗜睡、流鼻血等，伴有妄想、幻觉、焦虑、震动、失眠、营养不良、体重减轻、脱水、出汗、腹痛、恶心、呕吐、全身疼痛等副作用，长期滥用会产生依赖而成瘾，导致一系列生理、心理损害甚至死亡。

体内代谢：卡西酮类新精神活性物质进入生物体后，大部分经氧化、还原等一相代谢和与葡萄糖或硫酸盐衍生物结合等二相代谢，得到多种代谢产物。由于卡西酮类新精神活性物质的使用历史短，目前对于其体内过程的研究较少，主要集中在具有代表性的 MC、4-MMC 和 MDPV 的代谢过程研究。MC 进入体内后，主要被代谢为 N-去甲基化产物卡西酮。甲卡西酮进入生物体内后，通过脱甲基、酮基还原或甲苯基氧化等 3 种方式代谢为胺、醇和酸，也可以进一步与葡萄糖或硫酸盐衍生物结合。MDPV 分子中含有吡咯环结构，亲脂性强，进入体内非常容易突破血脑屏障。MDPV 进入生物体后，在肝脏中发生一相代谢与二相代谢，生成多种代谢产物后，最终被代谢为 4-甲基邻苯二酚（Methylcatechol）和吡咯烷（Pyrrolidine）及其葡萄糖醛酸化、硫酸化产物，大部分代谢产物经尿液排出，只有极少部分经粪便排泄。

滥用方式：吸食方式以口服为主，也有鼻吸、注射、混合饮用的。

检验方法：目前，针对血液、尿液等不同检材中卡西酮类新精神活性物质的分析方法主要包括薄层色谱法（TLC）、气相色谱-质谱联用法（GC-MS）、液相色谱法（LC 或 HPLC）、液相色谱-质谱联用法（LC-MS）、核磁共振法（NMR）等。

四、芬太尼类

芬太尼属于阿片类物质，芬太尼类新精神活性物质均为芬太尼的衍生物，是人工合成的强效麻醉性镇痛药，药理作用与吗啡类似。

芬太尼（Fentanyl）是比利时科学家 Paul Janssen 于 1960 年合成的一种阿片受体激动剂，其化学名称为 N-[1-(2-苯乙基)-4-哌啶基]-N-苯基丙酰胺，镇痛效果是吗啡的 80 倍，具有起效快、作用强、不良反应少等特点，在临床镇痛和麻醉方面有着广泛应用。以芬太尼为先导化合物，通过修饰或取代，可得到一系列芬太尼类衍生物，镇痛效果比芬太尼更强。例如卡芬太尼（Carfentanil）的药效大致是芬太尼的 100 倍、海洛因的 5 000 倍、吗啡的 10 000 倍。由于具有毒品相似或更强的兴奋、致幻等效果，近年来芬太尼及其类似物被混入海洛因或其他非法毒品后出售，已在北美及其他国家造成大量滥用致死事件。芬太尼类新精神活性物质药效强、致死率高、滥用严重，各国纷纷制定了相应的法律法规进行管控。我国于 2019 年 5 月 1 日发布了《关于将芬太尼类物质列入〈非药用类麻醉药品和精神药品管制品种增补目录〉的公告》，对芬太尼类物质实施整类管制。目前我国已列管了卡芬太尼、呋喃芬太尼等 23 种，涵盖国际禁毒公约管制的全部芬太尼类物质。芬太尼类新精神活性物质具有毒性强、变化快、品种多、缉查难等特点，对检测稽查工作提出了巨大的挑战。

毒性：吸食芬太尼类新精神活性物质副作用是瘙痒、恶心、呼吸抑制；由于此类物质药效较强，极少量摄入即可对人体造成伤害乃至危及生命。

实验室检测技术需要将样品运回实验室进行前处理，而后依托分析仪器进行测定，具有稳定、准确、可靠等诸多优势。实验室检测技术通常由样品前处理和仪器分析检测两部分组成。在毒品稽查或案件侦查中，由于毒品在血液、尿液、唾液、毛发等生物样品中的含量通常较低，需对样品中的目标物质进行提取富集。选择适宜的样品前处理方法是法医毒物鉴定的重要环节，直接关系到分析结果的准确性。在芬太尼类新精神活性物质检测过程中，常见的样品前处理方法主要有固相萃取法、液-液萃取法、蛋白质沉淀法和固相微萃取法。目前，芬太尼类物质的仪器分析检测技术主要为色谱-质谱联用技术，如高效液相色谱-串联质谱法（High performance liquid chromatography-tandem mass spectrometry，HPLC-MS/MS）、气相色谱-质谱法（Gas chromatography-mass spectrometry，GC-MS）等。这些方法能够实现精确定性定量分析，具有分析速度快、分离效果好、检测灵敏度高、分析结果稳定等优势，在芬太尼类物质的实验室分析检测中占据主导地位。

快速检测技术：常规实验室检测技术虽然在定性定量方面具有优势，但通常样品前处理烦琐、分析过程周期长，不能在第一时间对可疑人员或可疑样品进行现场处置。为此，科研人员开发了一系列现场快速检测技术，以应对海关、口岸、机场等人流密集场所的芬太尼类物质稽查与检测。这些现场快速检测技术包括原位电离质谱技术（Ambient ionization mass spectrometry，AIMS）、小型台式红外光谱仪、手持式拉曼光谱仪、小型便携式质谱仪、离子迁移谱仪、便携式电化学传感器等。

五、苯乙胺类

苯乙胺类新精神活性物质是一类具有致幻和兴奋双重精神作用的化合物。犯罪分子以苯乙胺为母核，通过化学结构修饰合成苯乙胺类衍生物以规避法律的管控。其药理作用与传统毒品相似，甚至毒性更强。该类物质通过介导多巴胺（Dopamine，DA）、去甲肾上腺素（Norepinephrine，NE）和 5-羟色胺（Serotonin，5-HT）受体等单胺类受体，从而产生较强的兴奋和致幻作用，常见的副作用有恶心、呕吐、心动过速、高血压、呼吸抑制以及幻觉等。苯乙胺类物质的精神作用具有剂量依赖性，在低剂量摄入后，它们主要产生类似吸食苯丙胺类药物的兴奋作用；在高剂量摄入后，则产生类似吸食麦角二乙酰胺（LSD）和麦司卡林的强烈致幻作用。长期滥用该类物质导致精神错乱的案例也已出现。

苯乙胺类新精神活性物质时常标注"浴盐""草药香""植物食品"及"不可食用"等字样，以吸墨纸、液体、粉末或胶囊的形式在互联网、零售店销售。目前已经确认的常见苯乙胺类新精神活性物质有 43 种，其中 3 种不以苯乙胺为母核。从化学结构上来看，苯乙胺类新精神活性物质包括：2C-系列，如 2,5-二甲氧基-4-溴苯乙胺（4-Bromo-2,5-dimethoxyphen-ethylamine，2C-B），D-系列，如 1-(2,5-二甲氧基-4-氯苯基)-2-丙胺[1-(4-Chloro-2,5-dimethoxyphenyl)propan-2-amine，DOC]，苯二氮类，如 1-(8-溴-2,3,6,7-四氢苯并[1,2-b；4,5-b']-二呋喃-4-基)-2-氨基乙烷[1-(8- bromo -2,3,6,-tetrahydro-benzo- [1,2-b；4,5-b']-difuran-4-yl)-2-aminoethane，2C-B-FLY]和其他一些衍生物，如 1-(4-甲氧苯基)-N-甲基-2-丙胺[N-methyl-1-(4-methoxyphenyl)propan-2-amine，PMMA]。麦司卡林是一种天然的苯乙胺类物质，通过对其简单的结构进行变化合成了具有强烈致幻作用的苯乙胺类衍生物。

体内代谢及滥用症状：目前，苯乙胺类新精神活性物质的体内过程研究甚少。已有研究发现苯乙胺类新精神活性物质主要通过口服方式进入体内，主要代谢酶有单胺氧化酶（Monoamine oxidase，MAO）和细胞色素 P450 酶（Cytochrome P450 enzyme，CYP）系。该类物质进入体内在相关酶的作用下，通过去甲基化、乙酰化、脱氨基成醛等，进一步氧化、降解相应的醇和酸等代谢物随尿液排出体外。苯乙胺类物质的尿液中的药物通常高于血药浓度，但在多数情况下，检测到的目标物是代谢物而非母体化合物。如 2C-B 在体内主要代谢产物有 BDMBA、BDMPE、BDMPAA、B-2-HMPE、B-2-HMPAA、B-2-HMPEA 和 BDMP；25B-NBOMe 和 25C-NBOMe 分别产生 66 和 69 种代谢产物。25B-NBF 经过酶催化发生羟基化、甲基化、N-脱氨化、葡萄糖醛酸化、硫酸化和乙酰化等，生成 33 种代谢物。

该类物质具有兴奋能力强、持续时间长的特点，其精神作用与服用的剂量有关，随着时间延长和剂量增加，会使人的兴奋状态由弱至强，出现欣快、恶心、呕吐、躁动、心动过速、高血压、呼吸抑制、癫痫、幻觉甚至妄想等症状，此外触觉、听觉和嗅觉等的灵敏度也显著增加。一次大量使用会导致心动过速、血压上升、肝肾功能衰竭等急性中毒症状，甚至可以引发抽搐、脑中风致死。长期滥用则会导致多巴胺能神经元发生退行性病变，使滥用者精神错乱，出现妄想和抑郁等症状。

滥用方式：苯乙胺类物质已达上百种，多是粉末口服，2,5-二甲氧基苯乙胺的衍生物类一般吸附于类似邮票的纸片上含食。

六、哌嗪类

哌嗪类（Piperazine）新精神活性物质一般为苯基哌嗪或苄基哌嗪的衍生物。哌嗪类物质是一类苯丙胺样化合物，其基本化学结构是 1,4-位有 2 个氮原子的六元杂环，其衍生物包括：N-苄基哌嗪（BZP）和其亚甲二氧基类似物 1-(3,4-亚甲基二氧基苄基)哌嗪（MDBP）、1-(4-甲氧基苯基)哌嗪（MeOPP）、1-(3-氯苯基)哌嗪（mCPP）和三氟甲基苯基哌嗪（TFMPP）等。哌嗪类无机酸和有机酸盐是人和动物驱肠虫的有效药物，被誉为"驱蛔灵"。N-苄基哌嗪（BZP）作为哌嗪衍生物由 Burroughs 和 Wellcome 于 1944 年首次合成，并被作为牛的驱虫剂使用。由于哌嗪类与摇头丸主要成分 MDMA 具有相似的致幻和兴奋作用，后来成为吸食者首选的替代迷幻药。作为一种娱乐性毒品，其在世界各地迅速蔓延，成为全球流行的第三代毒品，即新精神活性物质（NPS）之一。美国和斯堪的纳维亚半岛国家在 1996 年首次报道了 BZP 作为一种新型毒品正在被滥用，在 2004 年又查获了 1-(3-氯苯基)哌嗪(mCPP)。自 2000 年 1 月起，BZP 就作为一种合成兴奋剂以 A2 的名义出现在欧洲网站上。其他哌嗪类物质如 mCPP 在 2004 年开始进入欧洲，在 2006 年开始受到管控。此外，巴西还管控了 1-(3-三氟甲基苯基)哌嗪（TFMPP）。目前，在全球范围内哌嗪类物质制造、走私和滥用问题越来越突出。因服用哌嗪类物质中毒乃至致死的案例数屡见不鲜。鉴于此，世界各国纷纷采取措施，先后立法管控该类药物。早在 1975 年，新西兰便将哌嗪类药物列为 C 类管制药物。美国在 2002 年将 BZP 列为管控药物以遏制其滥用，英国对其的管控十分严格，加拿大在 2012 年将其列为 3 级管控药物。目前，我国已列管了 6 种哌嗪类新精神活性物质，它们分别是 N-苄基哌嗪（1-Benzylpiperazin，BZP，分子式为 $C_{11}H_{16}N_2$）、1-(3,4-亚甲基二甲氧基苯基)哌嗪（1-(3,4-Methylenedioxylbenzyl) piperazine，MDBP，分子式为 $C_{12}H_{18}N_2O$）、1,4-二苄基哌嗪（1,4-Dibenzylpiperazine，分子式为 $C_{18}H_{23}ClN_2$）、1-(3-三氟甲基苯基)哌嗪（N-(3-Trifluoromethylphenyl) piperazine，分子式为 $C_{11}H_{13}F_3N_2$）和 1-(3-氯苯基)哌嗪

(1-(3-Chlorphenyl) piperazine，mCPP，分子式为 $C_{10}H_{13}ClN$)、MT-45(IC-6、分子式为 $C_{24}H_{32}N_2$)列入管制。

体内作用机理及代谢过程：哌嗪类物质能刺激 5-羟色胺等的释放、抑制和再摄取。其主要分布于松果体和下丘脑，其中 90%由胃肠道的肠嗜铬细胞合成。这些肠嗜铬细胞产生的 5-HT 比所有神经元和其他来源的总和还要多，从而使肠嗜铬细胞成为人体中这种生物胺的主要来源。5-HT 也是一种有效的免疫调节剂，可通过其受体以及磺酰化过程影响各种免疫细胞。摄入哌嗪类新精神活性物质的主要毒理学效应包括焦躁、瞳孔散大、窦性心动过速以及高血压，还有恶心、呕吐、焦虑、QTc 间期延长、低钠血症以及 8 h 后出现惊厥等。摄入 mCPP 不会影响心率和血压，而会产生类似的兴奋剂和致幻效应。摄入 mCPP 会产生兴奋、焦虑、恶心、头痛和潜在的心血管症状。摄入 MDBP 则可能会导致发烧、严重肝细胞坏死和暴发性肝衰竭。与甲基苯丙胺、MDMA 等药物相比，该类药物的兴奋和致幻作用比较温和，且持续时间更长。

哌嗪类新精神活性物质的代谢过程受 CYP2D6、CYP1A2、CYP3A4、CYP2C19 和 CYP2C9 的影响。如 BZP 的主要代谢途径包括芳香环羟基化和哌嗪基降解，其代谢产物主要有 4-OH-BZP、4-OH-3-MeO-BZP、3-OH-BZP、哌嗪、苄胺和 n-苄二胺；MDBP 的代谢是先去甲基化成 N-(4-羟基-3-甲氧基苄基)哌嗪，而后其中一部分进行葡萄糖醛酸化或硫酸化，另一部分降解为 N-(3,4-亚甲基二氧基苄基)乙二胺和 3,4-亚甲基二氧基苄胺及 N-脱烷基托吡嗪；苯基哌嗪主要的代谢反应是通过羟基化（mCPP、TFMPP）或邻甲基去甲基化（MeOPP），此外还包含酚代谢物的部分葡萄糖醛酸化或硫酸化、儿茶酚的甲基化和苯胺衍生物部分的乙酰化。TFMPP 的代谢反应可分为两步：Ⅰ期反应主要是芳环羟基化和哌嗪部分降解。Ⅱ期反应主要是Ⅰ期代谢物的葡萄糖醛酸化、硫酸化和乙酰化。代谢产物为两种羟基-mCPP 异构体、N-(3-氯苯基)乙二胺、3-氯苯胺和两种羟基-3-氯苯胺异构体。

滥用及检测方式：哌嗪类物质主要源于胡椒植物，也可人工合成，主要以片剂、胶囊或者散装粉等形式出现在各种娱乐场所，可以通过口服或者鼻吸的方式摄入，此外也有注射。它们很容易被胃肠道吸收，一部分吸收物被分解，其他则随尿排出。不同个体对哌嗪类物质的排出率存在很大差异，这增加了它们毒性的可变性。从检测上来看，哌嗪类新精神活性物质的检验方法有色谱、质谱联用法和毛细管电泳法等，且主要以色谱和质谱联用技术为主。

七、色胺类

色胺是一种单胺生物碱。它含有吲哚环结构，在结构上与色氨酸相似，色胺就是这个名字的来源。色胺存在于哺乳动物大脑中，作为神经调节剂或神经递质发挥作用。与其他微量胺类似，色胺与人类微量胺相关受体 1（TAAR1）作为激动剂结合。色胺类新精神活性物质包括许多生物活性化合物，包括神经递质和迷幻药。色胺类物质吸食后能使人体产生强烈的幻觉。

滥用方式：国内目前查获的色胺类新精神活性物质主要有"零号胶囊"和"G 点液"。"零号胶囊"以胶囊、片剂、粉末、液体等多种形式出售，以口服、鼻吸、抽食、注射等多种方式吸食。"G 点液"以液体形式存在，通过直肠黏膜给药的方式吸收。其主要成分是 5-甲氧基-N,N-二异丙基色胺（5-Methoxy-N,N-Diisopropyltryptamine，5-MeO-DIPT），又称"火狐狸（Foxy）""媚药"。其分子式为 $C_{17}H_{26}N_2O$，分子量 274。另外，5-甲氧基-2-甲基色胺（5-MeO-AMT）是一种新型色胺类精神活性物质，具有强大的致幻以及苯丙胺样的刺激作用。我国于 2021 年 7 月 1 日起将 5-MeO-AMT 正式列管，但国外多数国家还未管控该物质。

八、植物类

植物类新精神活性物质主要包括恰特草（Khat）、卡痛叶（Kratom）、鼠尾草（Salvia divinorum）。

恰特草：原产于非洲及阿拉伯半岛，主要活性成分为卡西酮，具有兴奋和轻微致幻作用。由于卡西酮的降解，恰特草一般以新鲜的植物出售，但也有卖干叶子的和酒精提取物的。吸食方式一般是咀嚼恰特草的叶子和嫩芽，也有沏茶的。

卡痛叶：原产于东南亚，主要活性成分为帽柱木碱和 7-羟基帽柱木碱，具有类似吗啡的麻醉作用。卡痛叶的新鲜叶子一般用来咀嚼，干燥叶子的粉末一般用来口服或煮茶。

鼠尾草：原产于墨西哥，主要活性成分为二萜类物质，具有强烈致幻作用。鼠尾草一般以种子或叶子出售，但也有卖液体提取物的。鼠尾草的新鲜叶子一般用来咀嚼，或是捣碎冲泡饮用，干叶子以抽烟的方式吸食。

九、其他新精神活性物质

GHB 的化学名称为 γ-羟基丁酸，历史上，γ-羟基丁酸曾被用作常用镇静剂，用于治疗失眠、抑郁症、发作性嗜睡病和酗酒，也被用于提高运动员成绩。该物质也被用作麻醉剂，在许多地区被禁用。γ-羟基丁酸可在人体细胞内合成，结构上与酮体 β-羟基丁酸酯相似。在实际使用中，通常使用 γ-羟基丁酸的钾盐或钠盐。γ-羟基丁酸也可由发酵产生，因此也存在于一些啤酒或葡萄酒中。琥珀酸半醛脱氢酶缺乏症可造成 GHB 在血液中累积，造成麻醉效果。

γ-羟基丁内酯：1,4-丁内酯作为香料、医药中间体应用广泛。但是由于其通过简单的处理即可以得到 GHB，所以现在也属于管制药品。

其他如氨基吲哚类、苯环己基胺类、镇静类（γ-羟基丁酸酯）、笑气等均出现了一定的社会危害性。

各类新精神活性物质滥用的社会危害性十分严重。尽管此类物质出现时间较短，成瘾性和长期生理损害有待深入研究，但其社会危害已日益显现。由于该类物质具有强烈的兴奋和致幻作用，吸食后会引起偏执、焦虑、恐慌、被害妄想等反应，由此诱发的恶性暴力案件犯罪屡有发生。所以为了社会的和谐安定，加大对新精神活性物质的识别和打击力度，将会对人们的身体健康及和谐社会构建具有重要的意义。

【课外小知识】

正确识别毒品，练就火眼金睛，一些必须关注的细节：

冰糖与冰毒：冰毒和冰糖都是晶体，但冰糖的晶体比较大，闻起来有蔗糖的甜味；冰毒的晶体在不纯的时候有一些杂色，闻起来无味或微有苦味。

面粉与海洛因：面粉为非晶体粉末，闻起来有小麦的香味；海洛因是晶体粉末，闻起来有酸味，通常不会有纯净的白色。

草果与罂粟壳：草果外表粗糙，外表分布均匀的棱，没有冠状物；罂粟壳外表光滑，与鸽子蛋差不多大，一头尖，另一头有9~12瓣的冠状物。

熟地与鸦片：熟地的手感比较湿黏，气味偏甜，表面均匀散布着植物纹理；鸦片膏的手感相对干燥光滑，具有类似陈旧尿味的气味，表面存在比较明显的人为加工痕迹。

奶茶与伪装毒品：正规厂家生产的食品，在包装上都会注明生产日期、生产批号、食品配料和产品条形码等重要信息；伪装毒品一般都很粗糙，不仅缺少重要的产品信息，印刷质量也很差。

珍珠菜与恰特草：珍珠菜是一种药食两用植物，叶子呈互生分布，呈阔披针形，茎无分枝；恰特草的叶子成羽状分布，呈比较苗条的卵形叶子，在茎上会有分枝，在市面上多以干燥品出现，干燥的叶子与茶叶很像。

第八节　易制毒化学品

一、易制毒化学品的概念

易制毒化学品是指国家规定管制的可用于制造毒品的前体、原料和化学助剂等物质。易制毒化学品可用于非法生产或者合成毒品。它不是毒品，但与毒品有密切关系，在非法生产或者合成毒品过程中起着不可或缺的作用。

二、易制毒化学品的种类

依据易制毒化学品在非法生产和合成毒品过程中作用的不同，可以将它们分为毒品的原材料（母体）、试剂、溶剂等。《易制毒化学品管理条例》（2018年9月18日修正版）第一章、第二条规定易制毒化学品，分为三类共32种。第一类是可以用于制毒的主要原料，第二类、第三类是可以用于制毒的化学配剂。

（一）母体

母体也叫原材料或化学前体物。指在制毒过程中，全部或部分转化成毒品的化学物质。这部分物质，还包括用于制备原料的化学物质。如麻黄碱为一种合成甲基苯丙胺的原料；采用苯乙酮为原料合成甲基苯丙胺时，可以通过苯乙酸先制备苯乙酮，再进行甲基苯丙胺的合成。

根据《联合国禁止非法贩运麻醉药品和精神药品公约》的规定，必须对易制毒化学品进行管制，被管制的化学品，也包括它们的盐类（表2-1）。其中，醋酸酐、丙酮、乙醚、甲基乙基酮、甲苯是生产海洛因的重要原料；麻黄素、伪麻黄素、苯乙酸、盐酸、硫酸、1-苯基-2-丙酮是生产甲基苯丙胺的重要原料；黄樟脑、异黄樟脑、胡椒基甲基酮、胡椒醛、3,4-亚甲基-苯氧基-2-丙酮是生产摇头丸的主要原料；高锰酸钾、丙酮、三氯乙烷、硫酸、乙醚、盐酸、甲苯是生产可卡因的重要原料；麦角新碱、麦角胺、盐酸、麦角酸是生产麦角二乙酰胺（LSD）的重要原料；羟亚胺是生产氯胺酮的重要原料；γ-羟基丁内酯及γ-羟基丁酸酯则是γ-羟基丁酸的重要前体。所以为了控制毒品的蔓延，必须从源头上把控这些原材料的生产和使用。

表2-1 易制毒化学品（管控目录）

第一类		第二类	第三类
1.1-苯基—2-丙酮	11.麦角新碱*	1.苯乙酸	1.甲苯
2.3,4-亚甲基二氧苯基-2-丙酮	12.麻黄素、伪麻黄素、消旋麻黄素、去甲麻黄素、甲基麻黄素、麻黄浸膏、麻黄浸膏粉等麻黄素类物质*	2.醋酸酐	2.丙酮
3.胡椒醛	13.N-苯乙基4-哌啶酮	3.三氯甲烷	3.甲基乙基酮
4.黄樟素	14.4-苯胺基_N_苯乙基哌啶	4.乙醚	4.高锰酸钾
5.黄樟油	15.N-甲基-1-苯基-1-氯-2-丙胺	5.哌啶	5.硫酸
6.异黄樟素	16.羟亚胺	6.1-苯基-1-丙酮（苯丙酮）	6.盐酸
7.N-乙酰邻氨基苯酸	17.1-苯基-2-溴-1-丙酮	7.溴素（液溴）	
8.邻氨基苯甲酸	18.3-氧-2-苯基丁腈		
9.麦角酸*	19.邻氯苯基环戊酮		
10.麦角胺*			

*标记的品种为第一类中的药品类易制毒化学品，第一类中的药品类易制毒化学品包括原料药及其单方制剂。

（二）试剂

在制毒过程中参与反应，但不会成为最终产品的化学物质，包括与母体反应转变为毒品的反应试剂，加速合成反应进行的催化剂，提炼、精制合成过程中的酸碱试剂，氧化还原试剂等。如乙酸酐是合成海洛因的反应试剂，高锰酸钾在提取可卡因中作为氧化剂，破坏其中的一些杂质，使其不被提取出来。

易制毒化学品也常被用于日常产品生产中。例如：《易制毒化学品管理条例》所列第一类中1-苯基-2-丙酮是医药和农药的中间体，特别是杀鼠剂敌鼠、氯鼠酮等产品合成的重要中间体；胡椒醛可用于香水、香料等的调味剂。第二类中苯乙酸可用于青霉素等药物生产；三氯甲烷和乙醚可用于医学中作麻醉剂。第三类中甲苯常被用于油漆、各种涂料的添加剂以及各种胶黏剂、防水材料中；丙酮可作为良好溶剂，用于涂料、黏结剂等，也用作清洗剂等。

（三）溶剂

一般指有机溶剂，为液体，只用于溶解固体物质，在制作过程中不参与化学反应，不发生化学变化，不成为毒品的成分，但挥发不彻底，可残留在毒品中，如乙醇、氯仿、乙醚等。

（四）列入特别监视的易制毒化学品

除了上述已经明确的32种易制毒化学品外，2021年国家又将几种物质列为特别监控的易制毒化学品。2021年9月20日起，3-氧-2-苯基丁酸甲酯、3-氧-2-苯基丁酰胺、2-甲基-3-[3,4-(亚甲二氧基)苯基]缩水甘油酸、2-甲基-3-[3,4-(亚甲二氧基)苯基]缩水甘油酸甲酯、苯乙腈和γ-丁内酯6种物质已列入《易制毒化学品管理条例》。其中α-苯乙酰乙酸甲酯、α-乙酰乙酰苯胺、3,4-亚甲基二氧苯基-2-丙酮缩水甘油酸和3,4-亚甲基二氧苯基-2-丙酮缩水甘油酯为第二类易制毒化学品，增列苯乙腈，γ-丁内酯为第三类易制毒化学品。

《药品类易制毒化学品管理办法》于2010年2月23日经卫生部部务会议审议通过，发布后于2010年5月1日起施行。在使用这些易制毒化学品用于药品生产时，必须建立严格的申报、审批、销售、领用、存储等的台账记录，以备随时检查。

易制毒化学品使用和运输时的注意事项：

（1）注意易制毒化学品属于药品和危险化学品的，还应当遵守法律、其他行政法规对药品和危险化学品的有关规定。

（2）向缅甸、老挝等特定国家（地区）出口易制毒化学品的需要遵守《向特定国家（地区）出口易制毒化学品暂行管理规定》。

（3）麻黄素等属于重点监控物品范围的易制毒化学品，由国务院商务主管部门会同国务院有关部门核定的企业进口、出口。

思考题

1. 简述精神类药物的分类及其作用原理。
2. 查阅文献，从毒品预防角度分析精神抑制类药物可能在何种地方出现，个人如何增强毒品预防意识。
3. 什么是麻醉药品和精神药品？
4. 不按规定经营、购买、使用麻醉药品和精神药品，将承担什么法律责任？
5. 能否从医院中随意购买麻醉药品和精神药品？
6. 在本章介绍的主要毒品类型中，选择一种毒品，对其危害、滥用途径进行分析，让同学们明白如何有效地远离毒品。
7. 从新精神活性物质的发展历程，分析作为化学化工类、制药类大学毕业生，如何避免在创新创业领域违反国家禁令，搞好精细化学品的开发与应用。

8. 课程讨论：易制毒化学品的采购、使用、生产规范。

9. 查阅文献，从新型毒品（小树枝、邮票、听话水、笑气罐等）的多种包装和经常出现的地方，分析我们如何在社会生活中辨识并远离这些新型毒品。

10. 国家禁毒办印发《关于防范非药用类麻醉药品和精神药品及制毒物品违法犯罪的通告》，提醒相关企业依法生产和经营，以切实加强对非药用类麻醉药品和精神药品、制毒物品的管控，有效遏制此类违法犯罪活动。试根据查到的资料，分析为什么要加强及如何加强对非药用类麻醉药品、精神药品和制毒物品的管控。

11. 根据以下材料，分析精神药品和麻醉药品的获得途径、贩运途径，并分析在目前网络销售、物流寄递等方式盛行的情况下，如何管制精神药品滥销，怎么管住"网上黑市"？

根据"网上黑市"常见的具有镇静催眠效果的一、二类精神药品，澎湃新闻记者梳理统计中国裁判文书网公开信息发现，2019年8月至2021年8月，两年间共有231起涉及走私、贩卖常见一、二类精神药品刑案。一些药品贩卖者往往去医院"骗药"后转手倒卖，或直接利用经营诊所或精神病医院，以医生、护士身份出货。"互联网+物流寄递"的兜售模式下，不少药贩通过百度贴吧、QQ、微信推销联系，走二手交易平台"闲鱼"或"转转"出货，快递寄货。

第三章 毒品的实验室识别与检验

【知识目标】
1. 了解毒品的外观识别。
2. 掌握毒品的快速检查、实验室识别方法的基本原理及主要特性。
3. 了解采用实验室检验方法正确识别毒品的步骤和措施。
4. 非化学化工类、生物医药类专业学生只需要掌握第一节的内容,有兴趣的同学可以学习第二节的内容。

【能力目标】
通过学习能够从外观、出现地等途径来重视和识别毒品;通过对实验室检验方法的了解提升对毒品的识别能力。

【思政目标】
1. 正确运用普遍性和特殊性的原理和方法认识毒品检测的定性、毒品与毒物之间的关系。
2. 不同类型的检验,需要不同的提取技术,培养学生具体情况具体分析的意识和技能。培养学生良好的科学素养、规则意识,并着重塑造学生的科学观。

第一节 毒品检验概述

毒品检验是指运用化学、物理、生物和现代仪器分析的原理和技术，对毒品违法犯罪中的可疑物质进行鉴别和测定的过程，是揭露犯罪、证实犯罪、打击犯罪的重要环节。

一、毒品检验的内容

毒品检验包括外观检验，物理检验和化学检验等。外观检验，即对毒品的颜色、气味、物理状态以及性状等外在特性进行观察比较，得出初步的判断。物理检验是对毒品的物理性质与溶解度、熔点、沸点等进行测试。如是片剂或胶囊需对有关尺寸进行测量，数据除可用于样品间的比较之外，还可得出与加工过程有关的信息。化学检验是利用化学和仪器分析的手段，对缴获的毒品的化学成分、毒品成分、添加成分、掺假成分、杂质、溶剂、金属等成分进行定性和定量检测，既可用于样品间的比较，还可反映毒品在合成过程中原料、掺杂物料、合成路线、贩运路线等方面的信息。

毒品进入人体后，在体内各种酶的作用下，在生理环境影响下，发生各种生化反应，这个过程被称为新陈代谢，所得产物称代谢物。因此生物检测中毒品与代谢物共存，有的毒品进入人体后会在极短的时间内全部转化为代谢物，有些与人体内的葡萄糖醛酸结合成结合体，另外毒品还会随循环系统进入身体的组织并在组织处存留等。代谢物的种类可说明吸毒的种类及含量，可反映吸毒的时间和剂量，因此，需要了解各类毒品的基本代谢规律。毒品的检验还包括对生物检材中的毒品及其代谢物进行检验，以确定是否吸毒及吸毒的种类、时间、剂量等。

二、毒品检验的特点与步骤

毒品及滥用药物的质量、外观及有效成分含量方面都有很大的差异。有的物质在刚生产出来或第一次转手时几乎是纯的，而在贩卖给吸毒者时含量却很低；有的毒品外观尺寸很小；有的毒品及颜色可能接近自然物质的颜色，如鸦片、大麻；也可能因制造过程或掺杂物的不同而出现各种各样的颜色。

毒品检查成分复杂，一般除含有毒品外，还含有种类繁多的掺假剂、稀释剂。掺假剂也是药物活性物质，即具有抑制、兴奋的作用，但比较便宜，如咖啡因、扑热息痛、利多卡因等，是在完成最终产品的转换过程之后加入的物质。稀释剂是在医药学上无活性的物质，加入最终产品中，增加体积和重量，常用的有乳糖、葡萄糖、甘露糖醇、硫酸镁、淀粉等。此外毒品在加工制造过程中还会残存所使用的溶剂、试剂、中间体、副产物以及原料中含有的杂质等，这些成分的存在，使毒品检材成分复杂，会干扰毒品的检验，同时又为毒品的来源、制造加工、贩卖、流通等过程提供了非常有用的信息。

被检验毒品的形式多种多样，可能是植物（叶、茎、果实等）、晶体、块状固体、粉末、片剂、胶囊、浸膏、也可能是液体状态或气体状态；可能是缴获的毒品，也可能是贩毒的工具、吸毒工具，或者是毒品的容器、包装物；还可能是各种生物检材；也可能是溶有毒品的纸张、衣物及其他物质。故毒品的检验，需仔细根据检材的性质采用合适的样品前处理手段，制备出能适合于实验室检测的样品，采用合法且有效的检验方法，才能做出准确科学的结论。

取样的代表性和实验室样品的制备方面：取样过程是为了取得正确而有意义的分析结果。因为在法庭科学证据的信息获取和毒品检测实验室中，对毒品进行定性和定量检验以便给出相关信息，都仅需要极少的一部分样品，所以要使所取的这一部小部分样品能够完全代表大批量样品是非常重要的。

对毒品的代表性取样分为以下几种情况：

（1）对于只有少量毒品的包装袋或残存包装、存放毒品的器皿，不论是固体还是液体，均用合适溶剂将相应容器内部物质溶解后，进行分析。

（2）对于大量固体（块状或粉末）样品，可以至少从样品的三个部分选择性取样，或将样品先粉碎成粉末，再通过工业样品缩分法取得不低于1g的样品，作为实验室样品用于后续分析。

（3）对于液体样品，一般液体样品较为均匀，随机取样10 mL即可代表整个样品；而黏稠的液体如出现分层现象，则需要分别从上下部位采样进行分别分析。

（4）对于固液混合相的样品，应该将表层溶液取一个样，而下层固体取一个样，进行分别分析，从而找出它们之间的差异，并使样品更具有代表性。

（5）实验室样品的制备：将代表性取样的样品均分为两份，一份用于检验，一份用于保存，以备查验。将一份样品按照样品的测定方法，采用相应的溶剂溶解后制备成一定浓度的实验室样品，用于实验室检验（气相色谱、液相色谱、气相色谱-质谱联用、液相色谱-质谱联用、红外、拉曼等仪器分析方法检测）。

（6）对于生物检材，如毛发、尿液、血液等样品，要采用不同的实验室前处理方法。毛发应用洗涤液充分洗净表面油脂后，将毛发剪短、烘干后再采用相应的提取手段制成相应的样品用于仪器分析检测；尿液需经酸碱性调节后，采用溶剂提取的方法制备实验室样品；血液需经沉降后，取血清样品用适当的溶剂提取后进行检测。

三、毒品的快速检验方法

（一）毒品现场快速检测的目的与作用

现场快速检验的目的是快速识别一些现场的可疑物品是否为毒品以及易制毒物品，确定可疑人是否吸毒等，有利于禁毒人员抓住时机有效地打击毒品犯罪。

由于快速检测中所用的方法并不是专一的，因有些试剂与其他物质反应时也会得到相似的颜色，因此现场快速检验的结果不能作为定罪的证据。虽然现场试验或颜色试验并不是准确定性的检验方法，但是它非常有用。它可以为司法人员提供信息，以便他们对嫌疑人进行拘捕，或根据这些信息去争取搜查证或逮捕证。它也可以使司法人员预先了解证据，并促使犯罪分子自首。

法庭上出示的证据，必须是经法庭实验室进一步验证的。如确认可疑物是何种毒品、含量多少、含哪些成分，必须经具有毒品检测资质的实验室进行毒品的定性、定量分析，作出全面、科学的鉴定，出具具有法律效力的检测报告，才能获得起诉、定罪的依据。

（二）现场快速检测的方法

现场快速检验毒品的方法，一般为外观检验和使用快速简便的化学显色反应，根据毒品的外观物理特性和化学反应特性，在极短的时间内作出判断。判断是否存在某类毒品或排除某类毒品存在。如某类毒品的颜色、形态、特殊的气味、特殊的溶解性能及特殊的化学反应颜色，都能直观、快速地提示毒品存在的可能性。为了现场快速检验的需要，人们已研制了简便快速的毒品检验方法，并设计制造成小型、携带轻便的现场检验装置，以供现场快速识别毒品。这些检测设备有检验箱、检验包、检验盒、毒检管等。

（三）现场检验结果判定的规则

（1）如果仅进行颜色实验，其阳性结果表示有可能存在能进行该反应的某种成分。

（2）所有阳性结果或结果模糊的样品，必须送实验室做进一步的分析。

（3）如果某一实验的结果为阴性，则应对同一份样品做重复实验，如结果仍为阴性，则可认为该样品中不含某一成分；但当有其他理由怀疑该样品含有毒品时，可将该样品全部送到实验室做进一步分析，并向实验室提供现场检验情况、检验结果和怀疑的原因。

（4）实验结果的颜色应与标准品的颜色相比较才能作出结论，否则会因颜色观察的个体差异而导致错误的结论。

（5）当有强烈的信息怀疑某些可疑样品时，无论现场检验的结果如何，均应将样品送实验室进行检验。

四、现场快速检验的手段

（一）尿检板

尿检板，即为毒品快速检测试纸（试剂）。它采用金标法快速对人体尿液进行检测，3分钟后能出结果，且准确性高。公安系统、军队征兵、戒毒所、劳教所、家庭监测、社区戒毒等行政部门，均采用该方法进行毒品的快速检测。

金胶快速检测试纸采用胶体金免疫层析技术，利用免疫竞争抑制法原理，将毒品抗原包被在硝酸纤维薄膜上，在玻璃纤维上包被胶体金标记的特异性抗体。在检测时，如样本中没有目标毒品靶物或其代谢产物存在，胶体金标记的特异性抗体与膜区抗原结合形成两条红线（一条反应线 T，一条质控线 C），表明检测结果为阴性；如样本中存在目标毒品靶物或其代谢产物，而且浓度高于检测水平（各检测项目各不相同）时，毒品分子就与胶体金标记的抗体竞争结合，从而阻止胶体金标记的抗体与膜区抗原结合，使其对应的红色反应线消失，仅出现一条红色的质控线，表明检测结果为阳性。

现常用的检测试剂盒有表 3-1 所示几种：

表 3-1 常用的毒品快检试剂盒

产品名称	英文缩写	检测样本	检测项目	阈值
吗啡检测试剂盒	MOR	测尿液	海洛因/鸦片	300 ng/mL
摇头丸检测试剂盒	MDMA	测尿液	摇头丸	500 ng/mL
安非他明检测试剂盒	AMP	测尿液	安非他明	1000 ng/mL
甲基安非他明检测试剂盒	MAMP	测尿液	冰毒	1000 ng/mL
大麻检测试剂盒	THC	测尿液	大麻	50 ng/mL
可卡因检测试剂盒	COC	测尿液	可卡因	300 ng/mL
苯环己哌啶检测试剂盒	PCP	测尿液	苯环己哌啶	25 ng/mL
巴比妥检测试剂盒	BAR	测尿液	巴比妥	300 ng/mL
美沙酮检测试剂盒	MTD	测尿液	美沙酮	300 ng/mL
苯二氮卓检测试剂盒	BZO	测尿液	苯二氮卓	300 ng/mL
三环抗抑郁药检测试剂盒	TCA	测尿液	三环抗抑郁	1000 ng/mL
羟二氢可待因酮检测试剂盒	OXY	测尿液	羟二氢可待因酮	100 ng/mL
氯胺酮检测试剂盒	KET	测尿液	氯胺酮/K 粉	1000 ng/mL
吗啡/甲基安非他明检测试剂盒	MOR\MAMP	测尿液	相应类别	
吗啡/甲基安非他明/氯胺酮检测试剂盒	MOR\MAMP\KET	测尿液	相应类别	
多合一检测试剂盒	N IN 1	测尿液	相应类别	

（二）常见毒品的化学显色实验

1. 生物碱显色试验

鸦片类生物碱毒品能与钒硫酸、钼硫酸、浓硫酸、浓硝酸等显色剂作用，生成具有特殊颜色的物质。

2. 普鲁士蓝反应

吗啡具有还原性，与铁氰化钾作用，可被氧化为伪吗啡，同时生成亚铁氰化钾，再与三氯化铁作用生成具有普鲁士蓝颜色的配合物。但应注意，凡是具有还原性的物质与阿扑吗啡及腐败蛋白质等均可产生普鲁士蓝颜色反应，故应做空白对照实验。

3. 碘酸反应

吗啡可将碘酸还原为游离碘。取吗啡提取液少许，置于小试管中，加入 10%的硫酸液 1 mL 使其呈酸性。再加入 1%的碘酸液两滴，氯仿 5~6 滴，振摇，氯仿层呈现紫堇色，表示有吗啡存在。

4. 快速 Dequenois 试验

将少量可疑样品放入试管中，加入 2 mL 香加兰素溶液，振摇 1 min，加 2 mL 盐酸振摇混合后，静止 10 min，如出现颜色加氯仿 2 mL，若底层氯仿层出现紫色，说明有大麻成分。

5. Scott 试验

取少量样品于试管中，加入 5 滴硫氰酸钴溶液并振摇均匀，如有可卡因存在，应出现蓝色。如无蓝色出现，可适当增加样品用量，如仍无蓝色出现，可否定可卡因的存在。加入 1~2 滴浓盐酸摇匀，这时蓝色消退，溶液呈现淡粉色，如蓝色不能全部褪去，可再加 1 滴，不能多加；加入数滴氯仿并振摇，如有可卡因存在，则氯仿层应呈现深蓝色。要说明的是，苯环己哌啶、地布卡因、布大卡因及噻吡二胺会出现与可卡因相同的颜色，但在步骤（3）中，仅有可卡因出现蓝色。

（三）实验室常见的仪器分析定性和定量方法

毒品检验实验室除了采用与现场快速检验相同的化学方法外，主要采用了灵敏度高、准确度好的仪器分析方法。

1. 化学筛选法

其原理与快现场快速检验方法相同，在实验室中用该法对送检的毒品可疑物进行分类，缩小范围后再进一步确证检验。毒品的化学筛选法一般分为 5 组：①马改式化学试剂可与鸦片类、安非他明类毒品产生特殊颜色反应；②快蓝 B 盐试剂可与大麻类毒品反应；③硫氰酸钴试剂可与可卡因、安眠酮反应；④硝酸钴、异丙胺试剂可与巴比妥药物反应；⑤亚硝基铁氰化钠、碳酸钠试剂可与甲基安非他明、MDMA 等仲胺类化合物反应。

2. 薄层色谱分析法（TLC）

这是一种常规检验毒品的方法，操作简单，准确性和灵敏度较高，适合简易实验室中毒品的定性、半定量分析。

3. 气相色谱分析法

这是毒品检验中最常用的分析方法。与薄层色谱相比具有更高的灵敏性，更好的分离效果和更快的分析速度。一般来说，只要沸点在 500℃以下，热稳定好，相对分子质量在 400 以下的物质，原则上都可以采用气相色谱法。目前气相色谱所能分析的有机物，约占全部有机物的 15%-20%，故不仅适合于毒品的定性分析，还适应于毒品的定量分析，是毒品分析中不可缺少的分析方法。

4. 高效液相色谱分析法

这是一种有效的毒品分析方法。液相色谱更适宜于分离高沸点、热稳定性差、生理活性以及相对分子质量比较大的物质，在化工、环保、临床药物等领域广泛应用，而且在生命科学中也显示出其突出地位。液相色谱在毒品分析中具有非常重要的地位，特别是对于环境、生理样品中毒品残留具有重要应用。

5. 气相色谱-质谱联用法

这是目前毒品分析中效果最好的方法。它除了具备气相色谱分析的特点外，带有的药物、毒品标准谱库，使得他对未知毒品的检验十分快速，不仅可给出毒品的确诊信息，而且还可以对复杂毒品样品中的未知成分，及生物检材中的代谢物进行初步认定。

6. 红外光谱分析法

适用于高纯度毒品的鉴别，也可用于毒品间的比对检验。具有快速准确，不破坏样品的特点。

第二节 毒品定性定量分析方法的基本原理

在禁毒实践中，对查获的毒品疑似物及其场所的提取物采取有效且合法的定性手段以确定其主要成分，判断其主要成分是否为国家管控的精神药品、麻醉药品或新精神活性物质；然后根据所检测出的毒品量的多少，确定是否需要进行定量分析，如需定量则通过有效且规范的样品处理措施和定量分析方法，确定其含量的多少。这些定性和定量的分析结果对于犯罪嫌疑人的定罪量刑具有非常重要的作用。

一、定性分析方法

定性分析（qualitative analysis）是鉴定毒品疑似物或提取物是由哪些元素、原子团或化合物组成；结构分析（structure analysis）是研究物质的分子结构、晶体结构或综合形态。

按照定性和定量分析的测定原理，可以将定性定量分析方法分为化学分析和仪器分析法。化学分析法是以物质的化学反应及其计量关系为基础的分析方法。化学分析法又称为经典分析法，主要有重量分析法（gravimetry）和滴定分析法（titrimetry，或容量分析法）。在毒品的分析中，由于毒品通常为具有相近性质的类似物，并含有较多的掺杂物，导致用化学分析法进行定性定量具有较大难度，而常规的化学显色法并不具有独特性和单一性，故化学分析方法用得较少。

仪器分析法是以物质的物理性质和物理化学性质为基础的分析方法，也称为物理分析法或物理化学分析法。这类方法通过测量物质的物理及物理化学参数来进行，需要较特殊的仪器。按照仪器分析方法所用的检测原理，可以分为光学分析法、电化学分析法、色谱分析法、质谱分析法、热分析法及免疫分析法等。毒品的定性和定量主要是采用仪器分析法来进行。

根据这些方法的原理，介绍毒品检测中常见的定性定量分析方法的基本原理。

（一）光学分析法

光学分析法是采用物质对光（一种电磁波）的选择性吸收、发射、散射及漫反射而建立起的分析方法。按照毒品检测中的光学分析方法类型，可以分为红外光谱分析、拉曼光谱分析、核磁共振分析、荧光光谱分析、电化学发光分析等。

1. 红外吸收光谱分析

红外吸收光谱又称为分子振动转动光谱。红外光谱在化学领域中的应用，大体上可分为两个方面：用于分子结构的基础研究和用于化学组成的分析。应用红外光谱可以测得分子的键长、键角，一次推断出分子的立体结构；根据所得的力常数可以知道化学键的强弱；由简正频率来计算热力学常数；等等。但是红外光谱最广泛的应用还在于对物质的化学组成进行分析，用红外光谱中吸收峰的位置和性状来推断未知物的结构，依照特征吸收峰的强度来测定混合物中各组分的含量，加上此法具有快速、高灵敏度，检测试样用量少，能分析各种状态的试样等特点，因此，红外光谱已成为现代结构化学、分析化学最常见和不可缺少的工具。

为加大对涉毒活动的打击力度，提高检验鉴定效率、节约办案成本，公安部禁毒情报技术中心于2016年正式启动红外光谱在禁毒领域中应用项目的研究工作。现已完成涵盖500余种毒品、易制毒化学品和新精神活性物质等纯品化合物和千余份缴获样品的红外光谱数据库建设；制定并发布了采用红外光谱法对常见毒品、易制毒化学品和非药用类麻醉药品和精神药品（已列管新精神活性物质）进行定性鉴定分析的系列技术规范。在此基础上开展了用于定性鉴定的判别依据的研究，并制定了相应的检验鉴定技术规范。

红外光谱对于毒品的检测，常采用匹配度系数法和特征吸收峰法两种。匹配度系数法主要用于纯品化合物如原料药的定性鉴定。但毒贩为牟取暴利，常在毒品样品中大量掺入咖啡因、扑热息痛、吡拉西坦、蔗糖等物质。这些被掺假了的毒品样品与标准品光谱图的匹配度系数往往较低。整体上看纯度越高匹配度系数越高，但匹配度系数与纯度并不成线性关系。因此，定性鉴定匹配度系数的阈值很难界定。设定一个较高阈值能够大大降低出现假阳性结果的概率，但方法适用范围也会随之变窄。综合评价，采用匹配度系数作为定性判定依据的效果并不理想。

特征吸收峰法已被用于橡胶、纺织纤维、药品等领域的定性分析，并形成鉴定分析标准。采用特征峰法作为定性依据专属性强，如果选取不受掺杂物干扰的特征吸收峰，方法的适用范围更广。经过大量实验研究和数据分析，最终确定在标准品化合物光谱图的2500~650 cm^{-1}内选择5~8个不受常见掺杂物干扰的吸收峰作为特征吸收峰，以所有特征吸收峰均检出作为阳性检出的依据。为验证所确定的毒品化合物特征吸收峰的专属性，采用KnowItAll软件用峰检出法（全部吸收峰均要求检出，不考虑峰的相对强度，峰位允许容差3 cm^{-1}）对各毒品化合物的特征吸收峰进行了验证，结果表明在包含28万种物质的谱库中均唯一检出目标毒品化合物。为验证所确定的特征吸收峰法的适用性，选取了1124份缴获毒品样品进行了测试。其中1114份样品检出了对应目标毒品化合物的全部特征吸收峰，阳性检出率为99.1%；10份样品中只检出了部分特征吸收峰，这10份样品中对应目标毒品化合物的纯度均小于10%。贵阳市公安局毒品检验中心2018年1月至5月份通过红外光谱法共定性检测可疑毒品样品1448份（其中海洛因1122份，冰毒259份，麻古67份），采用特征吸收峰法作为定性判定依据的阳性检出率为92%。综合评价，采用特征峰法作为判别依据，专属性强、适用范围宽、定性结果准确可靠。

表3-2 几种常见毒品红外光谱主要特征吸收峰及其归属

序号	名称	主要特征吸收峰/cm^{-1}及其归属
1	甲基苯丙胺盐酸盐	2460(仲胺盐N-H, m,伸缩振动)、1454(C-H, m,变形振动)、1386(C-H, m,变形振动)、1192(C-N, w,伸缩振动)、1046(C-H, w,弯曲振动)、699(单取代苯环C-H, s,变形振动)
2	海洛因盐酸盐	1735(C=O, s, 伸缩振动)、1369(C-H, m,变形振动)、1177(C-O-C, s,伸缩振动)、1156(C-O-C, m,伸缩振动)、910(C-H, m,弯曲振动)
3	海洛因碱	1738(C=O, s,伸缩振动)、1448(C-O, m,伸缩振动)、1367(C-O, m,伸缩振动)、1192(C-O-C, s,伸缩振动)、1100(C-O-C, m,伸缩振动)、942(C-H, w,变形振动)、908(C-H, w,变形振动)、886(C-H, w,变形振动)
4	可卡因盐酸盐	1728(C=O, s,伸缩振动)、1712(C=O, s,伸缩振动)、1300(C-O-C, w,伸缩振动)、1266(C-O, s,伸缩振动)、1231(C-O, m,伸缩振动)、1208(C-O-C, w,伸缩振动)、1107(C-O-C, s,伸缩振动)、730(C-H, s,变形振动)
5	可卡因碱	1735(C=O, s,伸缩振动)、1707(C=O, s,伸缩振动)、1317(C-O-C, m,伸缩振动)、1228(C-O, s,伸缩振动)、1148(C-O-C, m,伸缩振动)、1108(C-O-C, s,伸缩振动)、1069(C-H, m,弯曲振动)、1037(C-O-C, s,伸缩振动)
6	氯胺酮盐酸盐	1720(C=O, s,伸缩振动)、1580(NH2, m,变形振动)、1461(C-H, m,变形振动)、1450(C-H, m,变形振动)、118(C-N, m,伸缩振动)、1088(C-N, m,伸缩振动)、1044(C-H, m,弯曲振动)、772(C-Cl, s,伸缩振动)
7	氯胺酮碱	1699(C=O, s,伸缩振动)、1129(C-H, m,弯曲振动)、1035(C-H, s,弯曲振动)、840(C-H, m,变形振动)、808(C-Cl, m,伸缩振动)、751(C-Cl, s,伸缩振动)、717(C-Cl, s,伸缩振动)

表3-3 红外光谱用于毒品的验证性分析

编号	毒品种类	样品数量	纯度范围/%	样品数量	
				检出全部特征吸收峰	未检出全部特征吸收峰
1	甲基苯丙胺盐酸盐	414	6.5~97.3	409	5
2	海洛因盐酸盐	196	5.2~79.5	191	5
3	海洛因碱盐	73	15.1~77.0	73	0

续表

编号	毒品种类	样品数量	纯度范围/%	样品数量	
				检出全部特征吸收峰	未检出全部特征吸收峰
4	可卡因盐酸盐	110	10.6~98.6	110	0
5	可卡因碱	41	15.5~89.9	41	0
6	氯胺酮盐酸	287	8.8~99.9	287	0
7	氯胺酮碱	3	15.6~43.8	3	0
8	合计	1124	2.3~99.9	1114 (99.1%)	10 (0.9%)

公安部公布的利用红外光谱定性检测毒品的标准已经在禁毒实践中得到广泛应用。《可疑物品中甲基苯丙胺、海洛因、可卡因、氯胺酮定性分析-傅里叶变换红外光谱法》涵盖了我国年破案数中占案件总数90%以上的4种最常见的毒品（甲基苯丙胺、海洛因、可卡因、氯胺酮）类型；《可疑物品中13种易制毒化学品定性分析-傅里叶变换红外光谱法》涵盖了用于制造毒品的主要一类易制毒化学品种类；《可疑物品中83种非药用类麻醉药品和精神药品定性分析-傅里叶变换红外光谱法》涵盖了我国已管制的新精神活性物质种类的60%。这些技术规范为采用红外光谱法进行定性检测工作提供了标准化的测试程序和统一的判定依据，有利于红外光谱法的推广应用。利用已发布的关于常见毒品红外光谱定性的技术规范采用了特征吸收峰法作为定性判别依据，通过挑选不受常见掺杂物干扰的特征吸收峰，使得该方法不仅可以用于高纯度样品的检测，也可以用于经过掺假的、中低纯度样品的检测。虽然红外光谱分析毒品具有检测速度快、检测成本低、绿色环保、可现场快速检测等优点，但是由于红外光谱峰的定量功能不好，故一般只适用于定性分析，而不适于定量分析。

2. 拉曼光谱法

拉曼光谱法是在拉曼散射的基础上开发的光谱分析技术，激光技术的发展使拉曼光谱学成为激光分析领域最活跃的研究领域之一。激光拉曼光谱是一种分析不同光频率的散射光谱以获得分子振动和旋转信息的分析方法和分子结构工具，与常规化学分析技术相比，拉曼光谱仪对检测样品需求量小，对检测样本无损害，检测速度快，而且不需要样品制备。毒品的现场分析检测需要光谱技术能够准确识别其分子（唯一性或确定性），具有灵敏度高、仪器便携、操作简单、响应快，以及检测过程对环境条件不敏感等特点，而便携式拉曼光谱分析技术正好可以满足这一要求，随着拉曼光谱的普及，本技术已经在毒品的现场检测中应用得愈加广泛。

早在1922年A. Smekal从理论上预测了拉曼散射的存在，随后Raman和Landsberg在实验中分别在溶液和晶体中发现了拉曼效应，并用于分子结构的基础研究和化学组成的分析。随着20世纪60年代激光光源的问世，以及微弱信号检测技术的强化和计算机的应用，出现了一批选择性好、灵敏度高、功能强大的拉曼光谱，拉曼光谱分析在众多应用领域取得发展。C.M. Hodges首次运用拉曼光谱检出毒品可卡因，随后，拉曼光谱技术作为毒品分析检测手段被广泛应用并不断发展，如近红外激光拉曼、共聚焦显微拉曼、表面增强拉曼（SERS）、空间位移拉曼（SORS）等。研究表明，在对毒品等违禁品的检测识别中，表面增强拉曼光谱（SERS）技术主要具有以下优点：① 指纹谱性。SERS是一种能提供分子水平指纹谱的振动光谱，能够提供精细、确定的特征光谱，使其在一次检测中能识别不同的物质成分。② 灵敏度高。SERS能够极大地增强拉曼信号，可实现超痕量，甚至单分子检测。③ 便携式。目前，标准化、高分辨率和高灵敏度的拉曼光谱仪已基本实现了商业化和小型化；根据测量需求，激发光可以在可见和近红外区进行选择，并可在几秒内收集高质量的光谱数据。④ 高性能。无需制样或制样简单，并可对气相、液相和固相等样品进行测量；相比于红外线和太赫兹光谱的惧水性具有显著优势，并能实现直接探测和间接探测。

毒品SERS检测灵敏度主要依赖基底活性、基底与被分析物间的吸附性等因素，因此提高毒品拉曼增强效应的研究主要集中在构筑性能优良的增强基底、增加基底和毒品分子间的吸附性，以及采用辅助方法等。此外，SERS应用于现场、实时检测毒品还需要便携式拉曼光谱仪和光谱的快速识别方法。

基底主要集中于Au、Ag、Cu等贵金属纳米结构。Au的性能较好，但成本偏高；Ag的成本低且性能优良，因此应用较多，但Ag基底在激光激发下以及在空气中易氧化，不稳定，不利于长久保存，这是其实用化必须面对的问题；Cu基底的增强性能和稳定性有待进一步探索。此外，由于纳米结构的均匀性不高，基底的热点不同，因此光谱的可重复性、均一性等也有差别。部分毒品分子与贵金属基底间的吸附性不强，也会导致检测灵敏度下降。

唾液、血液、尿液等复杂体系中生化蛋白、尿素等成分的干扰，以及光谱的重叠等也会对毒品的SERS光谱产生很大影响。一方面可以采取分离的方法（如固相萃取法、沉淀法等）将目标分子与干扰成分分离后再检测，但是这些方法需要对样品进行预处理，对现场快速筛查分析具有一定影响。另一方面可采取聚类识别算法对光谱进行归类分析，包括主成分分析等数据预处理方法和偏最小二乘（PLS）分析、SVM等聚类分析法。但是，目前尚缺乏泛化性好的智能算法。此外，毒品分子的SERS与基底密切相关，不同基底产生的光谱数据也会发生变化，并且使用的测量仪器及数据处理方法各异，不同研究机构对同种毒品的测量数据也不完全一样，国际上尚缺乏统一的标准，比较系统的数据库也尚未建立，这些问题都制约了毒品光谱的现场快速识别。需要指出的是，唾液中的生物样本制备简单，与血液和尿液样本相比，属于非介入式检测，有利于保护隐私，在现场快速筛查分析中具有广阔的应用前景。

3. 核磁共振方法

核磁共振技术是一种很重要的定性分析方法，在化学、生物、食品和药物分析中已经得到广泛的应用。核磁共振氢谱（^{1}H NMR）是利用化学位移、积分值和耦合常数等信息进行物质的化学组成和结构的分析，具有快速准确、耗材成本低和不破坏样品性质等特点，无需对样品进行预处理。因此，在没有任何信息提示下，核磁共振氢谱可以有效地检测出案件毒品的化学结构和组分信息，尤其是对于含有新型毒品和未知物质的样品。除此之外，核磁共振技术检测分析毒品时可保持温度不变，避免仪器温度对检测结果的影响。核磁共振最大的优势在于可以对完全未知化合物的结构进行推断，可以用于获取多种物质的内部结构图像。

当前，毒品管控面临的最大问题是：当一种精神活性物质被管控后，新的衍生物会迅速替代它，具有与管制毒品相似或更强的兴奋、致幻、麻醉等效果。这对管控制造了极大的困难。因此迫切需要有关的犯罪调查实验室通过尽量简单的样本分离和提纯步骤，从原始的粉末形式或者其他的制成消费品形式，检测并识别这类为规避法律管制而设计出的物质。但目前犯罪调查实验室面临的问题是，缴获毒品通常是包含一种或数种掺杂剂的混合物，如果不清楚混合物的组成成分信息，几乎不可能选择出一种溶剂恰好只能够溶解样本中的毒品成分。而核磁共振实验并不需要常规的萃取、纯化或衍生化等前处理步骤，对样本的纯度也没有要求，可以同时检测混合物中每一种可溶成分。

二维核磁共振方法是一维谱衍生出来的新实验方法，可将化学位移、偶合常数等参数展开在二维平面上，减少了谱线的拥挤和重叠，通过提供的键键之间的偶合作用以及空间的相互作用，确定它们之间的连接关系和空间构型，有利于复杂化合物的谱图解析。定量核磁共振与核磁共振技术几乎是同时期发展起来的，其原理为根据积分信号的面积与产生共振信号的原子核的数量的关系进行定量，通过与已知浓度的标准物质信号进行比较，即可得到分析物的绝对浓度。此外，核磁共振谱仪与其他仪器配合使用，可以取长补短，极大地发挥不同仪器的定性定量效果，从而使毒品分析变得更为实用。

4. 电化学发光及荧光检测

电致化学发光（Electrochemiluminescence, ECL），又叫电化学发光，指在电极上施加适当的电压，使体系发生相应的氧化还原反应，进而在电极表面产生某些电生物质，这些物质之间或与体系中其他组分之间通过电子传递产生激发态，激发态不稳定，在返回基态过程中以光能的形式释放多余能量，产生发光现象。ECL 将电化学与化学发光相结合，是在施加电压情况下产生的化学发光反应，经历电化学反应及化学发光反应两个过程。其中，电化学反应提供化学发光反应所需的中间体，化学发光反应则是产生的中间体之间或中间体和体系中其他物质间发生化学反应生成激发态物质的过程，处于激发态的物质不稳定返回基态时产生光辐射现象。

在众多电化学发光体系中，$[Ru(bpy)_3]^{2+}$由于在水相和非水相都有较高的稳定性及发光强度，成为研究最广泛的一种发光材料。但是这些研究中大都将 $[Ru(bpy)_3]^{2+}$及共反应物一同溶于溶剂中进行反应，致使昂贵的 $[Ru(bpy)_3]^{2+}$被大量消耗，分析成本增高，极大限制了$[Ru(bpy)_3]^{2+}$在电化学发光中的应用。因此人们利用联吡啶钌可电化学循环这一特性，将$[Ru(bpy)_3]^{2+}$发光试剂固定于电极表面，制备出可重复利用的电化学发光传感器，以节约试剂，同时简化了装置。研究表明，可采用 LB 膜法、Nafion 膜法、自组装膜法、溶胶-凝胶法及其他固定方法将$[Ru(bpy)_3]^{2+}$固定在电极表面，以降低$[Ru(bpy)_3]^{2+}$的消耗。由于大部分毒品分子中都含有二级或三级胺，这类物质可以在施加电压情况下与$[Ru(bpy)_3]^{2+}$反应产生发光现象，因此可以对毒品进行定量检测。研究还表明，对甲基苯丙胺、海洛因、咖啡因、可卡因、可待因、MDA、MDMA 和吗啡等类型毒品的电化学发光检测，其检出限均达到 10^{-8} mol/L 水平，故电化学发光检测技术将会成为一种具有较高利用价值的定量方法。

荧光探针，是一种以分子识别为基础，利用主体-客体间特定的相互作用而引起体系荧光性能的改变，从而选择性分析和识别目标化合物的荧光分析方法。由于荧光探针具有反应灵敏，操作简便，选择性好等特点，因此被广泛应用于分子、离子的检测，生物活性物质检测和细胞成像，近红外荧光和时间分辨检验等领域。一般来说，荧光探针的发光机理主要有光诱导电子转移（Photoinduced Electron Transfer，PET）、分子内电荷转移（Intermolecular Charge Transfer，ICT）、激发态分子内质子转移（Excited-state Intermolecular Proton Transfer，ESIPT）、聚集荧光增强（Aggregation-induced emission enhancement，AIEE）、电子能量转移（Electronic Energy Transfer，EET）、荧光共振能量转移（Fluorescence Resonance Energy Transfer，FRET）、单体-激基缔合物形成（Excimer-Exciplex，ME）、刚性效应等。

经典的 PET 探针由荧光基团、连接基团和识别基团三部分组成。识别基团是与检测底物特异性识别的基团，在反应过程中，识别基团与被分析物可形成新的共价键或通过二者间弱相互作用（氢键、范德华力、配位作用力和静电引力等）而形成两分子或多分子的超分子体系。基于识别基团与被分析物的选择性作用，研究者可通过设计并合成识别基团并将其引入到反应体系中，从而设计出性能优越的新型荧光探针。荧光基团是分子识别过程中将识别信息转换为荧光信号的基团，不同的荧光基团具有不同的发射波长、斯托克斯位移或荧光量子产率，因此在荧光探针的设计和合成中可根据实际需要选择不同类型的荧光基团。连接基团用来连接识别基团和荧光基团，在识别基团与被分析物结合后，连接基团将识别信息传递给荧光基团，从而产生荧光信号的变化。

与 PET 探针不同，ICT 探针没有连接基团，荧光基团与识别基团以共价键结合组成大的给电子-受电子共轭体系，即"D-A"型结构。在与被测物反应前后，荧光探针的电子供体或电子受体的给电子或吸电子能力发生改变，从而使整个荧光探针的电子分布发生改变，荧光探针的吸收光谱发生相应移动。

FRET 探针一般由两个不同的荧光基团组成，一个作为能量受体（acceptor）荧光基团，一个作为能量供体荧光基团（donor），两个化学基团通过不共轭的化学键相互连接。在光激发下，供体荧光基团由基态变为激发态，产生荧光发射，然后通过偶极-偶极之间的相互作用将能量无辐射地转移到处于基态的荧光基团受体，随后产生荧光基团受体的电子跃迁和荧光发射。

ME 荧光探针一般由两个荧光基团和一个连接基团组成。当其中一个荧光基团被激发处于激发态时，另一个基团处于基态，二者通过 π-π 堆积作用形成激基缔/复合物（当两个荧光基团相同时，称之为激基缔合物，而两个荧光基团不同时，称之为激基复合物），并产生的强而宽、长波长并且无精细结构的发射峰。荧光探针构型的变化是此类探针发生荧光变化的主要原因，而构型的变化直接体现的就是两个荧光基团空间距离的变化。在加入被分析物后，被分析物与荧光探针相结合，其中一个荧光基团被激发并处于激发态，而另一个则处于基态，两个荧光基团分子构型发生变化并通过 π-π 堆积作用相互靠近，二者空间距离减小（一般要求激发态荧光基团与基态荧光基团之间的碰撞距离约为 $3.5×10^{-10}$m），形成激基缔合物，并产生荧光发射峰。

ESIPT 是指荧光探针在受到外界能量激发处于激发态时，荧光分子内部质子给体基团

(—OH、—NH 等)和质子受体基团(=N—、—C=O 等)发生质子转移(质子通过分子内或分子间氧键,转移到邻近的杂原子上),生成光学异构体,并发射波长,发生红移。由于 ESIPT 具有光学双稳态、反应速度快、光致变色等光学性质,因此可作为光子学器件材料,并具有较大的应用前景。此外由于 ESIPT 反应过程可逆,质子转移速度比电子转移过程快,具有很大的斯托克位移,吸收和发射的光谱不重叠,因此十分适合用于比率型荧光探针的设计和应用中。

(二) 免疫分析方法

免疫学检测法是一种利用抗原抗体间的特异性反应来检测样本中微量物质的方法,在毒品检测中多用于毒品的筛选,也可用于确证。抗原抗体反应具有特异性和敏感性,只要能够获取相应的特异性抗体,就可以应用免疫分析法测定。免疫分析法可测定的对象非常广泛,在医学、生物学等领域均有重要应用。免疫学检测法利用毒品(或其代谢物)的抗体来检测样本中的抗原,从而判断样本中是否含有毒品成分。

免疫学分析法主要包括放射免疫分析(radioimmunoassay,RIA)、酶免疫分析(enzyme immunoassay,EIA)、荧光偏振免疫分析(fluorescence polarization immunoassay,FPIA)、免疫胶体金技术(immune colloidal gold technique,ICG)等。放射免疫分析(RIA)以放射性同位素作为标记物,将同位素测量与免疫反应结合,实现了同位素体外检测。这种方法既可以用于检测尿液样品中的海洛因、可卡因、苯丙胺类毒品等,也可用于检测唾液、血液及毛发样本中的毒品。RIA 不但具备免疫反应的高特异性,还具有较高的灵敏度及较短的检测时间。酶免疫分析(EIA)也是一种有标记的免疫分析技术。与放射免疫分析不同,EIA 使用具有催化活性的生物酶作为免疫反应标志物,因而避免了放射性同位素的使用及其对操作人员带来的危害。这种分析方法高通量、前处理简单、用样量少、不需高价的仪器设备,操作简单,且人员不需经过培训,优势突出,是国外常用的吸毒人员筛选方法。然而这种方法本身也具有局限性,例如容易出现假阳性和假阴性,影响检测结果,因此只能作为筛选手段,还需配以其他检测方式进行确证。酶免疫分析技术(EIA)主要包括酶放大免疫检测技术(EMIT)和酶联免疫吸附检测技术(ELISA)。

荧光偏振免疫分析(FPIA)是一种以荧光基团作为标记物的免疫分析方法,具有检测速度快、重复性好、特异性高等特点,且 FPIA 易于自动化,能够进行高通量筛选。除此之外,FPIA 还具有很高的灵敏度,从最小检出量来看,与色谱法、ELISA 比较接近。综合来看,FPIA 是一种高效的免疫分析方法。该方法也存在一定的局限性,主要是试剂成本高,且要求使用专用的仪器设备。荧光偏振免疫分析技术的原理在于:以钨卤灯作为光源产生不同波长、不同方向的光,通过过滤使波长限定在 481~489 nm 内,并通过光栅转变为方向单一的蓝色偏振光,而后照射荧光标记的抗原,使之反射出绿色的偏振荧光。

免疫胶体金技术(ICG)是一种使胶体金颗粒与包括抗原、抗体在内的许多蛋白质标记形成免疫金复合物的技术。胶体金的形成是通过还原氯金酸实现的。还原剂能够使氯金酸反应并聚合成一定大小的金颗粒,这些颗粒带负电,形成了疏水胶溶液并在静电作用下达到稳定。目前,胶体金试剂盒已经应用于氯胺酮、苯丙胺、大麻、可卡因等毒品的检测,主要产品为试纸条的形式。胶体金检测试纸的检测原理是：将特异的抗体先固定于试纸（硝酸纤维膜）的某一区域，令试纸一端与样品溶液接触，样品因毛细管作用而沿着试纸向前移动，当移动到抗体所在的区域时，样品中的抗原与抗体发生特异性结合而显示一定的颜色，检测结果直观可读。胶体金免疫检测是目前各地禁毒部门主要的现场筛查手段，现已有专门筛查冰毒、海洛因、吗啡、MDA、MDMA 等不同类型毒品的单一或多合一的检测试剂条应用于禁毒实践中。

（三）色谱及色谱-质谱分析方法

自 1906 年 Twett 首次发现色谱方法以来，这种方法由于对性质相近物质的分离效果而得到了非常高的重视。色谱分析就是基于色谱的流动相和固定相对不同组分的样品的作用不同，从而将混合样品中的组分逐步分开。按照色谱的流动相不同，可以分为气相色谱（GC）、液相色谱（LC 或 HPLC）和超临界流体色谱（SFC）。在毒品的分析中，用得较多的还是气相色谱和高效液相色谱，在这些方法中，可以利用毒品标准物的保留时间与样品中的某组分的保留时间进行对照，从而实现定性分析，也可以采用相对保留值及保留指数来进行定性。

质谱法（Mass Spectrometry, MS）是用电场和磁场将运动的离子（带电荷的原子、分子或分子碎片，有分子离子、同位素离子、碎片离子、重排离子、多电荷离子、亚稳离子、负离子和离子-分子相互作用产生的离子）按它们的质荷比分离后进行检测的方法。质谱法利用质荷比及其分子裂变的规律，即可确定离子的化合物组成，所以质谱法是一种良好的定性分析方法。按照赋能电离的方式不同，质谱法可以分为：电子轰击质谱（EI-MS）、场解吸附质谱（FD-MS）、快原子轰击质谱（FAB-MS）、基质辅助激光解吸附飞行时间质谱（MALDI-TOF-MS）、电喷雾质谱（ESI-MS）等，不过能测大分子量的是基质辅助激光解吸附飞行时间质谱（MALDI-TOF-MS）和电喷雾质谱（ESI-MS），其中基质辅助激光解吸附飞行时间质谱可以测量的分子量达 100 000。质谱法与色谱仪联用（GC-MS、HPLC-MS）及计算机联用后，可以将混合物中的各个组份依次分开，然后分别进入质谱仪中进行电离，质量分析器按照质荷比大小分开，形成独特的离子峰，从而根据离子峰的质荷比和强度来进行定性和定量分析。此种方法已广泛应用在有机化学、生化、药物代谢、临床、毒物学、农药测定、环境保护、石油化学、地球化学、食品化学、植物化学、宇宙化学和国防化学等领域。

色谱-质谱仪种类繁多，不同仪器应用特点也不同。一般来说，在 300 ℃左右能汽化的样品，可以优先考虑用 GC-MS 进行分析，因毛细管柱的分离效果也好，而 GC-MS 使用 EI 源，得到的质谱信息多，可以进行谱库检索。如果在 300 ℃左右不能汽化，则需要用 LC-MS 分析，此时主要得分子量信息，如果是串联质谱，还可以得一些结构信息。如果是生物大分子，主要利用 LC-MS 和 MALDI-TOF 分析，主要得分子量信息。对于蛋白质样品，还可以测定氨基酸序列。质谱分析法对样品有一定的要求。进行 GC-MS 分析的样品应是有机溶液，水溶液中的有机物一般不能测定，须进行萃取分离变为有机溶液；或采用顶空进样技术；有些化合物极性太强必须进行衍生化。例如有机酸类化合物，此时可以进行酯化处理，将酸变为酯再进行 GC-MS 分析，由分析结果可以推测酸的结构。如果样品不能汽化也不能酯化，那就只能进行 LC-MS 分析了。进行 LC-MS 分析的样品最好是水溶液或甲醇溶液，LC 流动相中不应含不挥发盐。对于极性样品,一般采用 ESI 源,对于非极性样品,采用 APCI 源。

二、定量分析方法

定量分析（quantitative analysis）是在确定了某毒品疑似物或提取物含有某种违禁物种后,采用适当的定量分析方法,测定物质中有关成分的含量。毒品经定性后,根据毒品的缴获量,确定其中毒品成分的含量是对制贩毒嫌疑人定罪的非常重要的证据。由于毒品的组成和种类不同,定量的方法也有所不同,下面将对毒品的定量分析方法进行简要介绍。

（一）气相色谱及气相色谱-质谱分析法

对于样品组成能够在 300 ℃以内汽化的样品,一般采用气相色谱及气相色谱-质谱定量分析。气相色谱定量的依据就是采用外标标准曲线法、内标标准曲线法等方法。如甲基苯丙胺的气相色谱测定,常采用外标标准曲线法。而对于海洛因含量的测定,常采用内标标准曲线法。在内标标准曲线法中,必须根据待检测组分选择合适的内标物。

采用气相色谱-质谱进行定量的方法,主要是基于总离子流图中的特征峰的强度来进行定量。其方法有气相色谱-质谱联用（GCMS）峰匹配定量、GCMS 总离子流图质量色谱定量和 GCMS 选择离子定量。在这几种方法中,峰匹配定量是选择样品中某一特征离子质量与标准物质的参比离子质量相匹配,此种方法需要操作人员具有良好的操作技术,并在选择的保留时间内将两个峰匹配好;GCMS 总离子流图质量色谱定量则是以色谱图保留时间和质谱图双重因素对待测样品进行定性定量;选择离子检测则是 GCMS 中一种高灵敏、高选择的检测技术,如选择能够表征该物质的一个质谱峰进行检测为单离子检测,而选择多个质谱峰进行检测,则为多离子检测。单离子检测适用于混合物中某一成分的定量分析,而多离子检测（全扫描方式）适应于未知化合物的定性定量检测,而对目标化合物或目标类似物的检测则适用于多离子检测。

（二）液相色谱分析法及液相色谱-质谱分析法

对于不能在 300 ℃以内汽化的样品,或者会热致分解的或极性太强的组分,一般采用液相色谱或液相色谱-质谱方法进行定量分析。与气相色谱法类似,液相色谱的定量也包括外标标准曲线法和内标标准曲线法,只不过液相分析法必须选择合适的分离柱和流动相以保证待测组分能够被分离和出现良好的色谱峰才是定量分析的前提。

液相色谱-质谱联用（LCMS）是液相色谱与质谱联用的仪器,它结合了液相色谱仪有效分离热不稳性及高沸点化合物的分离能力与质谱仪很强的组分定性能力的优点,是一种分离分析复杂有机混合物的有效手段。在实际应用中,根据 LCMS 不同的质量分析器,又有着不同的名称,而定量分析方法稍有不同,如四极杆质谱仪（QMS）、飞行时间质谱仪（TOFMS）、三重四极杆质谱仪（QQQ）、四极离子阱（QTrap）、四极杆飞行时间串联质谱（QTOF）、线性离子阱-飞行时间质谱（LIT-TOF）、傅里叶变换质谱仪（FT-ICR-MS）等。

下面是几种 LCMS 的性能比较:

QMS 是最常见的质谱仪器，定量能力突出，在 GC-MS 中 QMS 占绝大多数。其优点在于结构简单、成本低、维护简单，同时 SIM 功能的定量能力强，是多数检测标准中采用的仪器设备。缺点在于无串极能力，定性能力不足，分辨力较低（单位分辨），存在同位素和其他 m/z 近似的离子干扰速度慢，质量上限低（小于 1200 u）。

TOFMS 是速度最快的质谱仪，其优点在于分辨能力好，有助于定性和 m/z 近似离子的区别，能够很好地检测 ESI 电喷雾离子源产生多电荷离子；速度快，每秒 2~100 张高分辨全扫描（如 50~2000 u）谱图，适合于快速 LC 系统（如 UPLC），质量上限高（6000~10000 u）。其缺点在于无串极功能，限制了进一步的定性能力，售价高于 QMS，较精密，需要认真维护。

QQQ 质谱是在四极杆质谱仪保留 QMS 原有定量能力强的特点上，提供了串级功能，加强了质谱的定性能力，检测标准中常作为 QMS 的确认检测手段。其优点在于有串级功能，定性能力强；定量能力非常好，MRM 信噪比高于 QMS 的 SIM，是常用的 QMS 结果确认仪器。除一般子离子扫描功能外，QQQ 还具有 SRM、MRM、母离子扫描、中性丢失（Neutral loss）等功能，对特征基团的结构研究有很大帮助。其缺点在于分辨力不足，容易受 m/z 近似的离子干扰。

QTrap 质谱从技术上而言，在传统 QQQ 的四极杆中加入了辅助射频，可以做选择性激发；或者就功能而言，为 QQQ 提供了多级串级的功能优势：同时具备 MRM、SRM、中性丢失和多级串级功能，非常适合于未知样品的结构解析。具备多级串级能力，适合于分子结构方面的定性研究，能够给出分子局部的结构信息，比 QQQ 好，有局部高分辨模式（Zoom Scan），分辨力比四极杆质谱高数倍，达到 6000~9000，适合于确定离子质量数；缺点在于定量能力不如 QMS 和 QQQ。

QTOF 以 QMS 作为质量过滤器，以 TOFMS 作为质量分析器。其优点在于能够提供高分辨谱图，定性能力好于 QQQ，速度快，适合于生命科学的大分子量复杂样品分析。

离子阱-飞行时间质谱（Trap-TOF MS），以 3D 离子阱作为质量选择器和反应器，结合了离子阱的多级质谱能力和飞行时间质谱的高分辨能力。

线性离子阱-飞行时间质谱，LIT-TOF，以线性离子阱为质量选择器和反应器，结合了线性离子阱的高灵敏度多级串级能力和飞行时间质谱的高分辨能力。其优点在于高灵敏度、高分辨、多级串级定量能力强。

傅里叶变换质谱仪（FT-ICR-MS）的分辨能力最高，常作为高端科学研究的装备，在蛋白组学和代谢组学起到了超强作用。其优点在于能够做多级串级，定性能力极好，分辨力极高，灵敏度很好，可以有不同的电离源联用实现对不同极性的化合物进行检测。鉴于毒品特别是新精神活性物质的种类不断变化，并在生物样品检测及毒品代谢机理上的应用，不同种类的 LCMS 将起着越来越重要的作用。

三、样品前处理

毒品的检测样本不仅包括常见的固体、晶体及粉末，还包括液体样品、毛发、血液、尿液、唾液、体液等生物样品。不同类型的样品，处理方法也有不同。

  一般来讲，固体及粉末样品通常是相应毒品的盐类，可以溶于水，故在禁毒实践的现场检验中，一般取少量固体溶于水后，点样于尿检板，根据尿检板上出现的检测线即可以初步确认缴获毒品类型。然而最后必须将缴获样品提交专门的毒品检测机构，出具具有检验机构公章的检测报告，才能最后用于刑事法院判决。

  而实验室检测则需要预先制样，对于进行气相色谱-质谱检测的样品，必须是非水体系，常用甲醇为溶剂，将少量固体及粉末样品溶解后，进样分析，从分出的色谱图或离子流图判断是否存在某种毒品；对于含有水的液体样品（如"神仙水"、尿液等含有生物样品），调节酸碱度使样品中的盐类转化为有机物，然后采用甲苯为萃取剂，将有机成分从液体样品中萃取出来，以萃取液进样 GCMS 进行定性分析；对于毛发、血浆等生物样品，通常需要将毛发清洗干净后，再用有机溶剂萃取；而血浆样品则取血清进行萃取，最后将萃取液进行 GCMS 分析。

  对于实验室进行定量分析的样品，通常采用代表性取样并制样的方法：对海洛因、冰毒等固体或晶体样品，根据位置不同代表性采样后磨碎混匀后，以万分之一分析天平称量 300 mg 样品，要求称量误差在 ±1 mg 内，采用甲醇为溶剂，超声溶解，定容至 100.00 mL 容量瓶中，制成待检测的实验室样品；对于十万分之一的分析天平则称量 30.0 mg，误差在 ±0.1 mg 内，按同样方式操作，定容至 10.00 mL 容量瓶中；对于毒品标准品常采用百万分之一的分析天平，称量 4.4 mg，误差在 ±0.01 mg 内的标准品，定容于 1.5 mL 的进样瓶。对于混合均匀的 K 粉、卡西酮类样品，可以随机取样。对于黏度不同液体样品的分析，可以称取质量大于等于 300.0 mg 的样品，采用甲醇溶解后定容制备实验室样品。

  需要特别说明的是，实验室的定量检测一般都有相应的检验规范，其中就包括了样品的前处理措施。但是必须要注意，检验规范并不能涵盖所有类型的样品，在实际操作时，必须要在坚持操作规范的基础上，依据"具体问题具体分析"的措施，从而使样品制备的实验室样品能反映全部待检样的性质。另外，毒品检测实验室必须通过实验室的专业认证（如 CMA、CNAS 等认证系统）和公安、司法等部门的盲样测试，必须符合要求才能出具检测报告。而且采用色谱的外标标准曲线和内标标准曲线对验证样品的计算结果必须与国家禁毒信息中心提供的验证样品的实际含量结果相符合，这样实验室的标准曲线才可以用于毒品的定量分析。

思考题

  1. 简述在禁毒实践中，常规的快速检测方法有哪些种类？这些快速检测结果是否可以作为犯罪嫌疑人定罪的依据？

  2. 简述为什么要进行毒品的定性分析？在实验室检测中，定性分析主要有哪些种类？

  3. 在实验室对缴获毒品及毒品疑似物进行取样和制样时，有哪些注意事项？

  4. 案例分析：

    某毒品检测实验室对某禁毒大队提交的毒品疑似物进行取样时，因考虑到几袋样品的形貌类似，未进行分别取样检测，而是采用了质量更大的样品进行了定性和定量检测，未留样于实验室，毒品疑似物交原禁毒大队取回。实验室工作人员根据检测规范进行了检测，出具了毒品检测报告。然而，在后续侦查中，犯罪嫌疑人供述与检验报告不相符合，并对检测结果提出了质疑。依据工作程序，原禁毒大队又将样品送至省毒品检测中心进行了复检，结果与某实验室的检验结果相悖。

请问：某毒品实验室在工作中存在哪些瑕疵？应该如何规范样品的取样和制样措施？

第四章 毒品预防及戒毒治疗

【知识目标】
1. 了解毒品预防教育的概念、内容和形式。
2. 认识毒品预防教育的重要意义。
3. 明确预防教育的对象和预防的重点人群；了解社区毒品预防方案在毒品预防活动中的运用方法。
4. 掌握如何通过社区毒品预防方案创建无毒社区。

【能力目标】
通过学习能够充分认识毒品预防教育的重要性，对预防教育的整个内容有系统的了解，掌握开展毒品预防教育的要求。初步掌握学校预防方案、家庭预防方案、社区预防方案的具体方法和程序；通过开展毒品预防教育，使学生、家庭成员、社区群众了解和掌握一定的识毒、防毒、拒毒的策略与技巧等。

【思政目标】
1. 毒品预防教育与和谐社会建设之间的融合关系探究。
2. 毒品预防教育中家庭、学校、社会的关系分析。

第一节 毒品滥用形势分析

据《2016年中国毒情形势报告》,2016年全国禁毒部门破获毒品刑事案件14万起,抓获毒品犯罪嫌疑人16.8万名,缴获各类毒品82.1吨;查获有吸毒行为人员100.6万人次,其中登记新发现吸毒人员44.5万人;依法强制隔离戒毒35.7万人、责令社区戒毒24.5万人次、社区康复5.9万人次。2016年,全国吸毒人员总量仍在缓慢增长,以海洛因为主的阿片类毒品滥用人数增势放缓,以冰毒、氯胺酮为主的合成毒品滥用人数增速加快,滥用新精神活性物质有所发现,呈现出传统毒品、合成毒品和新精神活性物质叠加滥用特点,毒品滥用结构发生根本变化。

吸毒人员总量缓慢增长,青少年人数增幅同比下降。截至2016年底,全国现有吸毒人员250.5万名(不含戒断三年未发现复吸人数、死亡人数和离境人数),同比增长6.8%。其中,不满18岁2.2万名,占0.9%;18~35岁146.4万名,占58.4%;36~59岁100.3万名,占40%;60岁以上1.6万名,占0.7%。2016年,全国新发现35岁以下吸毒人员占新发现吸毒人员总数比例同比下降2.6%,新发现35岁以下吸毒人员同比下降19%,查获35岁以下青少年吸毒人数同比下降4.1%,青少年毒品预防教育成效初显。

毒品滥用种类多元并存,合成毒品滥用规模居首位。在全国现有250.5万名吸毒人员中,滥用合成毒品人员151.5万名,占60.5%;滥用阿片类毒品人员95.5万名,占38.1%;滥用大麻、可卡因等毒品人员3.5万名,占1.4%。2016年,全国新发现吸毒人员44.5万名,其中滥用合成毒品人员占81%,滥用海洛因等阿片类毒品人员占15.8%,滥用大麻、可卡因等毒品人员占3.2%。2016年,全国查获复吸人员60万人次,其中滥用合成毒品人员占62%,滥用阿片类毒品人员占37.4%,滥用大麻、可卡因等毒品人员占0.6%。全国查获复吸人员已由过去以滥用阿片类人员为主转变为滥用合成毒品人员为主。

新精神活性物质国内滥用增多,大麻等其他毒品滥用问题凸显。2016年,中国国家毒品实验室从各地送交的检测样品中,发现22份可直接吸食的新精神活性物质,反映出新精神活性物质在中国已存在滥用人群,主要是在娱乐场所滥用。全国现有滥用大麻人员1.7万名,其中2016年新发现滥用人员4836名,个别地方出现有组织聚众吸食现象。山西等地存在滥用甲卡西酮问题,内蒙古等地存在滥用土制海洛因问题,部分地区存在青少年滥用含可待因复方口服液体制剂的止咳药水问题。

据《2017年中国毒品形势报告》,2017年,中国毒品滥用人数仍在增多,但同比增幅下降,现有吸毒人数占全国人口总数的0.18%。尽管中国治理毒品滥用取得一定成效,但毒品滥用问题总体仍呈蔓延之势,毒品种类、滥用结构发生新变化。截至2017年底,全国现有吸毒人员255.3万名(不含戒断三年未发现复吸人数、死亡人数和离境人数),同比增长1.9%,增幅较上年下降5个百分点。其中,不满18岁1.5万名,占0.6%;18岁至35岁141.9万名,占55.6%;36岁至59岁109.9万名,占43%;60岁以上2万名,占0.8%;合成毒品滥用仍居首位,所占比例出现下降。在全国现有255.3万名吸毒人员中,滥用合成毒品人员

153.8万名，占60.2%，较上年下降0.3个百分点；滥用阿片类毒品人员97万名，占38%，较上年下降0.1个百分点；滥用大麻、可卡因等毒品人员4.6万名，占1.8%。2017年，全国新发现吸毒人员34.4万名，其中滥用合成毒品人员77.1%，较上年下降4个百分点；滥用海洛因等阿片类毒品人员占16.6%，较上年上升0.8个百分点；滥用大麻、可卡因等毒品人员占6.3%；复吸人员滥用阿片类毒品人员占39.2%，较上年上升1.8个百分点，滥用大麻、可卡因等毒品人员占0.7%。合成毒品变异加快，新类型毒品不断出现。

据国家毒品实验室检测，全年新发现新精神活性物质34种，国内已累计发现230余种，尚未形成滥用规模。一些不法分子通过改变形态包装，生产销售"咔哇潮饮""彩虹烟""咖啡包""小树枝"等新类型毒品，花样不断翻新，具有极强的伪装性、迷惑性，以青少年在娱乐场所滥用为主。

据《2018年中国毒品形势报告》，2018年中国现有吸毒人数占全国人口总数的0.18%，首次出现下降。尽管中国治理毒品滥用取得一定成效，但合成毒品滥用仍呈蔓延之势，滥用毒品种类和结构发生新变化。

毒品滥用人数增速减缓但规模依然较大，新增吸毒人员减少。截至2018年底，全国现有吸毒人员240.4万名（不含戒断三年未发现复吸人数、死亡人数和离境人数），同比下降5.8%。其中，35岁以上114.5万名，占47.6%；18岁到35岁125万名，占52%；18岁以下1万名，占0.4%。2018年新发现吸毒人员同比减少26.6%，其中35岁以下人员同比下降31%，有30个省（区、市）涉毒违法犯罪人员中未成年人所占比例下降，青少年毒品预防教育成效继续得到巩固。

冰毒成为滥用"头号毒品"，大麻滥用人数增多。在240.4万名现有吸毒人员中，滥用冰毒人员135万名，占56.1%，冰毒已取代海洛因成为我国滥用人数最多的毒品；滥用海洛因88.9万名，占37%；滥用氯胺酮6.3万名，占2.6%。大麻滥用继续呈现上升趋势，截至2018年底，全国滥用大麻人员2.4万名，同比上升25.1%，在华外籍人员、有境外学习或工作经历人员及娱乐圈演艺工作者滥用出现增多的趋势。

复吸人员滥用合成毒品占主流，交叉滥用者更加突出。混合滥用合成毒品和阿片类毒品交叉滥用情况突出，截至2018年底达31.2万名，同比上升16.8%，占现有吸毒人员总数的12%。2018年，全国查获复吸人员滥用总人次50.4万人次，其中滥用合成毒品28.9万人次，占总数的57.3%；滥用阿片类毒品21.2万人次，占总数的42.1%。

毒品市场花样多，新类型毒品不断出现。为吸引消费者、迷惑公众，一些毒贩不断翻新毒品花样，变换包装形态，"神仙水""娜塔沙""0号胶囊""氟胺酮"等新类型毒品不断出现，具有极强的伪装性、迷惑性，以青少年在娱乐场所滥用为主，给监管执法带来难度。据国家毒品实验室检测，全年新发现新精神活性物质31种，新精神活性物质快速发展蔓延是目前全球面临的突出问题。

毒品滥用危害极大，严重影响社会治安。毒品滥用不仅给吸毒者本人及其家庭带来严重危害，也诱发盗抢骗等一系列违法犯罪活动。长期滥用合成毒品还极易导致精神性疾病，由此引发自伤自残、暴力伤害他人、"毒驾"等肇事肇祸案事件时有发生，给公共安全带来风险隐患。

据《2019年中国毒品形势报告》，2019年中国毒品滥用形势继续好转。经过持续深入推进青少年毒品预防教育工程、社区戒毒社区康复工程以及吸毒人员"清零""清隐""清库"行动等专项工作，国内毒品滥用增长势头进一步减缓。吸毒人数持续下降，毒品滥用形势继续好转。截至2019年底，中国现有吸毒人员214.8万名，占全国人口总数的0.16%，系连续第二年减少，同比下降10.6%。其中，35岁以上109.5万名，占51%；18岁到35岁104.5万名，占48.7%；18岁以下7151名，占0.3%。三类主要品种滥用人数下降。冰毒滥用人数最多，在214.8万名现有吸毒人员中，滥用冰毒人员118.6万名，占55.2%，同比减少12.1%，冰毒仍然是我国滥用人数最多的毒品；滥用海洛因80.7万名，占37.5%，同比下降9.2%；滥用氯胺酮4.9万名，占2.3%，同比下降20%。海洛因、冰毒和氯胺酮三类主要滥用品种滥用人数均出现下降。滥用大麻人员2.4万名，与上年持平，以外籍人员、有境外学习或工作经历人员及演艺人员为主；吸毒方式越来越隐蔽，排查发现难。吸毒活动隐蔽性私密性特点增强，公共娱乐场所吸毒活动有所减少，选择在宾馆、出租屋、私人会所或私家车等隐蔽处所吸毒明显增多；一些吸毒人员从线下转入线上，利用网络社交软件建立"毒友群"，采用虚拟身份、暗语交流，增大了查处的难度；新类型毒品增多，识别查处难。目前，我国已列管431种毒品和整类芬太尼类物质，但新类型毒品不断出现。如含LS成分的"邮票"、向学生兜售的"聪明药"以及逐渐蔓延的"0号胶囊""G点液""犀牛液"等色胺类物质，品种五花八门。有的变换包装，伪装成食品、香烟等，如"奶茶"、巧克力形态的毒品；有的是未列管的毒品替代品，如号称"改良K粉"的氟胺酮；还有新精神活性物质作为第三代毒品，在国内迅速扩张，且花样不断翻新，如合成大麻素"娜塔莎"等，据国家毒品实验室检测，全年检测出新精神活性物质41种，其中新发现5种。

据《2020年中国毒品形势报告》，截至2020年底，全国现有吸毒人员180.1万名，同比下降16.1%，连续第三年减少；戒断三年未发现复吸人数300万名，同比上升18.4%。全年共查处吸毒人员42.7万人次，下降30.8%；其中新发现吸毒人员15.5万名，下降30.6%。另外，滥用种类多样，吸食毒品替代物质增多。在180.1万名现有吸毒人员中，滥用合成毒品103.1万名，占现有吸毒人员总数57.2%，滥用阿片类毒品73.4万名，占现有吸毒人员总数40.8%。海洛因、冰毒等滥用品种仍维持较大规模，大麻吸食人数逐年上升，新精神活性物质滥用时有发现，花样不断翻新，包装形态不断变化，有的甚至伪装成食品饮料，出现"毒邮票""毒糖果""毒奶茶"，极具伪装性、隐蔽性、诱惑性。疫情防控下，常见毒品难以获取，吸毒人员转而寻求其他物质替代，各地查处滥用杜冷丁、安眠酮等管制药物，吸食含合成大麻素、"笑气"、氟胺酮等替代物质情况增多。滥用场所更加隐蔽，利用网络平台在线吸毒增多。公安机关在KTV、酒吧等公共娱乐场所查获吸毒人员数量越来越少，私人住宅、出租屋、机动车内等隐蔽场所逐渐成为查获吸毒人员主要场所。越来越多的吸毒人员通过网络视频聊天聚众吸毒，涉案人数众多，发现查处难度大。

滥用毒品的社会危害有所减轻，影响公共安全的风险依然存在。随着戒断三年未发现复吸人数和现有吸毒人数的"一升一降"，滥用毒品引发的毒驾、伤人等个人极端案事件和吸毒人员参与的"两抢一盗"案件大幅减少，但由于滥用合成毒品人员基数仍然较大，吸毒人员肇事肇祸影响公共安全的风险依然存在，预警防范难度大。一些大城市出现滥用"犀牛液""0号胶囊"等色胺类物质的吸毒群体，多为18至35岁、学历较高且拥有稳定职业的人员，传播艾滋病风险极高。

由上面近五年国家禁毒委员会发布的中国毒品形势报告可见，由于预防教育的逐步普及与加强，青少年吸毒的数量已出现明显降低趋势，这表明毒品预防教育和严控毒品的效果已经逐步显现。同时，也应该关注的是，新型毒品不断显现，并且呈现更为复杂的形态和花样，迷惑性更大，更容易接触和吸引青少年；另外吸食毒品的形式、毒品贩运方式以及因吸毒而产生的社会安全风险也有着非常明显的变化。所以加强毒品预防教育，能使人们更好地辨识新型毒品，充分认识到毒品的危害并远离毒品，能有效降低毒品蔓延势头，为和谐社会的建设贡献力量。

基于对近五年中国毒品滥用的形势分析，毒品预防教育已经在国内遏制毒品蔓延时起到了非常重要的作用，故本章将对毒品预防教育的方式、方法等进行详细的阐释，并结合全社会力量，帮助吸毒者的戒毒治疗及恢复，使吸毒者回归社会，成为社会建设的一分子。

第二节 毒品预防教育概述

一、毒品预防教育概述

（一）毒品预防教育的概念

毒品预防教育，是指通过各种科学、有效途径让人们了解和认识毒品问题的基本因素和有关知识，揭示毒品对个人、家庭和社会的巨大危害，提高青少年认知毒品，拒绝毒品的能力，从而构筑全社会防范毒品侵袭的有效体系的过程。

毒品预防教育是研究预防和减少吸毒，增强禁毒意识，养成自觉拒绝毒品的态度和行为的一门禁毒学科。其研究对象是毒品预防的理论知识、内容、形式、方法、效果及其评估标准等。

（二）毒品预防教育的目的

1. 政治上维护政府的崇高威信

中国政府深刻认识到毒品是全人类共同面对的世界性公害这一现实。禁毒是国际社会刻不容缓的共同责任，毒品危害人民健康，滋生犯罪和腐败，破坏可持续发展，危及国家安全和世界和平。因此，多年来中国政府以禁绝毒品为根本目标，制定并实施了一系列严厉禁毒的方针政策和措施，把禁毒工作作为事关中华民族兴衰存亡的大事来抓。

《中华人民共和国禁毒法》第11条第1款规定："国家采取各种形式开展全民禁毒宣传教育，普及毒品预防知识，增强公民禁毒意识，提高公民自觉抵制毒品的能力。"中国政府认为毒品是全世界人类共同面对的世界性公害，禁毒是国际社会刻不容缓的共同责任。中国政府将毒品预防宣传教育作为一项政策，纳入国民经济和社会发展规划，并规定为各级政府的一项重要职责，逐级建立了适合中国国情的毒品预防宣传教育工作责任制。综合运用法律、行政、经济、文化、教育和医疗等多种手段，动员和组织全社会的力量参与毒品预防宣传教育。

2. 经济上减少毒品带来的直接和间接损失

首先，毒品交易是地下经济，是非法活动，所以很难进行准确统计。但有一点可以确定，全世界有大量的财富通过吸毒者的口转化为青烟。

其次，用于毒品交易的费用巨大。毒品的消耗和地下毒品交易会消耗巨量的财富，而正因为如此，开展预防教育能够使人们逐步认识到毒品对经济的巨大消耗和对经济发展带来的负面影响，从而真正认识毒品问题。据联合国统计，毒品交易额是仅次于军火的第二大贸易，高达8000亿美元以上，毒品贩运已涉及170多个国家和地区，130多个国家和地区存在毒品消费问题。

再次，世界各国用于毒品案件的办案经费和戒毒的费用，绝大多数由国家承担，导致经济上的巨大投入及损耗。

最后，世界各国为解决因毒品而产生的各种问题，需要大量经费。国家在为缉毒戒毒每年支付大量费用的同时，还要为救助吸毒人员支付大量经费。因为吸毒人员一般都丧失了工作能力和正常生活能力，大多可能因吸毒感染了肝炎、艾滋病等传染性疾病。对吸毒人员的各种治疗费用以及药物滥用防治工作的开展等，都给社会经济带来巨大负担，对社会经济的发展造成了巨大的间接损失。

3. 净化社会风气，维护安定团结

众所周知，毒品与违法犯罪是一对孪生兄弟，毒品问题严重的地方，犯罪问题必定严重。

（1）使用毒品会引发违法犯罪。中国法律规定吸食毒品是违法行为，吸毒人员因吸毒导致违法。《中华人民共和国治安管理处罚法》第72条规定：有下列行为之一的，处10日以上15日以下拘留，可以并处2000元以下罚款；情节较轻的，处5日以下拘留或者500元以下罚款：（一）非法持有鸦片不满200克、海洛因或者甲基苯丙胺不满10克或者其他少量毒品的；（二）向他人提供毒品的；（三）吸食、注射毒品的；（四）胁迫、欺骗医务人员开具麻醉药品、精神药品的。

（2）因毒品而引发各类违法犯罪活动。吸毒人员为筹集毒资会使用各种违法犯罪手段，为了购买毒品维持吸毒，吸毒人员往往会铤而走险，走上违法犯罪的道路，进而进行以贩养吸、以娼养吸、贪污、诈骗、盗窃、抢劫凶杀等犯罪活动，严重危害社会治安。据有关部门调查，在一些地区抓获的刑事案件犯罪嫌疑人中，有 60%~80%的人与吸毒有关；在吸毒人员中有 70%以上的人进行过其他的犯罪活动。许多地方长期处于高发态势的"两抢一盗"（抢夺、抢劫、盗窃）案件大多数与吸毒人员有关。有人曾很形象地总结，吸毒男女最终走上的就是"男盗女娼"之路。

（3）滥用毒品后引发违法犯罪。有的毒品具有强烈的刺激作用，如苯丙胺类、可卡因类毒品能够使人产生妄想和神经过敏，在滥用毒品后，有的人情绪激愤，与人交往容易发生摩擦，因无法控制情绪而导致突发暴力事件发生；有的人容易产生幻觉，总怀疑有人要陷害自己，谋杀自己，故"先下手为强"，导致假想的防卫发生。

心理学家对海洛因吸食者测试后发现海洛因吸食者存在一些人格弱点，敌意性、进攻性、叛逆性、不负责任、嬉戏性、冲动性。这样在滥用毒品之后，就很容易引发突发性犯罪，给社会带来不安定因素。

（4）围绕毒品引发各类违法犯罪。毒品的违法犯罪问题，是毒品的供给与需求而产生的社会问题。毒品不仅损害吸食者的身体和精神，还直接引发社会性的种植毒品、制造毒品、贩运毒品、销售毒品、走私毒品、持有毒品，以及引诱、教唆、欺骗、强迫他人吸食注射毒品等一系列违法犯罪活动。尤其是因贩毒而形成的犯罪集团和黑社会组织以及由此引发的暴力凶杀、收买贿赂、洗钱等犯罪活动。在一些国家，贩毒分子利用手中的巨额财产渗透，对国家政治经济造成极大危害，形成恶性膨胀的毒品经济，严重干扰世界经济秩序和国家政治。故毒品犯罪已成为最具威胁的社会公害。因此开展毒品预防宣传教育工作，可以使人们逐步认识到毒品所带来的社会不安定因素，从而激起人们的防毒、反毒意识。

4. 毒品预防教育会极大地帮助家庭、个人乃至全社会参与抑制毒品的消费，从而有利于个人健康，家庭和睦和社会安定

毒品吸食会对身体造成难以恢复的伤害，特别是对于中枢神经系统的伤害是不可逆的，同时由于毒品的消费会造成家庭的财产的巨大消耗，将极大降低家庭的生活水平，使家庭无法和睦相处，最后会导致家破人亡。作为社会的一个单元分子，家庭不幸福必然影响社会的和谐发展。同时，由于贩毒而形成的犯罪活动和黑社会组织，严重危害世界经济秩序和国家政治安定。

所以，开展毒品预防教育和毒品预防宣传，可以使人们逐步认识到毒品所带来的社会不安定因素，从而激起人们的防毒、反毒意识。

（三）毒品预防教育的意义

毒品问题是一个错综复杂的社会问题，也是一个世界级的难题。世界各国都在探索其解决途径，在探索中都形成了一个基本的共识，即必须坚持减少需求和减少供应并重，而减少需求必须高度重视禁毒宣传，把预防放在禁毒工作的优先位置。《中华人民共和国禁毒法》制定了"预防为主，综合治理，禁种、禁制、禁贩、禁吸并举"的工作方针，凸显了禁毒宣传教育在整个禁毒工作中的重要位置。

1. 通过毒品预防教育，能够使广大人民群众了解政府的禁毒决心，增强全民禁毒意识

以1998年5月在北京成功举办全国禁毒展览，大张旗鼓地开展禁毒宣传为标志，中国禁毒宣传教育工作实现了跨越式的发展，取得了长足的进步，收到了显著的效果。预防为主的禁毒工作方针已经确立，宣传教育工作机制初步形成，禁毒人民战争氛围日益浓厚，一系列的举动让人民群众也了解到政府的禁毒决心，全民禁毒意识明显提高。

2. 通过毒品预防教育，可以使广大群众了解国家的毒品问题现状，提高对毒品危害的认识

受国际毒潮的影响，中国毒品问题故态复萌，并迅速蔓延，局势十分严峻。毒品预防让广大人民群众了解国家的毒品问题现状，认清毒品对整个社会民族所造成的危害，自觉参与禁毒斗争。

3. 通过毒品预防教育，能够预防毒品犯罪和预防青少年吸毒；通过毒品预防教育，能够提高人民群众对毒品的抵抗力

预防与治疗同样重要，从某种角度上讲，积极的预防比治疗意义更深远。中国自古就认识到"上医治未病"，预防就是以"治未病"为直接目的。现在人们越来越清醒地认识到，医疗卫生服务不仅仅是使用设备和药品来与疾病作斗争，更重要的是应该提高人们自我保健的能力，防患于未然。吸毒损害个人健康，破坏家庭幸福，危害社会安定，目前已形成全球性的社会问题。在实践中，人们逐渐认识到，单纯靠强制手段解决毒品问题是远远不够的。通过毒品预防宣传教育，宣传毒品的危害，普及毒品的相关知识，唤醒人们自觉抵制毒品的意识，对从根本上减少毒品的需求，预防毒品问题的发生，具有十分重要的意义。

4. 通过毒品预防教育和法制教育，开展国家禁毒立法，加大打击毒品犯罪的力度，能够有效地震慑毒品犯罪

为了治理毒品问题，早在20世纪初，国际社会基于对毒品危害人类的健康和生存且并非一国能力所能解决这一问题的认识，开始了国际禁毒立法，统一世界各国禁毒立法和禁毒活动。中国政府也进行了相关的行政、刑事立法。2008年6月1日开始实施的《中华人民共和国禁毒法》，标志着中国禁毒立法上了一个新台阶。在毒品预防教育中，加强法制教育，让广大群众明确我国禁毒工作的基本原则，有毒必肃，贩毒必惩，种毒必究，吸毒必戒。让人民群众能够及时发现毒品犯罪，举报毒品犯罪。让贪图利益、企图实施毒品犯罪之人，明了我国政府治理毒品问题、打击毒品犯罪的决心，能够有效地震慑毒品犯罪。

二、毒品预防教育的构成

（一）毒品预防教育的主体

毒品预防教育的主体不仅包括各级禁毒领导机构、公安、宣传、广播电视、教育、卫生、

民政、司法等部门,还包括新闻媒体、学校及其他各类企事业单位;不仅包括乡镇基层政府、村民委员会、街道办事处、居民委员会等基层组织,还包括社工、禁毒志愿者及广大人民群众等。

(二)毒品预防教育的对象

毒品预防教育的对象可以分为一般教育和特殊教育两类。一般教育是以全体公民为对象的预防教育。特殊教育,是以易染毒群体作为主要对象的一类毒品预防教育。由于参与吸毒的人员已基本涉足社会各行各业的各类人群,所以对全社会人民的一般教育则显得更为重要。而特殊教育针对的是易感人群,一般来讲,易感人群主要为青少年(年龄特征)、无业人员(职业特征)、流动人口(居住特征),所以加强对这部分人群的毒品预防教育可以有效遏制毒品吸食人员的蔓延。

(三)毒品预防教育的内容

1. 个人预防

沾染毒品的诱因很多,预防吸毒的措施也很多,归根结底预防吸毒的关键还在于自己。只有从我做起,从现在做起,自立自爱,珍惜生命,远离毒品才能真实地保护自己,不被毒品侵害。个人预防的前提在于提高自身的综合素质和能力。首先要加强对文化科学知识和法律知识的学习,提高自己的科学文化素质和道德水平,树立正确的人生观和世界观,摒弃不良的生活方式,努力培养自己高尚的道德情操和远大的理想。其次,要不断培养自己健康的心理素质,提高自我控制、自我调节能力和抗拒毒品诱惑的能力。最后要养成良好的生活习惯。坚持摒弃吸烟、酗酒等恶习。青少年远离毒品,首先要远离烟酒。

2. 学校预防

学校是毒品预防教育的重要场所,是控制青少年中新吸毒人员滋生的最有效的防线之一。学校的吸毒预防教育,旨在培养学生抵抗毒品侵袭的心理素质,提高学生识别毒品、拒绝毒品的能力。学校要认真贯彻预防为主的原则,育人、育才、育德并举。要把中小学生毒品预防主题教育落到实处,常抓不懈,警钟长鸣,使学生时时处处自觉地加以防范。对于大学生,由于他们已经具有了一定的文化素质,所以加强禁毒的教育和法规教育,对他们远离毒品,参与家庭预防以及社区预防都有非常重要的作用。

3. 家庭预防

家庭是青少年成长的重要环境,家庭成员之间的亲密度是社会团体所无法比拟的。不良的家庭环境和不当的家庭教育,可能使家庭成员特别是未成年人养成不良的行为习惯,甚至走上吸毒、贩毒等违法犯罪的道路。家庭教育是预防未成年人进行毒品违法犯罪的第一道防线。家庭的温情、整体意识,家长及时洞察和发现苗头,坚决制止子女的不良行为习惯,将增强子女抵制毒品的意识和能力,提高警惕,防止子女误入吸毒的歧途。

4. 社区预防

社区治安直接关系到社区成员的安居乐业。注意发挥社区的优势，发掘社区预防吸毒的功能，提高社区预防吸毒的能力。与建设文明社区相结合，大力开展社区自我教育，进行自我防范和自我管理的能力建设，积极推进"无毒社区"活动的深入进行，使社区成为一方净土。

5. 社会预防

建立和健全各种社会的预防机制，切实提高全社会预防控制，打击毒品违法犯罪能力，是防毒反毒的主要措施。首先，扎扎实实地开展全民禁毒宣传教育活动，建立社会预防的心理机制；其次，建立对高危人群的重点环境的专门预防机制；建立并完善对吸毒人员的帮教挽救机制，建立并完善高效、严厉打击毒品违法犯罪的特殊打防机制和健全禁毒综合治理的统筹协作机制。

从毒品预防教育的方式方法、渠道和途径上来讲，家庭的和睦及严格科学的教育是青少年健康成长的基础，而学校和社区的文化教育及环境影响是阻止青少年滑入吸毒深渊的必要环节和步骤，社区和社会预防和管理是青少年成功融入社会的必要环境，三者缺一不可，相互依存。

三、毒品预防教育的要求

禁毒工作是一项综合治理工程，其中一项重要工程，就是通过各种形式的宣传教育来提高公民自觉抵御毒品的能力。禁毒宣传教育，以贯彻禁毒工作预防为主，是综合治理方针的重要环节。

在开展毒品预防教育时，要充分认识毒品预防教育的重要性和必要性，切实将毒品预防教育摆上重要位置，遵循"以人为本、促进人的全面发展"的理念和"面向全民、突出重点、常抓不懈、注重实效"的教育方针。坚持毒品预防教育工作与毒品形势的发展变化相适应，坚持普及教育与重点教育相结合、相促进，以提高全社会禁毒意识和自觉抵制毒品的能力为核心，不断增强毒品预防教育的科学性、广泛性、针对性和实效性，倡导积极健康的生活态度和生活方式，通过多种形式讲解毒品形势，普及禁毒知识，提高对毒品及其危害的认知能力和抵御能力。在全社会形成抵制毒品、参与禁毒的氛围，为预防和减少毒品犯罪、构建和谐社会作出贡献。

在毒品预防教育中，必须坚持以下原则。

（一）毒品预防教育要始终坚持政府的直接统一领导

《中华人民共和国禁毒法》第 5 条规定："国务院设立国家禁毒委员会，负责组织、协调、指导全国的禁毒工作。县级以上地方各级人民政府根据禁毒工作的需要，可以设立禁毒委员会，负责组织、协调、指导本行政区域内的禁毒工作。"我国的禁毒实践和国际禁毒斗争的经验表明,禁毒工作必须坚持强有力的统一领导,毒品预防教育也要始终坚持政府的直接统一领导。

(二)毒品预防教育要注重超前性和预见性、针对性和准确性、多样性和策略性、互动性和参与性相结合

在进行毒品预防教育时,要注重科学规范和通俗易懂的有机结合,变灌输式教育为互动式、渗透式教育,变恐吓式教育为引导式教育,鼓励建立健康向上的生活方式和生活态度。毒品预防教育要注意以下问题:

1. 超前性和预见性

毒品问题是全球性公害问题,毒情形势复杂多变。在做预防教育工作时,要能够准确评估当前的毒情形势,科学分析不同地区、不同群体,特别是对于正在进入和准备进入社会的青少年人群,要准确预见其可能将会面临的毒品问题,提前做好教育工作,超前进行预防教育,为其提供预防毒品危害的知识、心理等各方面的准备,防患于未然。

2. 针对性和准确性

在开展毒品预防教育时,不仅要配合国家各阶段禁毒活动的主题,而且还要结合本地区禁毒形势的需要和本地区禁毒工作的特点。要针对受众群体的不同年龄段、不同层次、不同文化背景等诸多因素,分别组织实施适合他们特点的教育活动,不能"千人一面"。

3. 多样性和策略性

在继续开展电视、报纸电台等新闻媒体舆论宣传的基础上,可以利用移动互联网等载体传播快、时代感强、传递方法新鲜等特点,综合利用现代新型传播技术和媒介,开辟出新的宣传教育阵地,探求多种形式的宣传教育方法。

在进行毒品预防教育时,要讲究策略性,根据各教育场所和教育对象的特点、条件以及可能发生的各种毒品问题,有计划有重点地组织开展毒品预防教育。

4. 互动性和参与性

在组织教育活动中,要以喜闻乐见为基本要求,尽可能调动受教育对象参与的积极性,强调活动组织的互动性,在激发教育对象兴趣的过程中,寓教于乐,避免"我说你听式"的枯燥说教,力求宣传效果的最大化。

在开展预防教育活动时,要充分发挥广播电视、电影、新闻、报纸、网络等宣传媒体的作用,组织开展毒品预防教育活动。最大限度地将头脑风暴、角色扮演、小组讨论、游戏等多样参与性教育方式运用到毒品预防教育活动中去,让受教育者在各种活动中,真正做到接受知识、改变态度、影响行为。

第三节 毒品预防学校教育

一、毒品预防学校教育概述

禁毒宣传教育，有学校、社区、家庭等多种渠道，学校教育在青少年的吸毒早期预防中具有无可替代的地位，发挥着相当重要的作用。学校毒品预防教育是针对学生在校期间不同阶段的学习特性，在学校范围内采取有效的教学方式对学生进行禁毒宣传教育，使学生增强禁毒意识，养成自觉拒绝毒品的态度和行为的教育方式。

（一）毒品预防学校教育的研究对象

毒品预防学校教育的研究对象，包括毒品预防学校教育的理论依据、内容、形式、方法、效果及其评价标准等。毒品预防学校教育就是针对学生在校期间不同阶段的学习特性，在学校范围内采取有效的教学方式给学生进行禁毒宣传教育，使学生增强禁毒意识，养成自觉拒绝毒品的态度和行为的教育方式。一般来讲，其对象包括毒品预防学校教育的理论依据、内容、形式、方法、效果及评价标准等。

（二）毒品预防学校教育的形式

目前，我国中小学开展毒品预防教育的形式主要有以下4种。一是利用课余时间开展。例如，采用黑板报、校园广播进行宣传教育，组成学习小组进行讨论、座谈，利用共青团少先队活动时间进行学习，组织学生参观禁毒展览，参观戒毒所和观看禁毒影片等。二是纳入课堂教育主渠道进行。有的学校开设禁毒知识课程，安排课时上课，有的学校将禁毒知识穿插在德育、历史、语文、健康课程中讲授。三是结合普法教育，邀请禁毒民警、专家和相关部门人员开展禁毒专题讲座。四是让学生进行假设角色体验，学会拒绝毒品的方法，预防吸毒。

而在大学毒品预防教育中，由于大学生具有一定的文化及专业知识基础，对事物的理解也较深，故大学毒品预防教育就有着与中小学不同的教育方式，主要是通过案例分析式教学让学生明白毒品对个人、家庭和社会的危害，并切实按照禁毒法律法规，积极参与社会禁毒的宣传教育活动，从而使社会的禁毒意识进一步增强，成为保卫和谐社会的一支关键性力量。

（三）加强毒品预防学校教育的必要性

目前毒品滥用群体向低龄化群体化发展的趋势，青少年吸毒人数不断上升，虽然在校学生吸毒人数少，但离校学生吸毒人数不断增多。加强校园毒品预防教育工作，不仅是保证青少年健康成长的需要，也是防止滋生新吸毒人员，防止毒品向社会扩散的一项重要措施。

1. 青少年是吸毒易感高危人群

青少年具有较强的好奇心和逆反心理，辨别是非的能力和自控能力较差，模仿心理较强。青少年的这些特点使其成为吸毒易感人群。一些青少年在好奇心驱使、同伴影响、不法人员诱使或者模仿不良对象等情况下走上了吸毒的道路。据调查,吸毒人员中90%以上是在17~20岁第一次接触毒品,初次使用摇头丸、冰毒等毒品的年龄则更早,大多在15~19岁。随着毒品宣传力度的加大,青少年对毒品知识有了一些认识,但对新型毒品的种类和危害了解甚少或存在误区,不少青少年认为偶尔在娱乐中吸毒,不会成瘾,没什么危害。2005年,湖南省查获的吸食新型毒品的违法人员,18岁以下的约占43%。严峻的现实迫使我们不得不重视青少年的吸毒预防,加强校园毒品预防教育工作。

2. 避免青少年涉世之初误入吸毒歧途

在校学生吸毒的人数并不多,但一旦离开学校步入社会,吸毒的情况就越来越多。究其原因,学校被称为"象牙塔",长期生活在"象牙塔"中的学生,学校环境的单纯和教师的严格管理,使其能保持在校园中不接触毒品,但一旦走上社会,社会的复杂让其一时难以适应,如果对毒品知识缺乏了解,尤其在有人引诱或工作无望、心情抑郁的时候,容易滑向吸毒的深渊。因而在校期间的毒品预防教育,是避免学生毕业或辍学离开学校后,涉世之初误入歧途的有效方法。

3. 减少新吸毒人员滋生

目前我国新增吸毒人员尚未得到控制,国家提倡开展毒品全民预防教育以期减少和控制新吸毒人员的滋生。为达到这一目的,最有效、最普遍、涉及人数和范围最广的宣传场所应该是学校。学校是集中教育的场所。我国实行九年制义务教育制,每个孩子在小学和初中的九年时间为义务教育时间。在这九年的义务教育时间里,有计划地开展毒品预防知识的课程,采取有效的、学生喜闻乐见的方式进行教学,使接受义务教育的学生掌握毒品的有关预防知识,从而真正实现毒品预防的全民教育,使每一位公民在走上社会之前,都接受毒品预防教育,从而远离毒品,减少新吸毒人员的滋生。

(四)国内外毒品预防学校教育的历史发展

长期的禁毒工作得出的经验是预防重于打击,这是投入最小、产出最大的方式。在开展毒品预防教育时,学校的预防教育是所有教育的重点。因为预防教育的重点对象是学生,他们大多都在学校或刚走出学校,因此世界各国禁毒教育都十分重视学校,特别是重视中小学校的毒品预防教育工作。

美国是世界上最大的毒品消费市场,青少年滥用毒品和由此带来的青少年犯罪等一系列问题,严重困扰着美国社会,这促使美国加强了学校安全措施,并开始关注青少年吸毒问题。1983年最先在洛杉矶创办的药品滥用防治计划(DARE)影响最大,并迅速在美国各地推行开来。该计划充分利用多年来对毒品危害研究的最新科学成果,负责宣传的工作人员或警察用活泼生动的教育方式,通过青少年的参与,形成双向交流。帮助青少年培养在压力和诱惑面前拒绝毒品的心理准备和技巧,让青少年自己做出远离毒品的正确选择。该计划的重点放在如何转变青少年对待毒品的态度上,让青少年明白那种吸食毒品很酷的说法是骗人的,吸食毒品会带来严重后果。该计划在课程上配合文字用生动的漫画和动画进行展示,利用最新研究成果和先进的计算机动态演示，让青少年更直观地了解毒品是如何损害大脑，进而损毁人的身心健康的。采用学生表演、设计设立模拟法庭、审讯毒品犯罪的方式，让学生们明白吸毒所带来的严重家庭和社会问题。此外，该计划还非常注重家庭的作用，有专门针对父母的一些指导课程，如何尽早发现孩子吸毒的迹象，在日常生活中如何引导孩子，等等。

英国已在各级学校设立了警察学校联络官，专门负责在校学生的毒品预防教育和师资力量的培训，营造学校毒品预防教育研究的良好氛围。此外，英国曾尝试开展校园毒品检测工作，定期抽取学生样本进行毒品检测。

俄罗斯著名的"妈妈反毒品"公益组织，每年在俄罗斯数十个地区开展宣传活动，免费散发关于毒品危害的资料，组织观看禁毒资料片，举办专家讲坛。俄罗斯"紫晶"反毒品教育俱乐部，自1999年成立以来一直非常活跃，目前该俱乐部已经有200多名成员，大多为10岁到28岁之间的青少年。"紫晶"成员经常邀请经验丰富的专家在校园和社区开展反毒品宣传，提倡健康积极的生活方式。目前，俄罗斯不少地区的中小学都在开展反毒品教育工作，有些学校组织课外活动小组，专门负责反毒品宣传；有些学校开设介绍毒品危害的课程，开展反毒品主题演讲。

在我国，2002年以来，国家禁毒委员会办公室与教育部联合开展了以"学生不吸毒，校园无毒品"为目标的"不让毒品进校园"活动。2002年12月，国家禁毒委员会、中央综合治理办公室、教育部、共青团中央联合下发了《关于进一步加强中小学生毒品预防教育工作的通知》，要求在小学五年级至高中二年级全面开展毒品预防专题教育。2003年5月，国家禁毒委办公室会同共青团中央发出了《关于在社区青少年法律学校中加强毒品预防教育工作的通知》，各级共青团组织以深入实施"社区青少年远离毒品"行动为载体，以社区、法律、学校为依托，加强了对社区青少年的毒品预防教育。2007年12月29日的公布的《中华人民共和国禁毒法》第13条规定，教育行政部门、学校应当将禁毒知识纳入教育、教学内容，对学生进行禁毒宣传教育。

二、毒品预防学校教育的方式

学校在毒品预防教育中扮演着重要的角色。学校教育的责任并不仅仅是培养学生的健康行为以及减少毒品使用，更有培养技能、传授知识并且为树立与健康和毒品使用有关的价值观念打下坚实的基础的责任。同时，学校必须根据不同年龄阶段的学生的心理特点和学习特点，慎重选择教学内容并采用合适的教学方式，以期得到良好的教学效果。

目前我国中小学开展毒品预防教育的形式主要有四种，一是利用课余时间开展。例如，采用黑板报、校园广播进行宣传教育，组成学习小组进行讨论、座谈，利用共青团少先队活动时间进行学习，组织学生参观禁毒展览，参观强制戒毒所和观看禁毒影片等。二是纳入课堂教育主渠道进行。有的学校开设禁毒知识课程，安排课时上课，有的学校将禁毒知识穿插在德育、历史、语文、健康教育课程中讲授。三是结合普法教育，邀请禁毒民警、专家和相关部门人员开展禁毒专题讲座。四是让学生进行假设角色体验，学会拒绝毒品的方法，预防吸毒。

大学毒品预防教育的形式则与中小学预防教育的形式有所差别。由于大学生的思维活跃，有一定的专业知识储备，同时又具有一定的社会责任感。所以大学毒品预防教育的主要形式就是毒品滥用材料的收集与整理、禁毒素材及案例的分析、环境和媒体对毒品认识态度的影响分析、自觉参与社会公益性事业（如禁毒防艾宣传）的动力因素分析等。

一般来讲，根据学生认知水平的不同、年龄特征的不同、接受能力的不同，采取的预防教育模式也存在着差别。下面将从不同年龄阶段和不同认知水平来进行分别分析。

三、毒品预防学校教育的阶段及内容

（一）小学阶段毒品预防教育

小学生的学习特点主要有以下几点：一是学习目标的指向性不强。一般在老师的启发诱导下，小学生容易调动高度的探究热情，积极地想把某一个或几个方面的问题弄清楚，但学习目标缺乏指向性，不知道达到什么样的程度才算达到了目标。二是学习方法的科学性不足。由于小学生习以为常的是以"接受—记忆—发现"为特征的学习思考方式，与现实时代社会文化背景和研究性学习的要求有巨大差距。

针对小学生的学习特点，在指导小学生学习毒品预防知识时，应该基于以下几点来考虑：首先要诱发兴趣，重视参与，要坚持把毒品预防确立在学生的兴趣爱好之上，鼓励学生积极参与；其次，要提倡质疑，引导观察；最后要倡导合作，激发思维。

小学毒品预防教育应当包括的主要学习内容、态度、价值观及主要技能如下：

1. 主要学习内容

对生活中可能遇到的毒品进行介绍；毒品与药品的区别；药品的安全规则以及使用不当所带来的危险性；如何增强自己和他人的自信心和自尊心，如何关爱家庭及朋友；在自己遇到困难或烦恼时能提供帮助的人；了解有害物质进入人体内的途径；了解关于被动吸烟可能对健康造成的有害后果等。

2. 态度和价值观培养

态度的培养方面，主要包括但不局限于以下几个方面：珍爱个人的身体，承认每个人的个性；对各种药物和保健专业工作者采取理性的态度；对不吸烟、不喝酒的积极态度；对各种药物和其他保健品广告的批评性反应；对自信心的看法等。

3. 需要掌握的技能

在与他人打交道时表现出基本的领会和交流能力；建设性地表达个人见解并尊重他人的意见；有效地参与小组活动；认识有多种选择的各种情况并鉴别选择的后果；设定保护个人安全与健康的简便易行的目标；遵守简洁明了的安全须知，知道在什么情况下及如何向成年人或其他人（如警察或救助中心）求助等。

小学毒品预防教育的方式包括：课堂授课，包括专题讲座或报告会；大众媒体和视听手段；视觉读物；可视可听形式，包括电影、录像和计算机动画等；其他形式，如举办展览会，开展社会实践等。

通过小学毒品预防教育，可以让学生们明白常见毒品有哪些、毒品的危害，使学生珍视自己的身体，对药物和毒品采取负责任的态度，从而珍爱身体，远离毒品；培养学生基本的沟通能力和在相应的情况下如何向成年人或其他人（如警察或救护中心）求助的能力。

（二）初中阶段毒品预防教育

初中以及初中向高中过渡的时期，是学生的身心发展从童年期向青春期过渡的时期，既是掌握基础知识、基本技能的最佳时期，又是为今后发展创造条件的重要时期。影响初中阶段的非智力因素，主要有学习的习惯、兴趣、动机、情感和意志等。在毒品预防教育方面，教师与家长要注意经常帮助孩子排除干扰，引导他们形成良好的兴趣，明确学习目标，养成良好的学习习惯，树立正确的人生态度。

1. 初中阶段的学习内容

学校或社会上有关合法及非法药物的法律规章；在毒品预防的学习中，除了继续掌握毒品常识外，还要让他们认识到历史上毒品曾怎样使中国变得不堪一击，以形成积极拒绝毒品的态度；了解毒品可以改变人的行为方式和感觉的知识；吸烟和酗酒的后果；毒品类型、毒品使用者、毒品使用背景和情况；毒品对个人和社会的危害；毒品使用带来的各种疾病及有关的社会、感情、法律和经济代价等。

2. 态度和价值观培养

对自己的行为和安全负起责任；积极的自我形象。

3. 需要掌握的基本技能

能进行有效广泛的人际交往；对问题和危险有识别能力，并在坚定的价值观念基础上做出决定；能应对同学之间的影响，坚持主见；能判断毒品可能使用的情况，并果断做出决定；保持友谊，给予关爱，获得帮助等。

（三）高中阶段毒品预防教育

高中时期是个体身心两方面逐步走向成熟的时期，他们基本完成了人的社会化，并将取得公民的资格，预备投入社会生活，成为社会的正式成员。人生逐渐定向，个性基本成型，对未来充满憧憬和期望，即将进入人生最有意义和朝气的时期。这一时期，拥有良好的自我认知能力比拥有一定范围内的知识能力有更重要的作用。要发展学生正确的人生观和价值观，培养其形成优秀的品质。高中生已能在头脑中进行完全抽象的符号推导，并能运用辩证逻辑思维能力去解决各种问题。通过毒品预防教育，能使更多的青少年学生对烟酒、毒品的危害以及吸烟、酗酒和滥用违禁药品之间的关系多一些了解，帮助他们树立拒绝与烟酒接触，拒绝毒品的正确信念。

高中阶段学生对毒品有一定的了解，应当使他们认识到禁毒是每一位公民的责任，调动他们的积极性，使他们参与到禁毒当中去。高中毒品预防教育应当包含的主要学习内容、态度、价值观及主要技能如下：

1. 学习内容

自尊心，积极的自我认识和认同的重要性；各种相互关系中的权利和义务；毒品使用的戒除和替代概念；非法和违禁使用毒品的后果；毒品、毒品误用与滥用和毒品依赖性的定义；非法和违禁使用毒品的后果；不同生活背景和与毒品滥用的相互影响关系。

2. 培养的态度和价值观

在毒品问题上的一种价值观和根据这些价值观行事的信心；社会和文化以及对毒品看法的重要意义；对各种人的同感和接受；对自身健康保护和普遍健康保护的个人责任；个人对毒品的看法以及此种看法对决策的影响。

3. 应掌握的技能

与父母老师和同学进行建设性的沟通；在各种各样与健康有关的情况下，给予和获得关爱；确定个人健康的近期和长远目标；对各种压力有一定的应对能力；鉴别和评估个人风险并实践普遍保护；坚持主见，应对他人的影响；有效地与他人共事并处理好变化、失败和忧伤。

（四）大学阶段毒品及艾滋病预防教育

大学阶段，学生思维活跃，内心充满幻想，对未来踌躇满志，对社会有一定的责任心，但思想容易偏激，在进行毒品预防教育时，教师要注意引导，充分与学生交流。可以从学术角度来分析毒品问题，并让学生充分参与到禁毒工作中来。

1. 主要内容

社会责任感的重要性；毒品及毒品滥用的形势分析；获得毒品成瘾性的感性和理性认识；各种不同的背景和情况如何影响个人对毒品使用的价值观念、态度、看法和行为；媒体信息对个人健康行为和社会的影响；对政治经济和社会发展的理性认识。

2. 培养的态度和价值观

对禁毒工作的责任心；自愿参与社会性公益事业；自我意识与社会意识的内化、整合与平衡。

3. 应掌握的生活技能

具备冲突、侵犯、精神压力的疏导及时间管理能力；对待社会问题的看法有一定的建设性；顺利参与社会工作；运用人的全面发展理论并付诸实践。

在对大学生进行毒品预防教育的同时，还必须关注艾滋病预防教育。2021年底，中国疾控中心发布《中国疾控中心周报》围绕艾滋病共刊发4篇研究，在《我国HIV/AIDS流行病学研究进展》一文中提出，截至2020年底，中国共有105.3万人感染艾滋病病毒，累计报告死亡 35.1 万人。在中国，新发现的艾滋病病毒感染人数、诊断延误、主要人群的艾滋病病毒风险继续上升。数据还显示，异性恋和同性恋传播的比例分别从 2009 年的 48.3%和 9.1%，上升到 2020 年的 74.2%和 23.3%。而注射吸毒者传播艾滋病病毒的比例从 2009 年的 25.2%大幅下降到 2020 年的 2.5%以下。男同性行为者是感染艾滋病病毒的最高风险群体。

2021 年中国青少年艾滋病防治教育工程办公室、北京青爱教育基金会发布了《青爱工程"性教育防艾的社会疫苗"探索与实践》白书皮报告。报告分析称，目前，青年学生成为艾滋病病毒感染高发人群。数据显示，2020 年，全国新报告 15~24 岁青年学生病例近 3000 例，性传播占 98.6%。另外，2020 年新报告 15~24 岁青年学生病例中，男性同性传播占 81.7%，异性性传播占 16.9%。所以，对大学生进行毒品预防教育和艾滋病预防教育非常关键而重要。

四、毒品预防学校教育实训环节的设计与实施

根据中小学生、大学生的不同特点以及需要实现预防教育的不同目标，采用不同的毒品预防教育方案，从而可以达到不一样的教学效果。

小学阶段毒品预防教育方案设计

一、指导思想

为贯彻落实国家关于加强法制宣传教育及国务院关于在中小学生中开展预防毒品教育的要求和精神，结合各学校所处的环境形势的实际情况，必须加强对全校小学高年级学生毒品预防教育，使他们认识毒品、了解毒品的危害性，初步掌握预防毒品的方法与技能，并在此基础上做到"珍惜生命、远离毒品、拒绝毒品"。

二、主要工作目标

1. 认识毒品的种类，尤其是认识新出现的毒品。
2. 提高学生对毒品危害性的认识。
3. 初步掌握预防毒品的方法与技能。
4. 使学生做到自觉远离毒品。
5. 在校学生涉毒人员为零。
6. 使学生走向社会后也能自觉抵制毒害的侵蚀。

三、主要工作措施

1. 组织全体教师认真学习国家关于加强法制教育以及国务院关于毒品预防教育的要求的文件精神，并在此基础上深刻领会省、市、县禁毒委的相关文件精神，

提高全体教师对毒品预防教育的重要性的认识。

2.建立和完善毒品预防教育的领导和教学机构，成立以校长为组长，副校长为副组长的毒品预防教育领导小组，由教导主任为办公室主任负责具体的组织实施工作，为毒品预防教育提供制度保障。

3.学校各个部门及高年级教师要在毒品预防教育领导小组的指导下协调开展工作。

4.充分利用思想品德课、活动课、班队会和相关学科，对学生进行毒品知识和毒品危害性的教育。

5.与派出所联系，请辖区法制辅导员到校进行毒品预防专题教育讲座（报告），增强教育的实效性。

6.拟会同其他部门一起，积极整治学校周边的环境，净化学校周围的风气。

7.采取各种形式，开展丰富多彩的毒品预防专题教育活动。

8.学校期末做好毒品预防教育的总结、评选、表彰活动。

9.学校高年级每个教学班每学期至少要上一节关于毒品预防教育的主题班会或少先队队会，并认真做好记录。

10.条件许可时，组织学生到禁毒基地参观一次。

11.在6月份（6.26是禁毒日）各班出一期关于毒品预防教育的专题黑板报。

12.利用学校广播站和校园网等宣传阵地经常性地进行毒品预防教育宣传。

13.利用假期组织学生开展"三不"（不让毒品进校园、不让毒品进社区、不让毒品进我家）社会实践与问卷调查活动。

14.利用周一升旗仪式，举行"毒品预防专题教育"国旗下演讲。

中学阶段毒品预防教育方案设计

一、指导思想

以习近平新时代中国特色社会主义思想为指导，进一步加强学校毒品预防教育工作，增强广大学生的禁毒意识及自觉抵制毒品侵袭的能力，为青少年的健康成长营造良好的学习环境。

二、目的要求

1. 认真贯彻落实《中共中央国务院关于进一步加强和改进未成年人思想道德建设的若干意见》《国家禁毒委、中央综治办、教育部、共青团中央关于进一步加强中小学生毒品预防教育工作的通知》精神，充分发挥禁毒教育的主阵地作用，全面开展毒品预防专题教育。

2. 各学校根据学生的不同特点，分阶段开设禁毒课程，切实做到计划、教案、总结"三到位"，每学年不少于两课时，要在生命与健康、思想政治校本等相关课程中进行禁毒知识教育，开展丰富多彩的禁毒宣传和社会实践活动，使学生从小树立"珍爱生命、拒绝毒品"的意识。

三、主要工作

1. 确定以环境教育为核心，法制教育为龙头，心理教育、常规管理相配合的工作思路

（1）学校教育是一种特殊的教育，学生必须有一个良好的学习环境才能受到教育，没有一个让学生安心学习的氛围，学生的教育就无从谈起。我们要坚持向全校师生定期进行宣传，普及禁毒知识，向学生讲解毒品的危害等内容，开展预防毒品、禁止毒品入侵的专项宣传活动，把毒品预防知识灌输给每一个学生。

（2）利用班会课广泛开展宣传毒品预防知识，增强学生拒毒防毒的意识。

（3）在学校掀起毒品预防教育的高潮，组织看一场毒品预防教育专题片，听一场毒品预防教育专题报告，写一篇禁毒感想的文章，从而提高广大学生对毒品危害的认识，增强自觉抵御毒品的能力，校园内形成一个人人防毒、拒毒的良好氛围。

2. 加强宣传，为开展毒品预防教育工作创造良好条件

与综治办、派出所等各部门的组织联系，聘请相关专业人员来校授课，开展小手拉大手的活动，加强学校与家长的沟通联系，让学生与家长联系起来，共同努力，构筑防毒拒毒的钢铁长城。

3. 开展丰富多彩的毒品预防系列教育活动

主要做到四个方面：

一是看。组织全校各班定期出好禁毒专题黑板报、手抄报，利用校园广播站宣传毒品预防教育知识，让学生了解毒品的危害。

二是读。组织学生阅读禁毒知识相关的报纸、杂志。

三是听。各班利用国旗下讲话、朝会和班队活动时间，进行禁毒教育。邀请相关部门领导以案例分析的形式作法制教育报告会。

四是讲。各班级召开以"珍爱生命，拒绝毒品"为主题的班会，学校举办"远离毒品"演讲比赛。

大学阶段毒品预防教育方案设计

一、指导思想

以习近平新时代中国特色社会主义思想为指导，把握国家相关部门关于禁毒防艾的文件精神，在大学生中开展禁毒防艾宣传教育，使学生自觉抵制毒品、防止艾

滋病的传染和蔓延，为和谐社会和谐校园的建设贡献力量。

二、目的要求

使学生加深对毒品预防教育知识的理解，掌握禁毒防艾预防教育方案设计的基本技能，具备毒品预防教育方案设计和实施的能力。

三、教学模式及主要工作

1. 开展毒品预防教育教学的选修课，大一、大二或者大三学生均可以从自己的选课系统进入学校的教学系统，选修本门课程。按照开班规模，大班型选修课需要120人为一个班级，如果选修人数超出较多，则可以分班开课。

2. 毒品预防教育的选修课设计教学时长为18学时，可以采用班级式集中讲授、案例分析式、情景模拟式及社会实践型教学模式。

四、教学内容

1.毒品的基本知识、毒品与药品的辩证性关系。

2.毒品的危害性及其原因，包括毒品成瘾的原因分析、毒品蔓延的社会性根源分析、毒品对社会的危害性分析。

3.毒品的检验检测方法，包括毒品的表观识别、毒品的定性分析方法、毒品的定性定量分析方法及其原理。

4.毒品预防与戒毒治疗，包括毒品预防的种类和方法，分析各个预防措施的利弊，综合利用使毒品预防的教育效果最大。戒毒治疗是对于吸毒者的有效挽救手段，教导学生明白戒毒治疗的原理、用药措施、后续坚持等在脱毒方面的作用。

5.禁毒法律法规的学习及理解。

6.禁毒案件的案例分析，禁毒防艾活动设计与效果评判。通过以上毒品基本知识的学习及禁毒法律法规的学习，分析制贩毒案件中的各种违法犯罪行为，与禁毒法律法规相联系。积极设计禁毒防艾宣传活动新的方式方法，使宣传教育效果更加明显。

五、培养的素质、能力和态度

1.对禁毒工作的责任心和社会责任感：通过对毒品危害性的深刻认识，理解并践行毒品预防教育的各种形式，增强对国家禁毒行动的理解和支持。

2.丰富自身禁毒知识，自愿参与社会性公益事业：对毒品的危害性及毒品与艾滋病之间的关系进行探究，深刻认识到自己作为一个大学生必须自觉参与禁毒防艾宣传活动，以提升社会民众的禁毒防艾意识，为和谐社会构建贡献自身力量。

3.自我意识与社会意识的内化、整合与平衡：通过学习，提升自我禁毒意识，并在此基础上帮助同学、家庭成员、社区群众理解和掌握毒品的危害及禁毒的意义、远离毒品的措施与方法；可以采用宣传栏目、专题演讲等形式提升社会对禁毒防艾的认识，使社会大众能整体提升禁毒意识的层次。

4.对待毒品及艾滋病等社会问题的看法有一定建设性：通过文献查阅及整合，能根据具体事例分析毒品泛滥与艾滋病多发之间的关系，从不同途径引导大学生及社会人员洁身自好，远离毒品和艾滋。

5.能采用所学的知识及人的全面发展理论分析毒品预防教育的意义并付诸实践。

思考题

1. 根据学生的年龄、知识水平和认知水平的不同，设计不同的毒品预防教育方案，非常有利于学生对毒品危害性的认识，使之远离毒品。假如你是一个中小学教师，你将从哪些方面来设计课程方案，来强化学生远离毒品的意识，达到本课程的教学效果？

2. 通过本部分的学习，作为一个有社会责任心的大学生，积极参与禁毒防艾宣传教育活动是假期社会实践的一个重要组成部分。你将准备通过哪些形式提高人们对禁毒防艾的重要性的认识？

3. 试查阅文献，写一篇关于毒品预防教育与学生心智关系的小论文。（论文格式要求：题目、摘要、关键词、论文主体、参考文献等部分必须具备）。

第四节　毒品预防家庭教育

一、家庭教育概述

（一）家庭的概念及作用

家庭是由婚姻、血缘或收养关系所组成的社会组织的基本单位。家庭是社会的最小的基本组成单位，是社会的细胞，也是个体存在的最基本的社会环境。家庭关系是初级生活圈中最深刻、最直接、最重要的人类关系，家庭成员之间的亲密程度是任何社会团体都无法比拟的。

家庭是个人与社会的中介。家庭对于社会和个人都具有稳定、持久和连续的作用。家庭贯穿于一个人生活的始终。而家庭的影响对个体的形成也起着十分重要的作用。家庭以婚姻、血缘为纽带，将全体家庭成员联系在一起，能够满足个体从物质消费到精神交流的多方面的需要，这种以感情生活为基础的生活环境，是任何社会环境都取代不了的。正是因为家庭在个人成长过程中的重要作用，故家庭毒品预防教育对于个人自觉抵制并远离毒品以及吸毒后成功戒除毒品并回归社会，是非常重要的环节，并有着非常突出的意义。

（二）容易产生毒品问题的家庭

家庭有广义和狭义之区分，狭义是指一夫一妻制构成的单元，广义的则泛指人类进化的不同阶段的各种家庭利益集团，即家族。家庭的和谐及正确引导是一个人成功的前提，同样一个家庭或家族的教育理念则会直接影响个人的价值取向和人生发展。

研究表明，85%以上的人吸毒都是家庭不和或事业不顺引起的。同时，从禁毒案例上看到，青少年走上毒品犯罪的道路并不是偶然的，更不是孤立的，这与他们早期所处的环境、所受的教育有直接的关系。

家庭矛盾的长期存在和激化，是导致家庭成员吸毒的直接原因。家庭矛盾一旦激化，往往严重伤害彼此间的感情，使家庭成员出现沮丧、懊恼、怨恨等情绪。另外，家庭教育方法不正确也是导致家庭成员吸毒的一个原因。父母离异、家庭解体，尤其是父母离异后对子女漠不关心、放任自流，会使一些青少年因失去家庭的温暖而产生自卑、孤独、怨恨的心理而吸毒。而对儿童行为疏于管理也会使其缺乏学习社交技巧的机会。一般来说家庭环境混乱和家庭生活没有章法，是导致药物滥用的主要危险因素。所以问题青少年多与家庭不良的教育方式有关，一般来说，容易产生毒品问题的家庭的教育方式主要有以下几种类型。

1. 溺爱型

溺爱型的家庭教育是造成青少年染上毒品的一个关键因素。父母对子女的爱心，应该说是世界上最可贵的一种情感。然而爱之过头，将变为溺爱，即过分地满足孩子的任何需要。溺爱主要有三种形式：首先是"过多"以及不明白多少才足够；其次是"过度关注"，父母给予孩子过多关注，允许孩子只顾及自己，不考虑他人的感受；父母不曾对孩子制定行为规则（必须遵循的行为准则），不坚持让其学习生活技能，不强调其行为对家庭和社会的影响。生活在溺爱环境中的孩子日久天长会变得任性自傲，自私自利，事事依赖，唯我独尊。所有家庭成员都以其为中心，使其蛮横任性、心胸狭窄、缺少社会责任感和义务感。这些环境中长大的孩子，走向社会后不懂得与他人友好相处，难以适应社会竞争，承受挫折能力弱，一旦遇到毒贩，极易染上毒品而麻醉自己。

2. 粗暴型

中国有句古话"棍棒之下出孝子"或者"不打不骂不成人"。其实，这属于家教误区中的一类——粗暴型家教，其表现为教育孩子时粗暴鲁莽，过分干涉，过高期望。性格懦弱的孩子常会形成表里不一、虚伪做作、内心残忍的双重性格；而性格倔强的孩子，会使其自尊心受创，家庭缺少温情，从而激化其青春期后逆反心理，易产生摆脱家庭的倾向，易被犯罪分子引诱和利用而走向犯罪。

3. 放任型

放任型家庭对孩子的行为和学习不感兴趣，不关心和很少管孩子，"小时候交给保姆和祖辈、上学了交给老师，长大了交给社会"。在这种环境中长大的孩子往往对事情没有责任心，行为放纵，他们一些不良的个性与态度会影响他们的学业，影响其心理健康发育和健全性格的形成。不管怎样，对孩子的放任，其消极影响是极大的，不少青少年正是因父母未能及时觉察和进行引导而走向犯罪道路的。

4. 矛盾型

矛盾型教育是指父母对孩子的教育态度、期望相互矛盾，口径不一致，甚至反复无常。在此种教育模式下，孩子会感到无所适从或有恃无恐，会助长他的不良行为或者两面讨好的性格，对其健康人格的形成极为不利。此种环境长大的孩子一旦有机会接触毒品犯罪分子，会因无法辨清是非而走向犯罪道路。

家庭教育是一切教育的基础。一个人从出生起，就在家庭这一特定的社会环境中生活成长，所以家庭是未成年人社会化的第一且最重要的场所。家庭教育的优势在于它的权威性、巨大的感染力、强烈的针对性、教育上的连续性、明显的继承性、教育方式方法的灵活性等特点。所以开展禁毒教育，必须从家庭这个基本的社会细胞做起。

（三）家庭教育的重要作用和意义

家庭教育，是指父母或者其他监护人为促进未成年人全面健康成长，对其实施的道德品质、身体素质、生活技能、文化修养、行为习惯等方面的培育、引导和影响的教育活动。按照2022年1月1日颁布实行的《中华人民共和国家庭教育促进法》，家庭教育以立德树人为根本任务，培育和践行社会主义核心价值观，弘扬中华民族优秀传统文化、革命文化、社会主义先进文化，促进未成年人健康成长。在家庭教育中，家长或监护人有对未成年人进行关爱和教育的责任。

在家庭教育中，必须关注并尊重未成年人的隐私权和个人隐私，尊重未成年子女的人格尊严和合法权益，尊重未成年人的身心发展规律和个性特点，采取适合的方法来对未成年子女进行教育。

（四）家庭教育的主要内容和方式

未成年人的父母或者其他监护人应当针对不同年龄段未成年人的身心发展特点，以下列内容为指引，开展家庭教育。家庭教育的主要内容包括以下几个方面：①作为中华民族的一分子，必须首先教育未成年人建立爱国、爱人民、爱集体、爱党、爱社会主义的意识，并从中华传统文化中汲取精华，建立中华民族共同体意识，培养家国情怀。只有在未成年人的教育中，始终贯穿爱国主义教育，并树立中华民族的民族自豪感，才能打好一个人成长的基础。②教育未成年人崇德向善、尊老爱幼、热爱家庭、勤俭节约、团结互助、诚信友爱、遵纪守法，培养其良好的社会公德、家庭美德、个人品德意识和法治意识。每个人成长的第一环境就是家庭，家长的行为和处事方式将会对未成年人产生潜移默化的影响，故在对未成年人进行教育时，要特别注意身教重于言教，这也对家长的行为有着严格要求。教育未成年人遵纪守法，树立正确的法治意识，让未成年人在成长过程中遇到"界限"问题时有合理合法的判断。③帮助未成年人树立正确的成才观，引导其培养广泛的兴趣爱好、健康的审美追求和良好的学习习惯，增强科学探索精神、创新意识和能力。每个人都希望成功，而成功必须伴随着付出和追求，树立正确的成才观和使用正确的成才手段正是成功的前提，所以作为家长或监护人,培养未成年人的学习习惯和探索意识是非常必要的。④培养未成年人良好的生活习惯和行为习惯,并关注其心理健康,教导其珍爱生命,对其进行交通出行、健康上网和防欺凌、防溺水、防诈骗、防拐卖、防性侵等方面的安全知识教育,帮助其掌握安全知识和技能,增强其自我保护的意识和能力。未成年人必须要有良好的生活习惯,才能形成健康的体格,而优良的行为习惯的形成与家长的以身作则和言语教育直接相关。另外,由于未成年人的社会阅历有限,且安全意识不强,故家长必须对其在交通出行、社会交往等方面予以监控和引导,使其在正确的轨道上前进。⑤关注未成年人的生理、心理、智力发展状况,尊重其参与相关家庭事务和发表意见的权利。重视未成年人的心理健康和行为,对心理健康问题或异常行为产生的原因进行分析,找出症结,从而为未成年人的健康成长和发展提供保证。

家庭教育的实施方式,一般需要注意以下几个方面:①注重潜移默化和严慈相济的教育方法,在未成年人成长的过程中,身教总是重于言教,家庭成员或家长的行为模式将会对未成年人的成长带来潜移默化的影响。作为家长或监护人,严慈相济是必须遵循的基本原则,既要让家庭成员感受到爱和关注,也要注意爱的方式和尺度,不要用溺爱代替正常的教育。②注重家庭成员的陪伴,用心去感受未成年人成长过程中的烦恼,教会其用合适的方法予以纾解。家长的陪伴和教育是未成年人成长过程中非常重要的一环,其成长过程中遇到的相关烦恼需要有倾吐对象和纾解措施,而家长这一角色则是没有其他人能够替代的。③根据未成年人的特征,尊重差异和平等相待,对未成年人进行科学引导,使其全面发展、健康成长。不同的孩子具有不同的性格,特长也具有明显的差异,在平等沟通交流的基础上,建立个性化的教育方案,才能起到良好的教育效果。

从前文对容易产生毒品问题的家庭的分析来看,对于青少年的教育必须坚持家长与未成年人共同成长、共同进步,只有掌握了适当的教育方法,才能科学引导,使其健康成长,远离毒品。

二、毒品预防家庭教育的主要内容、目的和意义

(一)毒品预防家庭教育的含义和特征

毒品预防家庭教育就是利用家庭作为教育载体,在家庭生活背景下,利用家庭的各种社会功能作用,整合家庭内外教育资源,使家族成员潜移默化地获得毒品预防知识,提高家庭成员拒绝毒品的意识和拒绝毒品的能力,实现远离毒品和远离毒品危害的目标。

毒品预防家庭教育有两大特征,一是以家庭作为教育载体,只要家庭成员存在联络和交流,不受时间空间限制,就可以将毒品预防教育融入家庭生活当中。二是家庭预防教育可以运用多种手段,并不局限于传统意义上的教育,涉及社会生活的方方面面,包括人们所需的基本生活资料,精神世界的经济意识和社会意识等。

家庭中可能导致儿童和年轻人滥用药物的主要因素,同时也是可能导致年轻人产生其他问题行为的因素,因此,预防药物滥用也会对其他风险行为产生有益的影响。从家庭环境来看,可能导致青少年药物滥用的主要因素有:缺乏亲密关系,与父母的关系不稳定;与提供照顾的成年人缺乏深切的关系;家庭教育不得力;家庭环境混乱;父母或兄弟姊妹滥用药物、

患有心理疾病或参与犯罪行为；与社会隔绝。由以上主要影响因素可以看出，家庭中家长对子女实行科学的家庭教育，努力培养子女形成良好的品德、健全的人格，使其树立正确的人生观、价值观和道德观，能养成良好的个性品质，可以防止吸毒等违法犯罪行为的发生。

（二）毒品预防家庭教育的主要内容

毒品预防家庭教育的主要内容有信息方案、家庭技能训练方案和父母支持群体方案。

信息方案是为父母提供毒品使用危害的基本信息的一种方案。这种方案的核心是让家长本身深刻认识到毒品的危害并了解年轻人首次吸毒的原因，善于抓住孩子可能走上邪路的各个时期的教育方式和策略。家长基于对毒品的认识以及对孩子成长过程中的关键期的心理及生理、性格形成的特征的深入理解，而建立良好的相互信任的家庭关系，合理掌握并运用解决问题的技巧和方法，加强家庭亲子关系的亲密度，注重家庭价值观念并表达期望，加强家庭的监督和监控。

家庭技能训练方案一般是为了加强家庭的保护因素，通过在社区中定期举办会议的方式加强家庭成员间的沟通信任，使父母掌握并运用解决问题的技巧和解决冲突的方法，让父母和子女有机会以积极的方式相处，加强父母和子女之间的亲密关系和感情。在此方案中，家庭成员作为一个整体检视、讨论和面对关于毒品使用的问题。通过改善家庭成员之间的交流情况，协调家庭行动，改变家庭成员对毒品的认识和态度，改变子女的实际行为，进而使其滥用药物的可能性降低。

父母支持群体方案是家庭技能训练的附加系统，通过父母群体定期集会的方式讨论问题的解决办法、做父母的技巧以及他们对问题的认识而采取的行动等，为父母群体提供交流和沟通的机会和媒介的一种方案。通过交流与沟通，集思广益，相互借鉴，找到解决问题的最有效最直接的途径。

三、毒品预防家庭教育方案——建设"无毒家庭"

在毒品预防家庭教育中，无毒家庭是首选的预防教育方案。大量的研究及案例证明，家庭对孩子的人格塑造、良好的品德及行为习惯的养成等，都起着极其重要的作用。如果父母给孩子以良好的教育和成长环境，注重培养孩子的健全人格和优良品行，对不良行为及时预防和矫正，就会预防和减少未成年人毒品犯罪的发生。

"无毒家庭"是指无吸毒、无贩毒、无制毒的家庭。毒品预防中的家庭方案的核心就是创建无毒家庭，创建无毒家庭主要是家长针对家庭成员进行预防毒品、拒绝毒品的教育。以禁吸戒毒为工作重点，充分发挥家庭的社会化及情感教育等多项功能，把禁吸、禁贩、禁制、禁种工作的各项目标、任务、措施与社区、学校等结合起来，以达到禁绝毒品的目的。

（一）无毒家庭建设的深层次原因和意义

创建"无毒家庭"对防止初次吸毒具有重要意义。现在社会竞争激烈，家长对孩子总是寄予过高期望，不是过分溺爱就是给孩子增加压力，使得孩子与家长之间很少有心灵沟通。

过高的期望、缺少沟通再加上过度的溺爱，使得孩子出现不良性格倾向，出现溺爱型、放任型、矛盾型的异化人格，从而容易走极端，行为容易出轨，甚至出现吸毒的行为。

创建"无毒家庭"在戒毒后预防复吸过程中也存在重要意义。吸毒成瘾是一种心理和生理叠加的双重疾病，而且吸毒者逃避戒毒往往是为了体验毒品所产生的愉悦感受，所以对于戒毒者来讲，戒除心瘾比生理脱瘾更加重要。首先，戒除毒瘾过程中的家庭包容和接受是家庭外任何力量都不能超越的。另外，戒毒人员的生活环境和思想动态也是促成其复吸的关键因素，家庭成员是最能有效阻止吸毒者复吸的人，家庭成员之间的不离不弃和宽容理解，才能使吸毒者拒绝诱惑，从心灵上真正抗拒毒品，并获得新生。其次，对吸毒者进行心理疏导，使得其明白人生还是充满希望，远离昔日"毒友"，增强社会责任感和家庭责任感，不要因一时的错误就对生命和生活绝望，使其树立"重新做人"的人生目标。

（二）无毒家庭的建设方法

和谐温暖的家庭关系及良好的亲子关系是预防青少年沾染毒瘾的最有效方法，而无毒家庭的建设不仅需要家庭成员之间的关爱、健全稳定的家庭结构，还需要家庭成员特别是家长掌握科学的家庭教育知识。根据长期以来无毒家庭建设的经验，可从以下几个方面进行建设。

1. 注意吸收当前无毒家庭建设的实践经验

对于不同性格的孩子，家长应注重因材施教。性格内向的孩子，父母要注意其言行的细微变化，增加交流与沟通的机会；性格外向的孩子，则要对其正面引导，以身作则，在沟通中教会孩子学会抵制诱惑（好奇心和反抗心理是一些孩子走入毒品陷阱的一个因素）；家长在教育中注意让孩子多学习用正确的方式满足自我实践成就的需要，并控制自己的好奇心，学会跟父母一起探寻答案，不盲目地、不负责地做出举动；父母对孩子的管教态度要一致，以身作则，不滥用药物，多关心子女健康问题；教育孩子学会善恶识别，学会拒绝诱惑和教唆的原则和方法；教会孩子正确发泄情绪的方法，培养子女健康的兴趣爱好以及排遣情绪的方法。

2. 家庭的健全和稳定是影响未成年子女身心健康成长和未成年子女实现社会化的必要基础

在实际的青少年涉毒案件中，很多染上毒瘾的青少年都是因为父母离异，缺乏关爱而导致的。在缺少关爱的环境下成长的青少年，不仅心灵蒙受重伤，而且还承受着传统文化对破裂家庭的偏见，极易产生不健康的心理和不友好的交友环境，逐渐由自尊心受到伤害到丧失自尊心，甚至走上犯罪道路。所以，维护家庭的稳定是预防青少年吸毒和涉毒的重要环节。

3. 学会科学的家庭教育

第一，要想给孩子更好的教育，家长必须做好"人师"，而做好"人师"的前提是家长必须在孩子成长的不同时期，及时参与孩子思想的启蒙教育，并着力培养孩子的独立意识和承担意识，不能以不懂如何采取教育方式而放弃对孩子的教育，放任自流。诸多事实表明，孩子成长期，缺少相关的道德知识和思想理论基础，不能正确地评判行为后果，最后将会容易成为劣迹斑斑的人。

第二，言传身教，树立榜样。在家庭的教育中，身教总是重于言教，身教是最有影响力的隐性教育。在家庭中对子女进行教育和学校对学生的教育有着很大的不同。作为家长要时刻给子女树立榜样，进行身教，让子女在"临摹复制"中更自然、更快捷、更有效地掌握道德行为和规范，先知道哪些是应该做的，哪些是不该做的，并通过以后的学习逐渐认识和理解为什么该做，为什么不该做。如果教育子女应该怎么做，自己却反其道而行之，见利就要、得贪则贪、不顾社会公德、不惧损人利己，这类家长的教育失败就在于言传和身教的相脱节和相背离。故言传身教、言行一致是在家庭教育中对家长提出的最基本的要求，也是家庭教育中的最有效方法。

第三，正确引导，养成习惯。由于社会阅历的不足，子女作为未成年人在认知水平和道德能力方面有不足之处。给予子女正确的引导和帮助，使其形成良好的行为习惯，在子女的成长中显得尤其重要。未成年人在思维类型上是由具体形象思维向抽象逻辑思维过渡，在生理上处于青春发育期，在心理上逐渐走向成熟，家长的正确引导和指导能够帮助未成年人顺利度过此转型期，形成良好的意识品质和道德行为。

第四，防微杜渐，及时纠偏。冰冻三尺非一日之寒，未成年人的不良习惯、劣迹行为和不健康思想也并非一朝一夕所形成的。每个人在成长过程中都会做一些好事，也会做一些坏事。对于子女所做的好事家长应该及时予以肯定和表扬，而对于子女所做的坏事家长应该及时采取措施，对其进行必要的教育，子女在这些表扬和批评的过程中获得的快乐和痛苦的情感体验，以此来规范自身道德行为习惯，增强道德意识和底线意识，自觉抵制不良习气。当然，防微杜渐不是事事干涉，而是要通过多方面的观察和了解，对存在的问题进行分析和判断，提出有效的改进措施。

第五，造就三观，努力实践。社会道德水平的高低不仅与各个历史时期向大众提出的整体性的道德要求有直接的关系，而且与每个人的道德行为直接相关。青少年的道德教育工作能力不能仅仅依靠学校，学校道德教育只能起到其中很小一部分的作用，更多的动力来自社会和家庭。在实践中，家长应配合学校教育，并以"三生教育"作为配合学校教育的切入点，对子女进行科学的家庭教育，以包容的心态教育孩子，注意感化教育、细节教育，使孩子在不知不觉中养成良好的生活习惯，形成良好的个性品质，树立正确的"三观"，正确对待人生，遇挫折不气馁，遇成功不骄傲。而在现实生活中，我们有很多家长却恰恰忽视子女的道德实践，对子女所做的好人好事，或是视而不见，或是泼冷水，或是以一种成人化的观点加以阻挠，使子女茫然无所适从，逐渐对他人漠不关心，进而自私、冷酷，甚至损人利己、违法乱纪。换言之，家长的这种狭隘的、片面的、行为最终将可能导致自己的子女成了"危险品"。

思考题

1.在家庭毒品预防教育中，为什么家长的行为对子女的教育有着非常重要的影响？试以小组为单位，从家长的行为方式、教育水平和待人接物方面予以讨论。

2.查询文献，写一篇1500字左右的小论文，试从家庭的稳定及家庭关系上探讨家庭对子女成长过程的影响。论文格式要求：必须包含题目、摘要、关键词、正文和结论、参考文献等部分。

3.对无毒家庭的创建对青少年成长过程中有效规避毒品的作用进行探究。

4.有一句话"慈母多败儿"，试从毒品预防角度和家长对孩子的教育方面分析此话的现实意义。

第五节 毒品预防社区教育

社区环境对社区成员有极大影响，不论男女老少、职务高低、有业无业，都会受到这个特定环境的条件、风气和习俗的影响，社会治安更是关系到社区成员能否安居乐业的一个重要因素。社区成员之间一般都有一定的了解，为共同防止某些不良行为创造了有利条件。我国的社区预防能力非常薄弱，因此要加强社区控制，使社区和基层单位担负起预防吸毒的责任，把预防的各项措施落实到社区和每个基层单位，大力开展创建无毒乡镇、无毒街道、无毒小区的活动。预防吸毒还要充分发挥居委会、治保会和治安积极分子的作用，在做好帮教工作的同时，加强禁毒宣传和法制教育，逐步增强社区预防吸毒的能力。

一、社区的含义和分类

在现实生活中，人们在一定的群体和组织中从事各种活动，人们的社会活动总离不开一定的地域空间。在这个地域空间内，人们相互依赖，相互影响，共同生存和发展，这种因一定的地域关系而结成的社会共同体，就是社会学上的社区。

（一）社区的概念及特点

"社区"一词源于拉丁语，意思是共同的东西和亲密伙伴关系。首次将社区一词用于社会学研究的，是德国社会学家滕尼斯。他于1887年出版了《社区与社会》，在此书中首次提出了"社区"一词，用来表示有共同价值观念的同质人口组成的密切、守望相助、存在一种人情味的社会关系的社会团体。

滕尼斯提出"社区"一词以后，随着西方工业化和城市化的发展，人们纷纷涌进城市，许多传统的东西被打破，城市人口高度流动性和异质性，使得人际关系淡化。这种情况使得城市居民越来越远离滕尼斯所设想的"社区"，人们使用社区这一概念时赋予了它许多新的含义，正是由于理解和认识上的不同，社会学界对社区概念的定义也意见纷呈，莫衷一是。

2000年11月3日，中共中央办公厅，国务院办公厅转发了《民政部关于在全国推进城市社区建设的意见》，其中指出"社区是指聚居在一定地域范围内的人们所组成的社会生活共同体"。同时该文件还明确指出了城市社区的范围，"目前城区社区的范围一般是指经过社区改革后作了规模调整的居民委员会的辖区"，这是我国在社区建设中提出的，具有很强操作性的关于社区的概念。综合多种解释，我们将社区定义为：社区是指一定数量居民组成的，具有内在互动关系和文化维系力的地域性的生活共同体。

一般社区具有下列4个特点：强调了居住在社区内的居民是社区人口的主体，这也使社区得以保持相对稳定的人力资源；强调居民之间在居住环境、卫生文化活动、教育治安和社区参与等方面的互动关系；强调了文化维系力的作用，即居民之间因相同的利益和社会分层而导致的社区的认同感和归属感；强调了地域共同和地缘关系的特征。

从中国的实际情况看，社区一般是聚集在一定地域范围内的社会群体或社会组织，根据一套规范和制度结合而成的社会实体，是一地域社会生活共同体，每个成员均由家庭、近邻而融入更大的社区。

（二）社区的分类

不管如何定义社区，不外有两大类：一类从功能观点出发，认为社区是需求相关联的人组成的社会团体。另一类则从地域观点出发，认为社区是一个地区内共同生活的有组织的人群。随着人类认识的深化，社区概念的内涵被逐步固定在"地域性社会共同体"范围之内。

只要具备社区的要素，任何地域性社会实体都可以成为社区。然而社区是有差异的，这些差异是我们对社区进行分类的标准。由于确定的分类标准不同，选择的角度不同，采取的方法不同，社区可以划分为不同类型。

第一，按社区功能分类。根据社区对社会所发生的功能，可以将社区划分为经济社区、政治社区、文化社区、商业社区、军事社区、特殊社区等。经济社区又可以根据社区从事经济活动种类的不同划分为农业社区、工业社区、林业社区、服务性社区等。不同功能的社区，他们的活动内容和表现形式也不同。

第二，按社会内部组织分类。按社会内部组织，将社区分为整体社区和局部社区。整体社区是指具有相对独立意义，具备社会生活所包括的基本方面，比较完整的社区。如果一个社区既有供人们进行生产活动的设施，又有供人们进行政治、文化活动以及其他社会生活各方面所需要的设施，大多数社区成员可以在本社区内从事生产、生活等基本社会活动，这样的社区就是整体社区。整体社区的一部分就是局部社区，如城市的一个街道或居民住宅区，尽管也有生活服务设施，如街道办事处、社区中心和居民委员会等组织，但社区大部分成员要到社区以外从事生产和其他活动。

第三，按社区的形成方式分类。社区有自然形成的，也有人为规定的。按社区形成的形式可以把社区划分为自然社区和法定社区。自然社区是指以自然居住群体的形成发展来确定的社区，农村中的自然村落，居民世代繁衍，自成一体，成为共同生活体。法定社区是以行政管理的权力范围来确定的社区，如乡、镇、县、市或城市中的街道办事处、居民委员会等因行政区划而形成的社区，其边界的划定主要是出于管理的需要和便利。自然社区和法定社区有时是重合的，有时是不重合的。

第四，按社区的多元综合标准分类。社会学对社区的研究，根据不同的需要，可以对社区做不同的区分，一般根据社区的内部结构和外部特征，即社区的经济结构、人口密度、人口聚集规模等综合标准，把社区划分为农村社区和城市社区。这两类社区虽有各自不同的发展历史，各自的区位机构、社区风格，显示出不同的特点，但他们普遍存在于各个国家、各个民族之中，是人类生活最基本的场所和环境。

城市社区，其主要特点：一是人口集中，异质性强；二是经济和其他活动频繁；三是具有各种复杂的制度、信仰、语言和多样化的生活方式；四是具有结构复杂的各种群体和政治团体；五是家庭的规模和职能缩小，血缘关系淡化，人际关系松散；六是思想、政治、文化相对发达。

农村社区是指居民以从事农业生产为主要谋生手段的区域社会，它有别于城市社区的主要特点有：一是人口密度低，同质性强，缺少流动；二是经济活动简单；三是风俗习惯和生活方式等受传统势力影响较大；四是组织结构简单，职业分工远不如城市复杂；五是家庭生活起着重要作用，血缘关系浓厚，人际关系密切。

小城镇社区，是一种比农村社区高一层次的社会实体的存在。这种社会实体是以一批并不从事农业生产的人口为主体组织的社区。无论从地域、人口、经济、环境的因素看，它既有与农村社区相异的特点，又都与周围的农村保持着不可缺少的联系。小城镇是前两种社区的过渡形式，具有纽带和桥梁的功能。

二、毒品预防社区教育概述

（一）毒品预防社区教育的概念

毒品预防社区教育，就是在党和政府的领导下，以社区为主体，依靠社会力量，利用社区资源，强化社区功能，并通过各种途径让社区居民了解和认识造成毒品问题的基本因素和有关知识，揭示毒品对个人、家庭、社会的巨大危害，提高全民尤其是青少年认知毒品、拒绝毒品的能力，从而构筑全社会防范毒品的有效体系，达到解决社区毒品问题的目的。

毒品预防社区教育的内容：禁毒历史、毒品知识、毒品危害；国家禁毒方针，禁毒法律法规及对毒品违法犯罪活动的处罚；社区卫生、戒毒知识、戒毒的原理及戒毒机构介绍等；社区禁毒文化，主要包括社区禁毒文化宣传、教育、科普、体育、娱乐等活动；社区毒品预防知识，包括了解掌握一定的识毒、防毒、拒毒的策略和技能，提高防毒意识。

（二）毒品预防社区教育的目的

首先，社区的凝聚和同化功能，可以使社区成员自觉抵制不良文化的侵蚀，减少吸毒行为的发生。生活在一定地域范围内的社区成员都会因为所处文化的共同性和相似性而在彼此间存在的认同感和归属感，这使得来自不同阶层的社区成员会因受同一种主流文化的影响而凝聚在一起，可以帮助社区成员自觉抵御不良文化的侵蚀，减少其吸毒的可能性。

其次，社区的规范功能可以约束社区成员的不良行为。社区居民所认同的社区行为准则，或以法律规范的形式或以社会道德准则的形式，在不同程度上约束和制约着社区的各个层面，减少吸毒行为的发生。

再次，社区的社会控制功能有利于控制潜在的和现实的吸毒行为。社区拥有一套行政管理与社区组织相结合的社会控制体系及运作机制，能有效预防制毒、贩毒、吸毒行为。

最后，社区的社会支持功能对戒毒有着更为积极的意义。在社区戒毒工作中，需要对吸毒者的行为进行控制，更需要增强或提高戒毒者个人能力、信心及意识，加强其戒毒动机。

社区的社会支持功能能够强化其戒毒动力,坚定戒毒信心,使其完成戒毒行为。

(三)毒品预防社区教育的意义

社区是人们日常生活和相互沟通的场所,是物质文明、精神文明和政治文明建设的重要阵地,也是毒品预防的前沿阵地。社区毒品预防的意义主要体现在以下三个方面:

1. 社区是发现涉毒人员的主要场所

涉毒人员包括外来涉毒人员,作为社会成员他们必定常住或借住在社区的某个居所,并且大多在居所中进行毒品交易和吸毒,如果社区防控机制严密,落实监控力量,就能及时发现涉毒人员,采取打击、戒毒等措施。

2. 社区是吸毒人员戒断的后续场所

吸毒人员经戒毒所药物治疗戒毒后,回到社区还要经历漫长艰难的"心理戒断"阶段。如果社区组织对其落实了帮教措施,继续加强心理矫正治疗、社会管理和控制工作,可以提高吸毒人员的戒断率,减少复吸率。

3. 社区是营造禁毒氛围的主阵地

社区组织通过开展形式多样的禁毒宣传教育,营造浓厚的禁毒氛围,使广大居民充分认识到吸毒的危害性,自觉远离毒品;并共同参与禁毒斗争,使吸毒、贩毒等违法犯罪行为成为人人喊打的"过街老鼠",真正构筑起"不让毒品进社区"的铜墙铁壁,那么必将有效地预防和减少社区涉毒案件的发生,以"小胜积大胜"促进整个社区毒品预防工作。

三、毒品预防社区教育方案——创建"无毒社区"

创建"无毒社区"是国家禁毒委在总结我国多年禁毒斗争历史经验基础上作出的重大决策。"无毒社区",是指"无吸毒、无贩毒,无制毒、无种毒"的"四无"型社区。创建"无毒社区"活动就是以禁吸、戒毒工作为重点,把禁吸、禁贩、禁种、禁制工作的各项目标任务措施和责任落实到社区党委政府、各职能部门和村(居)委会、公安派出所等基层组织,使政府部门禁毒行为转化为全社会的行为,逐步扩大"无毒社区"的范围。积小区为大区,积小胜为大胜,积大胜为全胜,直到全国实现禁绝毒品的目标。

(一)创建无毒社区的原则及标准

创建无毒社区的原则:有毒治毒创无毒,无毒防毒保净土。

创建无毒社区活动的标准是:达到"四无",即无贩毒、无吸毒、无种毒、无制毒,社区内无吸毒、无贩毒、无种毒、无制毒及其他涉毒违法犯罪行为的即为无毒社区。

(二)创建无毒社区的意义

实践证明,创建无毒社区适合中国国情,符合全民动员、综合治理的战略要求,无毒社区是持久开展禁毒斗争的基本措施。开展创建无毒社区工作是在中国社会主义改革开放的新形势和21世纪新的历史条件下,禁毒人民战争的有效形式和途径,是防止新吸毒者滋生、提高戒断巩固率,减少乃至逐步消除毒害,从根本上解决毒品问题的有效途径。创建无毒社区工作,不但有利于提高民族的素质,有利于社会治安稳定,而且有利于促进社会主义精神文明建设和提高我国的国际声誉,更是实现长治久安,确保社会稳定安全的重要途径。

无毒社区是构建社会主义和谐社会的必经途径。稳定是和谐的前提和基础,推进和谐社会建设,必须保持社会的平安、稳定、有序。当前毒品问题是影响到一个社会是否稳定的重要因素之一,任何地区只要有吸毒人员,就一定有供应毒品的人员,那么就必然存在由于毒品而产生的各类治安和刑事案件,从而导致社会不安定,老百姓缺乏安全感。与此同时,受毒品侵蚀的吸毒人员本身机体病弱,思想萎靡,这样的状况也影响到身边的亲人,使其无法全身心投入到正常工作和生活中,阻碍社会朝着积极健康的方向发展。毒品问题的发展蔓延已经成为影响经济社会协调发展的一大隐患。只有彻底根除毒品,创建无毒社区,才能谈稳定,才能谈发展。

开展创建无毒社区活动的重要意义体现在以下几个方面:

(1)实现"一个转变",即变禁毒部门的单一行为为政府领导下的社会行为。可以最广泛地动员广大人民群众,深入持久地开展禁毒的人民战争。

(2)可以变政府职能部门单一的禁毒行为为党和政府领导下的全社会行为。

(3)突破"一个观念",即突破禁吸、戒毒这个瓶颈。禁吸难,难就难在戒毒巩固难,开展创建无毒社区活动,能够最大限度地实现对社区内每个吸毒人员的监控和帮教工作,可以破解禁吸戒毒这一关键问题。

(4)带动两个结合。开展创建活动,社区组织对禁毒工作总揽全局,集教育、打击、防范、管理为一体,有机地把各项禁毒工作结合在一起。同时也有利于禁毒工作与社区两个文明建设的结合,带动社区政治经济等全面建设和发展。

(5)可以创建一片净土。促进各地区、各部门从自己做起,从基层的社区和单位做起,努力实现无毒目标,在此基础上,积小区为大区,将无毒社区逐步扩大到县、市、省,最后在全国禁绝毒品。

(6)有利于社会和谐稳定。开展无毒社区活动,实行社区戒毒、社区康复,就是要创造一个会包容吸毒人员的氛围。让吸毒人群找到家的感觉,得到真情与真爱,使之消除对立情绪,与主流社会合拍,重拾戒毒信心,彻底摆脱毒魔,回归正常生活。

总之,创建无毒社区是在新的历史条件下大打禁毒人民战争的有效举措,是具有中国特色禁毒工作的创举,是减少乃至于逐步消除毒害,促进社会稳定的有效途径。

四、毒品预防社区教育方案的实施

各地应根据具体情况开展无毒社区的建设活动。具体需要采用以下基本方针:因地制宜,制订方案;摸清底数,动员部署;抓住重点,落实措施;对已经存在毒品问题的地区,要在社区全面落实宣传、戒毒、帮教、控制、调查等创建措施,以开展禁毒宣传活动,营造禁毒氛围,开展社区禁毒、社区康复,巩固戒毒效果。严格落实社会帮教措施,降低复吸率,并有效控制社会面和加强调查工作,及时发现和打击涉毒违法犯罪活动,有效防止毒品问题的发生。

充分发挥政府机关的政策优势,认真履行创建无毒社区工作的指导职责。

创建无毒社区的工作是一项长期而复杂的社会系统工程,绝不是一场运动、搞一阵子就能奏效。因此要完成这项宏伟工程,需要多少年甚至多少代人的艰苦奋斗。既要有广泛深入、艰苦细致的宣传教育工作,还必须有科学的长远规划、有效的组织措施和具体的实施方案,以保证各项工作健康有序地发展。要在党委、政府的统一领导下,充分发挥政府各有关部门的政策优势,深入社区,发动群众,依靠群众调查研究,科学规划,制定措施,协调关系,并指导和帮助各基层社区、单位合理解决实际问题。特别是要充分调动公安、司法、法律、行政、文教卫生、思想宣传、广播电视等有关部门的积极性,用法律的、行政的、经济的、思想的、教育的、文化的各种手段,各负其责,齐抓共管,真正把打击预防和治标治本有机地结合在一起。

创建无毒社区工作是一项开创性的工作,可能遇到的问题复杂多样,没有现成经验可以借鉴。首先是人力财力物力的投入。然而经费去哪里找?有关专业技术人才去哪里请?由谁来请?教育基地活动场所由哪里建、由谁来建?这些问题,都离不开政府的有力支持。其次,社区禁毒和戒毒工作,也需要公安、司法、宣传教育等部门的关注和投入。此外,戒毒人员回到社区以后,上学的问题、工作问题、职业培训问题、家庭问题、婚姻问题以及社会问题等,由谁来帮助解决?凡此种种问题,单靠社区力量是远远不够的,只有人民政府做坚强的后盾,充分发挥政府的服务和协调功能,政府各有关部门、社会各有关单位和群众团体共同努力,相互配合,全民共同参与,来解决前进中的各种问题,才能保证创建无毒社区工作的顺利发展。

思考题

1.假设你作为一名社区工作人员,你将从哪些方面开展"无毒社区"的创建工作?

2.通过参与社区活动,了解我国艾滋病社区防治工作的情况,学习艾滋病相关法规,分别制定出可行性的访谈纲领。

3.走进社区,了解本社区毒品滥用信息,准备访谈纲领,向公安部门了解社区青少年吸毒、艾滋病感染具体事例,分析本社区毒品滥用状况及对策。

第六节 戒毒治疗及回归社会

上几节内容包括毒品的预防教育,力争使青少年明白毒品危害,从而远离毒品。但如果涉毒人员已经出现吸毒上瘾的情况,必须用自愿或强制的方式使其脱离毒品,从而为家庭减小负担,增强其家庭责任意识,并使其在脱离毒品后,回归社会,成为一个对社会有贡献、对家庭负责任的社会个体。

由于毒品具有成瘾性的特点,所以在脱毒治疗中,必须关注吸毒者的生理脱毒和心理脱毒,促使涉毒者树立自信心和责任意识,最后回归社会,成为对社会建设具有正面作用的社会个体。2011年发布的《戒毒条例》,详细界定了戒毒的形式、戒毒机构的责任、社区及公安机关的责任和义务等。

一、戒毒条例

戒毒条例

《戒毒条例》于2011年6月22日国务院第160次常务会议通过,经国务院总理签字于2011年6月26日发布,同时1995年发布的《戒毒条例》予以废止。

第一章 总 则

第一条 为了规范戒毒工作,帮助吸毒成瘾人员戒除毒瘾,维护社会秩序,根据《中华人民共和国禁毒法》,制定本条例。

第二条 县级以上人民政府应当建立政府统一领导,禁毒委员会组织、协调、指导,有关部门各负其责,社会力量广泛参与的戒毒工作体制。

戒毒工作坚持以人为本、科学戒毒、综合矫治、关怀救助的原则,采取自愿戒毒、社区戒毒、强制隔离戒毒、社区康复等多种措施,建立戒毒治疗、康复指导、救助服务兼备的工作体系。

第三条 县级以上人民政府应当按照国家有关规定将戒毒工作所需经费列入本级财政预算。

第四条 县级以上地方人民政府设立的禁毒委员会可以组织公安机关、卫生行政和药品监督管理部门开展吸毒监测、调查,并向社会公开监测、调查结果。

县级以上地方人民政府公安机关负责对涉嫌吸毒人员进行检测,对吸毒人员进行登记并依法实行动态管控,依法责令社区戒毒、决定强制隔离戒毒、责令社区康复,管理公安机关的强制隔离戒毒场所、戒毒康复场所,对社区戒毒、社区康复工作提供指导和支持。

设区的市级以上地方人民政府司法行政部门负责管理司法行政部门的强制隔离戒毒场所、戒毒康复场所,对社区戒毒、社区康复工作提供指导和支持。

县级以上地方人民政府卫生行政部门负责戒毒医疗机构的监督管理,会同公安机关、司法行政等部门制定戒毒医疗机构设置规划,对戒毒医疗服务提供指导和支持。

县级以上地方人民政府民政、人力资源社会保障、教育等部门依据各自的职责,对社区戒毒、社区康复工作提供康复和职业技能培训等指导和支持。

第五条 乡(镇)人民政府、城市街道办事处负责社区戒毒、社区康复工作。

第六条 县级、设区的市级人民政府需要设置强制隔离戒毒场所、戒毒康复场所的，应当合理布局，报省、自治区、直辖市人民政府批准，并纳入当地国民经济和社会发展规划。

强制隔离戒毒场所、戒毒康复场所的建设标准，由国务院建设部门、发展改革部门会同国务院公安部门、司法行政部门制定。

第七条 戒毒人员在入学、就业、享受社会保障等方面不受歧视。

对戒毒人员戒毒的个人信息应当依法予以保密。对戒断3年未复吸的人员，不再实行动态管控。

第八条 国家鼓励、扶持社会组织、企业、事业单位和个人参与戒毒科研、戒毒社会服务和戒毒社会公益事业。

对在戒毒工作中有显著成绩和突出贡献的，按照国家有关规定给予表彰、奖励。

第二章 自愿戒毒

第九条 国家鼓励吸毒成瘾人员自行戒除毒瘾。吸毒人员可以自行到戒毒医疗机构接受戒毒治疗。对自愿接受戒毒治疗的吸毒人员，公安机关对其原吸毒行为不予处罚。

第十条 戒毒医疗机构应当与自愿戒毒人员或者其监护人签订自愿戒毒协议，就戒毒方法、戒毒期限、戒毒的个人信息保密、戒毒人员应当遵守的规章制度、终止戒毒治疗的情形等作出约定，并应当载明戒毒疗效、戒毒治疗风险。

第十一条 戒毒医疗机构应当履行下列义务：

（一）对自愿戒毒人员开展艾滋病等传染病的预防、咨询教育；

（二）对自愿戒毒人员采取脱毒治疗、心理康复、行为矫治等多种治疗措施，并应当符合国务院卫生行政部门制定的戒毒治疗规范；

（三）采用科学、规范的诊疗技术和方法，使用的药物、医院制剂、医疗器械应当符合国家有关规定；

（四）依法加强药品管理，防止麻醉药品、精神药品流失滥用。

第十二条 符合参加戒毒药物维持治疗条件的戒毒人员，由本人申请，并经登记，可以参加戒毒药物维持治疗。登记参加戒毒药物维持治疗的戒毒人员的信息应当及时报公安机关备案。

戒毒药物维持治疗的管理办法，由国务院卫生行政部门会同国务院公安部门、药品监督管理部门制定。

第三章 社区戒毒

第十三条 对吸毒成瘾人员，县级、设区的市级人民政府公安机关可以责令其接受社区戒毒，并出具责令社区戒毒决定书，送达本人及其家属，通知本人户籍所在地或者现居住地乡（镇）人民政府、城市街道办事处。

第十四条 社区戒毒人员应当自收到责令社区戒毒决定书之日起15日内到社区戒毒执行地乡（镇）人民政府、城市街道办事处报到，无正当理由逾期不报到的，视为拒绝接受社区戒毒。

社区戒毒的期限为3年，自报到之日起计算。

第十五条 乡（镇）人民政府、城市街道办事处应当根据工作需要成立社区戒毒工作领导小组，配备社区戒毒专职工作人员，制定社区戒毒工作计划，落实社区戒毒措施。

第十六条 乡（镇）人民政府、城市街道办事处，应当在社区戒毒人员报到后及时与其签订社区戒毒协议，明确社区戒毒的具体措施、社区戒毒人员应当遵守的规定以及违反社区戒毒协议应承担的责任。

第十七条 社区戒毒专职工作人员、社区民警、社区医务人员、社区戒毒人员的家庭成员以及禁毒志愿者共同组成社区戒毒工作小组具体实施社区戒毒。

第十八条 乡（镇）人民政府、城市街道办事处和社区戒毒工作小组应当采取下列措施管理、帮助社区戒毒人员：

（一）戒毒知识辅导；

（二）教育、劝诫；

（三）职业技能培训，职业指导，就学、就业、就医援助；

（四）帮助戒毒人员戒除毒瘾的其他措施。

第十九条 社区戒毒人员应当遵守下列规定：

（一）履行社区戒毒协议；

（二）根据公安机关的要求，定期接受检测；

（三）离开社区戒毒执行地所在县（市、区）3日以上的，须书面报告。

第二十条 社区戒毒人员在社区戒毒期间，逃避或者拒绝接受检测3次以上，擅自离开社区戒毒执行地所在县（市、区）3次以上或者累计超过30日的，属于《中华人民共和国禁毒法》规定的"严重违反社区戒毒协议"。

第二十一条 社区戒毒人员拒绝接受社区戒毒，在社区戒毒期间又吸食、注射毒品，以及严重违反社区戒毒协议的，社区戒毒专职工作人员应当及时向当地公安机关报告。

第二十二条 社区戒毒人员的户籍所在地或者现居住地发生变化，需要变更社区戒毒执行地的，社区戒毒执行地乡（镇）人民政府、城市街道办事处应当将有关材料转送至变更后的乡（镇）人民政府、城市街道办事处。

社区戒毒人员应当自社区戒毒执行地变更之日起15日内前往变更后的乡（镇）人民政府、城市街道办事处报到，社区戒毒时间自报到之日起连续计算。

变更后的乡（镇）人民政府、城市街道办事处，应当按照本条例第十六条的规定，与社区戒毒人员签订新的社区戒毒协议，继续执行社区戒毒。

第二十三条 社区戒毒自期满之日起解除。社区戒毒执行地公安机关应当出具解除社区戒毒通知书送达社区戒毒人员本人及其家属，并在7日内通知社区戒毒执行地乡（镇）人民政府、城市街道办事处。

第二十四条　社区戒毒人员被依法收监执行刑罚、采取强制性教育措施的，社区戒毒终止。

社区戒毒人员被依法拘留、逮捕的，社区戒毒中止，由羁押场所给予必要的戒毒治疗，释放后继续接受社区戒毒。

第四章　强制隔离戒毒

第二十五条　吸毒成瘾人员有《中华人民共和国禁毒法》第三十八条第一款所列情形之一的，由县级、设区的市级人民政府公安机关作出强制隔离戒毒的决定。

对于吸毒成瘾严重，通过社区戒毒难以戒除毒瘾的人员，县级、设区的市级人民政府公安机关可以直接作出强制隔离戒毒的决定。

吸毒成瘾人员自愿接受强制隔离戒毒的，经强制隔离戒毒场所所在地县级、设区的市级人民政府公安机关同意，可以进入强制隔离戒毒场所戒毒。强制隔离戒毒场所应当与其就戒毒治疗期限、戒毒治疗措施等作出约定。

第二十六条　对依照《中华人民共和国禁毒法》第三十九条第一款规定不适用强制隔离戒毒的吸毒成瘾人员，县级、设区的市级人民政府公安机关应当作出社区戒毒的决定，依照本条例第三章的规定进行社区戒毒。

第二十七条　强制隔离戒毒的期限为2年，自作出强制隔离戒毒决定之日起计算。

被强制隔离戒毒的人员在公安机关的强制隔离戒毒场所执行强制隔离戒毒3个月至6个月后，转至司法行政部门的强制隔离戒毒场所继续执行强制隔离戒毒。

执行前款规定不具备条件的省、自治区、直辖市，由公安机关和司法行政部门共同提出意见报省、自治区、直辖市人民政府决定具体执行方案，但在公安机关的强制隔离戒毒场所执行强制隔离戒毒的时间不得超过12个月。

第二十八条　强制隔离戒毒场所对强制隔离戒毒人员的身体和携带物品进行检查时发现的毒品等违禁品，应当依法处理；对生活必需品以外的其他物品，由强制隔离戒毒场所代为保管。

女性强制隔离戒毒人员的身体检查，应当由女性工作人员进行。

第二十九条　强制隔离戒毒场所设立戒毒医疗机构应当经所在地省、自治区、直辖市人民政府卫生行政部门批准。强制隔离戒毒场所应当配备设施设备及必要的管理人员，依法为强制隔离戒毒人员提供科学规范的戒毒治疗、心理治疗、身体康复训练和卫生、道德、法制教育，开展职业技能培训。

第三十条　强制隔离戒毒场所应当根据强制隔离戒毒人员的性别、年龄、患病等情况对强制隔离戒毒人员实行分别管理；对吸食不同种类毒品的，应当有针对性地采取必要的治疗措施；根据戒毒治疗的不同阶段和强制隔离戒毒人员的表现，实行逐步适应社会的分级管理。

第三十一条　强制隔离戒毒人员患严重疾病，不出所治疗可能危及生命的，经强制隔离戒毒场所主管机关批准，并报强制隔离戒毒决定机关备案，强制隔离戒毒场所可以允许其所外就医。所外就医的费用由强制隔离戒毒人员本人承担。

所外就医期间，强制隔离戒毒期限连续计算。对于健康状况不再适宜回所执行强制隔离戒毒的，强制隔离戒毒场所应当向强制隔离戒毒决定机关提出变更为社区戒毒的建议，强制隔离戒毒决定机关应当自收到建议之日起7日内，作出是否批准的决定。经批准变更为社区戒毒的，已执行的强制隔离戒毒期限折抵社区戒毒期限。

第三十二条　强制隔离戒毒人员脱逃的，强制隔离戒毒场所应当立即通知所在地县级人民政府公安机关，并配合公安机关追回脱逃人员。被追回的强制隔离戒毒人员应当继续执行强制隔离戒毒，脱逃期间不计入强制隔离戒毒期限。被追回的强制隔离戒毒人员不得提前解除强制隔离戒毒。

第三十三条　对强制隔离戒毒场所依照《中华人民共和国禁毒法》第四十七条第二款、第三款规定提出的提前解除强制隔离戒毒、延长戒毒期限的意见，强制隔离戒毒决定机关应当自收到意见之日起7日内，作出是否批准的决定。对提前解除强制隔离戒毒或者延长强制隔离戒毒期限的，批准机关应当出具提前解除强制隔离戒毒决定书或者延长强制隔离戒毒期限决定书，送达被决定人，并在送达后24小时以内通知被决定人的家属、所在单位以及其户籍所在地或者现居住地公安派出所。

第三十四条　解除强制隔离戒毒的，强制隔离戒毒场所应当在解除强制隔离戒毒3日前通知强制隔离戒毒决定机关，出具解除强制隔离戒毒证明书送达戒毒人员本人，并通知其家属、所在单位、其户籍所在地或者现居住地公安派出所将其领回。

第三十五条　强制隔离戒毒诊断评估办法由国务院公安部门、司法行政部门会同国务院卫生行政部门制定。

第三十六条　强制隔离戒毒人员被依法收监执行刑罚、采取强制性教育措施或者被依法拘留、逮捕的，由监管场所、羁押场所给予必要的戒毒治疗，强制隔离戒毒的时间连续计算；刑罚执行完毕时、解除强制性教育措施时或者释放时强制隔离戒毒尚未期满的，继续执行强制隔离戒毒。

第五章　社区康复

第三十七条　对解除强制隔离戒毒的人员，强制隔离戒毒的决定机关可以责令其接受不超过3年的社区康复。

社区康复在当事人户籍所在地或者现居住地乡（镇）人民政府、城市街道办事处执行，经当事人同意，也可以在戒毒康复场所中执行。

第三十八条　被责令接受社区康复的人员，应当自收到责令社区康复决定书之日起15日内到户籍所在地或者现居住地乡（镇）人民政府、城市街道办事处报到，签订社区康复协议。

被责令接受社区康复的人员拒绝接受社区康复或者严重违反社区康复协议，并再次吸食、注射毒品被决定强制隔离戒毒的，强制隔离戒毒不得提前解除。

第三十九条　负责社区康复工作的人员应当为社区康复人员提供必要的心理

治疗和辅导、职业技能培训、职业指导以及就学、就业、就医援助。

第四十条 社区康复自期满之日起解除。社区康复执行地公安机关出具解除社区康复通知书送达社区康复人员本人及其家属，并在7日内通知社区康复执行地乡（镇）人民政府、城市街道办事处。

第四十一条 自愿戒毒人员、社区戒毒、社区康复的人员可以自愿与戒毒康复场所签订协议，到戒毒康复场所戒毒康复、生活和劳动。

戒毒康复场所应当配备必要的管理人员和医务人员，为戒毒人员提供戒毒康复、职业技能培训和生产劳动条件。

第四十二条 戒毒康复场所应当加强管理，严禁毒品流入，并建立戒毒康复人员自我管理、自我教育、自我服务的机制。

戒毒康复场所组织戒毒人员参加生产劳动，应当参照国家劳动用工制度的规定支付劳动报酬。

第六章 法律责任

第四十三条 公安、司法行政、卫生行政等有关部门工作人员泄露戒毒人员个人信息的，依法给予处分；构成犯罪的，依法追究刑事责任。

第四十四条 乡（镇）人民政府、城市街道办事处负责社区戒毒、社区康复工作的人员有下列行为之一的，依法给予处分：

（一）未与社区戒毒、社区康复人员签订社区戒毒、社区康复协议，不落实社区戒毒、社区康复措施的；

（二）不履行本条例第二十一条规定的报告义务的；

（三）其他不履行社区戒毒、社区康复监督职责的行为。

第四十五条 强制隔离戒毒场所的工作人员有下列行为之一的，依法给予处分；构成犯罪的，依法追究刑事责任：

（一）侮辱、虐待、体罚强制隔离戒毒人员的；

（二）收受、索要财物的；

（三）擅自使用、损毁、处理没收或者代为保管的财物的；

（四）为强制隔离戒毒人员提供麻醉药品、精神药品或者违反规定传递其他物品的；

（五）在强制隔离戒毒诊断评估工作中弄虚作假的；

（六）私放强制隔离戒毒人员的；

（七）其他徇私舞弊、玩忽职守、不履行法定职责的行为。

第七章 附 则

第四十六条 本条例自公布之日起施行。1995年1月12日国务院发布的《强制戒毒办法》同时废止。

二、戒毒模式

按照《禁毒条例》的规定，戒毒模式包括自愿戒毒、社区戒毒、强制隔离戒毒、社区康复戒毒等四种形式。

（一）自愿戒毒

自愿戒毒是区别于强制性戒毒，吸毒者意识到吸毒行为给自己、家庭、社区带来的影响与伤害，主动脱离毒瘾的过程。自愿戒毒需要通过生理脱毒、心理脱毒、社会功能回归三个过程，不单是一个生理脱毒的过程。

自愿戒毒机构按照有关规定，原则上设在各地的精神病医院，个人和民办医疗机构不得从事戒毒医疗工作。自愿戒毒，由卫生部门主管，由公安局机关监督。《戒毒条例》第九条规定，国家鼓励吸毒成瘾（药物依赖成瘾）人员自行戒除毒瘾。吸毒人员可以自行到戒毒医疗机构接受戒毒治疗。对自愿接受戒毒治疗的吸毒人员，公安机关对其原吸毒行为不予处罚。

按照自愿戒毒的程序，自愿戒毒者根据自己的意愿，到相应的戒毒医疗机构进行登记，尿检确认后，签订自愿戒毒承诺书，就可以办理入院。一般来讲，自愿戒毒首先要有一定的收入，必须支付一定的治疗费用。其次，自愿戒毒者在自愿戒毒医疗机构，未经允许不能外出。天气好时，戒毒者可以在下午规定时间内进行户外活动。自愿戒毒所的出入院记录表上，会密集记录每一个病人的相关信息，但不一定核实个人真实信息。自愿戒毒不会被记录在个人的档案里，只是配合做常规的戒毒程序，不会有强制性的手段。

按照吸毒者的状况不同，可以采取不同的治疗手段。吸食毒品单一、时间短、无明显躯体症状者可以判断为轻型成瘾者，可单独采用心理戒毒疗法。主要治疗期1个月到3个月，辅助治疗期为3个月，视其恢复情况调整时间。而满足有数年的吸食经历（时间超过一年）、吸食毒品种类超过3种（或海洛因1g、冰毒0.5g以上）、有明显的躯体症状以上三种条件之一的均视为重型成瘾者，主要治疗期通常为1~3个月，辅助治疗期为6个月，视其恢复情况进行调整。

自愿戒毒的时间一般很短，复吸率很高。因此在我国自愿戒毒是戒毒工作的补充形式。

（二）社区戒毒

社区戒毒是戒毒的主要形式。社区戒毒就是指在社区的牵头、监管下，整合家庭、社区、公安以及卫生、民政等力量和资源，使吸毒人员在社区里实现戒毒。搞好社区戒毒工作，社区需整合力量，与戒毒人员签订协议书，对每个社区戒毒人员成立由家属、社区干部、公安以及卫生、民政部门人员组成的监护小组，期限为3年。根据《中华人民共和国禁毒法》第33条、第39条中的规定，怀孕或者正在哺乳自己不满一周岁婴儿的妇女吸毒成瘾的，不适用强制隔离戒毒。不满十六周岁的未成年人吸毒成瘾的，可以不适用强制隔离戒毒，由负责社区戒毒工作的城市街道办事处、乡镇人民政府加强帮助、教育和监督，督促落实社区戒毒措施。

1. 社区戒毒的内容

根据我国《禁毒法》的规定，社区戒毒包括以下内容：

（1）对吸毒成瘾人员，公安机关可以责令其接受社区戒毒，同时通知吸毒人员户籍所在地或者现居住地的城市街道办事处、乡镇人民政府。

戒毒人员应当在户籍所在地接受社区戒毒；在户籍所在地以外的现居住地有固定住所的，可以在现居住地接受社区戒毒。

（2）城市街道办事处、乡镇人民政府负责社区戒毒工作。城市街道办事处、乡镇人民政府可以指定有关基层组织，根据戒毒人员本人和家庭情况，与戒毒人员签订社区戒毒协议，落实有针对性的社区戒毒措施。公安机关和司法行政、卫生行政、民政等部门应当对社区戒毒工作提供指导和协助。

（3）对签订社区戒毒协议的人员，不收押，不限制人身自由。

（4）社区戒毒的期限为三年。

（5）城市街道办事处、乡镇人民政府，以及县级人民政府劳动行政部门对无职业且缺乏就业能力的戒毒人员，应当提供必要的职业技能培训、就业指导和就业援助。

（6）接受社区戒毒的戒毒人员应当遵守法律、法规，自觉履行社区戒毒协议，并根据公安机关的要求，定期接受检测。

（7）对违反社区戒毒协议的戒毒人员，参与社区戒毒的工作人员应当进行批评、教育；对严重违反社区戒毒协议或者在社区戒毒期间又吸食、注射毒品的，应当及时向公安机关报告。

对于接受社区戒毒的人员，不影响其工作，不影响其家庭生活，不给予任何处分，不在档案里做任何记载。充分尊重了吸毒人员的人格，也体现了政府对吸毒人员的教育和挽救。

公安人员将随时对戒毒人员实行尿检，对于就业困难、生活困难的吸毒人员，有关部门将通过劳动技能培训、纳入低保等方式给予帮助。如不配合社区戒毒，将解除戒毒协议，由公安机关实行强制戒毒。

2. 社区戒毒的内涵

（1）社区戒毒是一种不影响工作、学习和正常生产生活的人性化戒毒措施。

（2）社区戒毒是被责令的，带有一定强制性质，戒毒人员必须遵守规定和受到监督。

（3）在操守良好的情况下，社区戒毒是有期限的，时间为三年。但未明确三年社区戒毒后是否责令其进入社区康复的后续跟进服务范围，其后续跟进服务可参照《禁毒法》其他条款以及由社会公益组织实施。

（4）执行主体是基层乡镇政府和城市街道办，执行主体可以自行设置专职队伍执行服务，可以购买社会专业服务，可以给予政策鼓励使社会力量介入服务，还可以三种形式综合实施。

社区戒毒是一种整合家庭、社区、公安、卫生等系统人员的综合力量，对吸毒成瘾人员进行戒毒的方式，社区戒毒必须要求吸毒成瘾人员有意愿，家庭成员有力量和时间对吸毒成瘾人员进行监管，社区干部能及时对吸毒成瘾人员进行分类管理和落实日常管理举措。通过社区戒毒，不断提高社区戒毒（康复）人员戒断率、降低社区戒毒（康复）人员复吸率，有效遏制毒品的蔓延，最大限度地减少毒品的危害。

（三）强制隔离戒毒

强制隔离戒毒，是指对吸食、注射毒品成瘾人员，在一定时期内通过行政措施对其强制进行药物治疗、心理治疗和法制教育、道德教育，使其戒除毒瘾。强制戒毒工作由公安机关主管，县级以上地方各级人民政府卫生部门、民政部门，应当配合同级机关做好强制戒毒工作。

根据《中华人民共和国禁毒法》第三十八条之规定，吸毒成瘾人员有下列情形之一的，由县级以上人民政府公安机关作出强制隔离戒毒的决定：

①拒绝接受社区戒毒的；
②在社区戒毒期间吸食、注射毒品的；
③严重违反社区戒毒协议的；
④经社区戒毒、强制隔离戒毒后再次吸食、注射毒品的。

对于吸毒成瘾严重，通过社区戒毒难以戒除毒瘾的人员，公安机关可以直接作出强制隔离戒毒的决定。

吸毒成瘾人员自愿接受强制隔离戒毒的，经公安机关同意，可以进入强制隔离戒毒场所戒毒。

强制戒毒机构包括两种：强制戒毒所及其他戒毒机构。

1. 强制戒毒所

强制戒毒所的设置由省、自治区、直辖市人民政府根据本行政区域内强制戒毒的实际统一规划，由县级以上人民政府公安机关提出方案，报同级人民政府批准。强制戒毒所的任务是对吸食、注射毒品成瘾的人进行戒毒。

2. 其他戒毒机构

除了强制戒毒机构以外，如果吸毒成瘾者因违法犯罪活动被公安机关或者司法机构剥夺人身自由，关押在监狱、看守所中，监狱或拘留所、看守所也需要对其进行强制戒毒。

不同类型的强制戒毒机构，它的主要作用就是根据公安或司法的处罚决定，收治吸毒人员，对吸毒人员进行生理脱毒和心理脱瘾。它依据的是《禁毒法》的精神，倡导的是模仿社区的管理模式，更加注重人文精神，更加强调服务性管理，既将吸毒人员当作社会的危害者，又当成毒品的受害者，既是强制管理对象，又是病人。

强制戒毒是一种人身自由受到限制的戒毒处罚方式。根据《公安机关强制隔离戒毒所管理办法》，强制隔离戒毒人员家属可以对戒毒人员进行探视。但对来强制隔离戒毒所探视的家属有着严格的规定：来强制隔离戒毒所探视的戒毒人员家属由戒毒所工作人员统一安排，到指定的接待室探视戒毒人员，探视戒毒人员仅限于戒毒人员直系亲属或者其所在单位有关人员；探视人员除给戒毒人员存日常零用钱外，其他物品一律禁止带入；探访人员必须遵守强制隔离戒毒所的有关规定，做好戒毒人员的思想工作，对违反规定的，强制隔离戒毒所可以警告或者责令停止探访，后果严重的追究其法律责任。

强制戒毒所的心理康复治疗：强制戒毒所应根据戒毒情况，按生理脱毒、心理治疗、身体康复等分区管理。强制戒毒所必须实行分别管理的措施。男性和女性戒毒人员应分别管理。

女性戒毒人员应由女性工作人员管理。强制戒毒人员与自愿戒毒人员应分别管理。成年与未成年戒毒人员、初戒和复戒人员应分别管理。戒毒的犯罪嫌疑人、被告人和其他戒毒人员应分别管理。

强制戒毒所治疗区实行封闭式管理。戒毒人员只能在规定的区域内活动，严禁串楼串区。除管理、医护、工勤人员外，其他人员未经批准不得进入戒毒治疗区。强制戒毒所应当建立严格的管理制度，采取各种有效措施，做好对戒毒人员的管理工作。

（四）戒毒社区康复

《禁毒法》第四十八条规定："对于被解除强制隔离戒毒的人员，强制隔离戒毒的决定机关可以责令其接受不超过三年的社区康复。"社区康复是我国法律规定的戒毒后续跟进服务措施，采用带有强制性的责令手段进行后续照顾，以防止复吸。

戒毒社区康复是社会经济发展乃至战略性发展规划的重要组成部分，应该纳入社区经济发展和社会发展范畴之列。实施社区康复的目的是使所有的社区内戒毒康复人员，无论是经过了强制隔离戒毒还是在社区实施社区戒毒后，都能得到后续跟进服务，使戒毒人员身体、精神、心理以及社会功能得到康复，从而回归社会。

社区康复的内涵：完整的戒毒包括脱毒、康复和回归社会。脱毒是很容易完成的阶段，也有很多方法和手段，包括使用药物帮助和不使用药物。康复包括生理、心理和社会康复。生理康复就是使戒毒人员脱瘾后恢复身体机能；心理康复就是使戒毒人员的心理状态趋向积极乐观向上，具备抵抗毒品诱惑，处理高危情境，控制情绪的心理能力。而社会康复即是使戒毒者的社会功能得到恢复，包括恰如其分地扮演各种社会角色，有充分的社交技巧去适应不同的社会环境等。

社会康复是回归社会的前提。经过强制隔离戒毒的人员，在强制隔离戒毒所经过了脱毒治疗，身体、心理康复治疗，但是，解除强制隔离戒毒后回归社会，戒毒人员社会功能的恢复还需要经过长时间的社会支持与干预。

面对已经成瘾极其严重的吸毒者，其实不管是社区戒毒还是社区康复，都存在一定的局限性。即这种治疗模式在某种程度上缺乏一定的专业治疗手段，对吸毒者损坏的身体机能以及受到破坏的神经系统无法修复，尤其是对毒品的心瘾无法消除。

戒毒最为关键的一步就是心理康复治疗，即消除心瘾、重塑认知、回归社会正常生活。与社区戒毒等不同的是，在一些正规的自愿戒毒医疗机构，除了对脱毒的科学治疗外，更有心理康复治疗的介入。专业心理医生对其进行治疗，及时排遣吸毒者内心的负面、消极情绪。

三、戒毒康复方法

戒毒康复方法是指戒毒治疗及康复方法的总称。戒毒治疗应该遵循"三阶段原则"，即脱毒、治疗康复治疗和回归社会。针对不同毒品和吸毒者的体质状况，应采用不同方式方法。

（一）脱毒治疗

脱毒治疗也称脱瘾治疗，其目的是消除由于毒品的身体依赖所产生的生理戒断症状。它是戒毒工作的第一环节，也是十分重要的环节，关系到戒毒工作的成败。一般来讲脱毒治疗主要包括两项内容：脱离毒源、脱离毒瘾。脱离毒源，应该是使戒毒者处于相对隔离的状态，使其不能接触到毒源，这是脱毒治疗的前提。脱离毒瘾是脱毒治疗的目的所在，是指采取药物和非药物方法，使毒品依赖者消除戒断症状的治疗活动。目前世界上主要有药物和非药物脱毒法。

1. 药物脱毒法

药物脱毒法也称为药物戒断法。它是指用各种戒断药物来减轻吸毒者在戒断过程中的痛苦，使戒毒者全部或部分摆脱对毒品的依赖的治疗方法。药物脱毒法的基本原则是用递减法来减少吸毒者因戒断引起的不适。递减包括所吸食毒品剂量的递减和替代物剂量的递减。现在常见的是替代物剂量的递减法脱毒治疗。对于阿片类毒品成瘾者，其主要药物脱毒法有：

（1）美沙酮替代递减法。美沙酮替代递减法是常见药物脱毒法之一。适用对象为鸦片类毒品依赖者。使用原则是：单一用药、逐日递减、先快后慢、只减不加、停药果断。以海洛因戒断者为例，海洛因日用量一克以上，美沙酮替代用量为30~50毫克；海洛因日用量0.5克，美沙酮替代用量为10~20毫克。治疗前一阶段以每日20%的量递减，当减到10毫克左右时，每1~3日减1毫克。该方法特点是作用时间长，使用方便，控制戒断症状，作用可靠，辅助用药较少。

（2）丁丙诺啡替代递减法。该方法也用于鸦片类毒品依赖者治疗。丁丙诺啡的依赖性较低，比美沙酮有优越性。2~4毫克的丁丙诺啡相当于20~30毫克美沙酮的替代剂量。丁丙诺啡比较适用于中轻度依赖者，而对重度依赖者效果欠佳，需要与其他药物合并使用以提高药效。

（3）可乐定，洛非西丁脱毒疗法。因其不属于鸦片类药物，不产生依赖性，但能迅速有效地控制戒断症状。其中可乐定脱毒治疗最高剂量是14~17毫克，10天为一个疗程，逐日递减，在很多国家被列为有效的脱毒备选方案。

（4）中药脱毒疗法。我国应用中草药戒毒有悠久的历史。我国已批准生产了一些戒毒中药，如福康宁片、益安回生口服液、济康片、灵益胶囊、安君宁微丸等。用于戒毒的中草药，一般都为清热解毒，解痉止痛，镇惊息风，补气安神，扶正固本类中药。

ATS是一组化学结构类似的中枢神经系统兴奋剂，具有较强的药物依赖性。苯丙胺（Amphetamine）、甲基苯丙胺（Methamphetamine，MA，俗称"冰毒"）、亚甲基二氧基甲基苯丙胺（Methylenedioxymethamphetamine，MDMA，俗称"摇头丸"）及包括卡西酮、浴盐、六角、土冰在内的若干种精神兴奋剂，均属于ATS。根据2018年《世界毒品报告》，全球约有340万人在滥用ATS，其滥用人数仅次于大麻和阿片类毒品。截至2018年底，我国已登记在册的吸毒人员达240.4万，冰毒滥用人员达135万，占56.1%。

苯丙胺类毒品成瘾者的戒断者常见的精神病性症状包括幻视、被迫害妄想、幻听、关系妄想、抑郁、情感退缩、言语及行为紊乱等，与精神分裂症者在被迫害妄想、夸大、猜疑、幻觉等方面的症状严重程度相似，同时有相对突出的阳性症状、阴性症状和情感症状。根据ATS戒断者存在的精神症状，目前主要采取对症处理，如镇静、抗抑郁、抗精神失常等。治疗药物主要以苯二氮类和抗精神病性药物为主，若患者出现明显的冲动及激越行为，经检查、评估且证明苯二氮䓬类药物治疗无效后，可选择抗精神病性药物，典型的药物有氟哌啶醇、利培酮、奥氮平等。有临床研究证实，氟哌啶醇2~5毫克肌肉注射，其抗精神病性症状的效果较好，但临床实际应用剂量需根据病情严重程度调整。其原因可能是这些药物可阻断多巴胺受体，对ATS戒断后所致精神症状及渴求均有效果，尤其对阳性症状的疗效更为突出，但对情绪低落、避免社交等阴性症状效果不明显，长期使用甚至可能加重阴性症状。截至目前，苯丙胺类兴奋剂成瘾尚无对症的药物治疗手段，目前主要是采用对症治疗的手段，但单纯采用西药治疗的安全性及使用规范尚有待进一步探讨。中药治疗ATS戒断后所致精神障碍及心理症状的研究越来越多，中西医结合治疗成为治疗的新方案，且被证实更加有效。

2. 非药物脱毒法

目前主要有：（1）自然戒断法，也称冷火鸡法，就是硬性让吸毒者停用毒品，任其戒断症状自然发生、发展和消退的戒毒方法。这种戒断方法因吸毒者戒断症状出现时，汗毛竖起，浑身起鸡皮疙瘩，状如火鸡皮，故称冷火鸡法。鸦片类毒品的戒断症状，一般在停用毒品后，12~14个小时内出现以后逐渐加重，到第3天到达极点，然后开始好转，7~10天后大部分戒断症状基本消失。该方法简单实用，但一般是用于吸毒时间短、吸量小、身体好的吸毒者，对年老体弱者要慎用。

（2）针刺疗法。据报道，国外用耳针疗法进行脱毒治疗，效果不错。我国也有类似针刺疗法的穴位神经刺激仪，该方法是通过两对输出电极输出弱电流对相关穴位进行刺激，以调节自身力量，产生内啡肽来消除戒断症状。在药物成瘾戒断症状的治疗中，针刺疗法已被广泛应用，并且大量临床和基础研究均已肯定其在戒毒治疗中的疗效。无论是阿片类还是苯丙胺类药物成瘾，针刺治疗对成瘾后戒断所致的症状均有明显的改善作用，尤其对不良情绪、失眠、食欲减退等症状，针刺治疗的效果更显著。针刺治疗具有安全、经济、无毒副作用的特点，可有效改善ATS戒断者的稽延性戒断症状，并对戒断者的情感症状及焦虑、抑郁状态疗效显著，促进ATS戒断者康复。

（二）社区康复

短期脱毒治疗后，为了防止吸毒者在短期内重新吸毒，仍需进行长时间的康复治疗。对于阿片类成瘾戒断者的康复治疗的方法主要有美沙酮维持疗法、纳曲酮防复发治疗、心理辅导和行为矫正等。

1. 美沙酮维持疗法

这种维持疗法可短期维持，也可以长期维持，当确认康复时，应采取缓慢递减方式终止治疗。由于美沙酮本身也有依赖性，长期维持治疗易产生依赖性，所以此法有缺点。

2. 纳曲酮防复发治疗

纳曲酮为阿片受体拮抗剂，进入人体后与体内的阿片受体结合，使阿片类毒品不产生心理效应，滥用者就不再产生欣快感。纳曲酮治疗一般要在半年以上，还是在中断毒品的情况下进行的，所以对依赖者要辅助心理康复治疗，进行心理辅导和行为矫正，使其端正戒毒目的，增强戒除决心，坚决不复吸，尽快回归社会。

对于苯丙胺类成瘾戒断者来讲，戒毒期内由于与毒品进行了有效的物理隔离，毒瘾已明显减轻。此阶段的临床治疗主要放在躯体基础疾病的治疗，精神活性物质所致的精神障碍的治疗以及心理、社会治疗，为早日回归社会及防止复吸做准备。药物治疗可以考虑清除自由基治疗（维生素E、C及还原型谷胱甘肽等），营养神经治疗（如神经生长因子、神经节苷脂及甲钴胺等）。另外，有氧运动作为一种新兴的非药物治疗方法在苯丙胺类成瘾者康复治疗中的作用越来越受到重视。试验表明，有氧运动对毒品滥用者康复治疗的效果主要表现在以下三方面：一是有氧运动能够使生理脱毒期过后滥用者的身体素质得以恢复；二是有氧运动可以降低滥用者对毒品的渴求度；三是有氧运动能够提升毒品滥用者的戒断率，促进大脑抑制功能的恢复。

社区康复期的治疗重点在于强化对戒毒者的心理及社会治疗，包括一般性的戒毒政策宣传，毒品的性质及危害的宣传教育，艾滋病等传染性疾病的宣传教育，规律生活作息时间的培养等，并通过行为治疗、集体治疗及家庭治疗等治疗手段，强化戒毒效果，减少复吸的可能性。研究表明心理治疗能显著提高苯丙胺类毒品成瘾者服药依从性，可以使滥用者对新型毒品的认知度提升，改善他们对待新型毒品的态度，并降低发生危险行为的可能性，最终有效地提高抵御新型毒品。

（三）回归社会

吸毒者在完成脱毒治疗后，应尽快进入康复治疗，接受心理治疗和行为矫正，最终戒除毒瘾，回归社会。

生理脱毒后，处在康复阶段的戒毒人员的心理大致可分为"情绪消沉阶段""心理矛盾阶段""自我承诺阶段"和"重塑自我阶段"四个阶段。心理工作者可以根据心理戒毒规律，针对不同戒毒人员的具体情况，把每一个阶段每个心理戒毒人员的心理戒毒工作做实、做细、做出成效。

1. 情绪消沉阶段的心理治疗

处在这一阶段的戒毒人员总是以失败者自居，觉得愧对家人、愧对社会，对自己的前途感到渺茫，对未来的生活失去信心，因而总是处在绝望、悲观的心境与情绪中。对此戒毒者家属或心理工作人员应进行有效的榜样激励，对其进行荣辱观、光明前途等教育，使其学有榜样，树立信心，看到前途，帮助其闯过情绪消沉这一难关。

2. 心理矛盾阶段的心理治疗

当戒毒人员能够初步认识到自己因吸毒而造成的不幸、危害和失败，同时又想从此洗心革面，不再做毒品的俘虏时，会产生一种茫然若失、不知何去何从的感觉。对此，心理工作者应给予及时的沟通、引导，对其进行战胜挫折教育、自立自强教育和人生观教育等，使其认识到戒毒也是一种人生考验，只有正视过去，面对现实，才能经受挫折，从矛盾的心理状态中解放，进一步增强戒毒的决心和信心。

3. 自我承诺阶段的心理治疗

经历过情绪消沉和心理矛盾两个阶段后，戒毒人员对自己能够摆脱毒瘾的信心和决心明显增强，并能较好地服从戒毒机构、戒毒者家属或心理工作人员的管理与指导，积极参加各项活动。对此，应不失时机地利用集体教育的优势，鼓励戒毒人员制订个人心理戒毒计划，开展群体互相帮助和互相监督，互相感受彼此的鼓励、信任和支持；争取并接受家人的关心和爱护；学习有关心理学知识，学会如何排解心理忧烦，学会理解自我、理解他人和心理沟通的基本要领，做好回归社会后正确对待可能碰到的种种现实问题的充分思想准备，包括认清复吸毒品的极端危害性，树立强烈的自我保护意识，永远与毒品划清界限。对处在求职状态的戒毒人员，还须学习一定的求职技能和就业技能，以加快回归社会后融入并自立于社会的速度。

4. 重塑自我阶段的心理治疗

在这一阶段的戒毒人员，已经或即将回归社会。此时他们已经具备了较强的自律意识，同时也希望家人、亲友、同事、邻居、社会等能真正理解自己、尊重自己。对此，帮教工作人员或其所在单位的领导及有关人员、家庭成员等，应抱着十分关心、爱护、理解和支持的态度，欢迎他们回归社会，并尽最大努力安排、解决其就业、就学及其他生活问题，继续帮助他们尽快适应社会。戒毒机构应定期回访、关心、指导他们巩固心理戒毒疗效；社区、单位应创造条件，让他们参加社会上的各种宣传毒品危害、戒毒的活动，定期给他们进行心理、法制、自我保护等辅导教育，使他们长期保持高度的自我戒毒意识，抛弃旧我，重塑自我，走向新生。

思考题

1. 毒品的成瘾性包括药物成瘾和心理成瘾两种类型，在戒毒过程中，最难的就是戒除心瘾。通过上述学习，我们了解到通过自愿或强制戒毒后，家庭、社区的作用显得尤为重要，请从家庭、社区和社会等角度分析，如何使戒除毒品者顺利回归社会？

2. 吸毒成员的家庭主要成员在对吸毒人员进行管理的时候，需要掌握一定的技能。试分析家庭在吸毒者成功戒毒的过程中需要关注的方面，并分析家庭成员可以通过何种方式使其顺利回归社会。

3. 在吸毒人员成功戒毒、回归社会的过程中，社区和社会相关部门需要在哪些方面加强工作，以促使戒毒效果的巩固？

4. 假如你是一个负责戒毒及毒品预防教育的社会工作人员，你将从哪些方面、哪些角度去分析吸毒人员吸毒成因及影响戒毒成效的因素？

第五章 禁毒法律法规及解读

【知识目标】
 1. 掌握国家在禁毒方面的法律法规。
 2. 熟悉禁毒法律法规的内容,从而规范自己的行为。
 3. 熟悉禁毒法律法规的适用情形和范围。

【能力目标】
 通过对禁毒法律法规的学习,能够自觉根据法律法规要求,规范自己的行为。

【思政目标】
 通过对禁毒法律法规的学习,掌握毒品基础知识,从而为无毒家庭、无毒社区建设贡献自己的力量。

中华人民共和国禁毒法（节选）及其解读

2007年12月29日第十届全国人民代表大会常务委员会第31次会议通过，2007年12月19日中华人民共和国主席令第79号公布，自2008年6月1日起施行。

一、总则

第一条 为了预防和惩治毒品违法犯罪行为，保护公民身心健康，维护社会秩序，制定本法。

理解与适用：根据本条的规定，禁毒法的立法目的可以从"预防和惩治毒品违法犯罪行为""保护公民身心健康""维护社会秩序"三个方面来理解。第一，制定禁毒法是预防和惩治毒品违法犯罪行为的需要。我国当前面临的毒品违法犯罪形势严峻，制定禁毒法、进一步完善我国预防和惩治毒品违法犯罪法律体系，是深入开展禁毒工作的需要。第二，保护公民身心健康，维护社会秩序是制定禁毒法的重要目的。毒品严重危害公民身心健康。就吸毒者个体来说，毒品直接破坏吸食者正常的生理功能和免疫功能等人体机能；严重损害心、肝、肾等重要器官，甚至可致死；严重损害神经系统，引起脑栓塞、脑脓肿、脊髓炎、周围神经炎等，吸毒不仅对吸毒者本人造成身心健康的损害，更祸及家庭、亲友乃至社会。由于吸毒成瘾者对毒品有难以摆脱的依赖性，为了获取毒品往往不择手段，有的以贩养吸，不断发展新的吸毒者供自己吸食，有的以卖淫等手段筹措毒资，从而使吸毒人群不断扩大，艾滋病等恶性传染病不断扩散。另外，毒品问题还是诱发其他刑事犯罪和社会治安问题的温床。

第二条 本法所称毒品，是指鸦片、海洛因、甲基苯丙胺（冰毒）、吗啡、大麻、可卡因，以及国家规定管制的其他能够使人形成瘾癖的麻醉药品和精神药品。

根据医疗、教学、科研的需要，依法可以生产、经营、使用、储存、运输麻醉药品和精神药品。

理解和适用：本条分为两款。第1款是关于毒品定义的规定，根据本款的规定，正确理解毒品的含义和范围，需要从毒品的自然属性和法律属性两个方面把握。（1）毒品的自然属性是指毒品本身所具有的物理、化学性状及其对人体所能产生的作用。毒品的物理、化学属性因毒品种类的不同而各有差异，如海洛因与甲基苯丙胺在物理特性、化学成分等方面都是不同的。毒品的物理化学属性是进行毒品鉴定和鉴别的依据。首先毒品是一种对人体有毒害性的物质，毒品在一定条件下可以引起人体各种急慢性中毒，严重时可以致人死亡。其次，毒品最重要的自然属性是指人体对毒品产生依赖性，即毒品能够使人形成瘾癖。能不能使人产生依赖性区分毒品和一般药品的重要依据。

（2）毒品的另一重要特性就是其法律属性。毒品的法律属性可以概括为受管制性和非法使用性。仅仅具有毒害性和依赖性，而没有列入国家管制范围的，在法律上就不属于毒品。例如，香烟、酒精等同样具有一定的毒害性和依赖性，但我国并没有将其列于管制之列，它们只是一般嗜好品。

本款具体列举了一些常见的传统毒品和合成毒品，主要有：①鸦片，是从罂粟植物中提取的麻醉药品，是传统毒品。常见的鸦片品种有生鸦片、精制鸦片、鸦片制品、罂粟壳、卡苦。②海洛因，医学名为二乙酰吗啡。③甲基苯丙胺（冰毒），过去还被称为去氧麻黄碱、甲基安非他明。④吗啡，白色结晶或白色结晶性粉末，是传统毒品。常见品种有吗啡碱、粗制吗啡、吗啡片。⑤大麻，大麻是一年生植物，含有400多种化学物质，其中有60多种类似的化学特性，统称为大麻素，是传统毒品。⑥可卡因，是一种从古柯树叶中提取出来的生物碱，是传统毒品。

此外针对尚未作为药品生产和使用，但具有成瘾性或成瘾潜力的物质，在实践中越来越多被滥用的实际情况，公安部，国家食品药品监督管理总局（已撤销），国家卫生和计划生育委员会（已撤销）和国家禁毒委员会办公室根据禁毒法和《麻醉药品和精神药品管理条例》，联合制定了《非药用类麻醉药品和精神药品列管办法》，根据该办法发布《非药用类麻醉药品和精神药品管制品种增补目录》，并负责该目录的调整。按照上述规定，对于麻醉药品和精神药品按照药用类和非药用类分类列管。除麻醉药品和精神药品管理品种目录已有列管品种外，新增非药用类麻醉药品和精神药品管制品种在上述增补目录中列示。对于非药用类麻醉药品和精神药品发现医学用途，调整列入药品目录的，不再列入非药用类麻醉药品和精神药品管制品种目录。

本条第2款，是关于在医学、教学、科学研究中依法可以生产、经营、使用、储存、运输麻醉药品和精神药品的规定。我国有关麻醉药品和精神药品管理管制的法律规定，主要是《药品管理法》和《麻醉药品和精神药品管理条例》。《药品管理法》第112条规定，国务院对麻醉药品、精神药品、医疗用毒性药品、放射性药品、药品类易制毒化学品等，有其他特殊管理规定的，依照其规定。《麻醉药品和精神药品管理条例》对麻醉药品和精神药品从原植物的种植、实验研究和生产、经营、储存、运输等各个环节及审批程序和监督管理等方面作了严格规定。

典型案例分析

1.孙××走私、贩卖毒品案（2018年6月26日最高人民法院毒品犯罪及涉毒次生犯罪典型案例）

案件适用要点：本案所涉毒品 4-氯-甲卡西酮是一种新精神活性物质。新精神活性物质，通常是不法分子为逃避打击而对管制毒品进行化学结构修饰而得到的毒品类似物，具有与管制毒品相似或更强的兴奋、致幻、麻醉等效果。为加强对新精神活性物质的管制，2015年国家相关部门制定了《非药用类麻醉药品和精神药品列管办法》，对新精神活性物质进行了列举式管制，所有被列管的物质均属于毒品。被告人孙××走私、贩卖 4-氯-甲卡西酮数量大，人民法院根据此类毒品的性质、孙××犯罪的具体情节，依法对其判处相应刑罚。

2.石××贩卖毒品案（2018年6月26日，最高人民法院毒品犯罪及涉毒次生

犯罪典型案例)

案件适用要点:"神仙水"是近年来出现的一种混合型液体毒品,常含有甲基苯丙胺、氯胺酮等不同毒品成分,服用后会导致暂时性失忆,甚至出现幻觉,严重时会导致死亡。被告人石××,贩卖含甲基苯丙胺、氯胺酮成分的"神仙水"约400克,人民法院根据其犯罪的事实和具体情节,依法判处相应刑罚。

第三条 禁毒是全社会的共同责任。国家机关、社会团体、企业事业单位以及其他组织和公民,应当依照本法和有关法律的规定,履行禁毒职责或者义务。

第四条 禁毒工作实行预防为主,综合治理,禁种、禁制、禁贩、禁吸并举的方针。

禁毒工作实行政府统一领导,有关部门各负其责,社会广泛参与的工作机制。

理解与适用:本条共分为两款,第1款是关于禁毒工作方针的规定。根据本款的规定,禁毒工作必须坚持预防为主,综合治理,禁种、禁制、禁贩、禁吸并举的方针。坚持预防为主,首先需要切实重视禁毒宣传教育工作,要扎扎实实开展工作,做到形式多样、内容丰富、通俗易懂、注重实效。其次,必须切实加强毒品管制工作,严格按照《药品管理法》《麻醉药品和精神药品管理条例》《易制毒化学品管理条例》等法律法规的规定,建章立制,进一步规范和加强对麻醉药品、药用原植物种植、麻醉药品和精神药品,以及易制毒化学品的生产、经销、运输、储存、使用环节的管理,从源头上防止上述毒品流入非法渠道,危害社会。最后,必须进一步加强吸毒人员戒毒康复工作,鼓励吸毒人员自觉参加社区戒毒,对符合条件的吸毒成瘾人员及时予以强制隔离戒毒,落实被解除强制隔离戒毒人员的社区康复措施,加大对强制戒毒场所的投入,加强戒毒场所医疗技术人员的力量配备,积极开展戒毒科学研究,推广先进的戒毒方法。做好吸毒人员戒毒康复工作,有利于最大限度压缩毒品消费市场,降低毒品造成的社会危害。

禁毒工作还必须坚持综合治理,坚持"禁种、禁制、禁贩、禁吸"四禁并举。首先,是要加强对毒品违法犯罪活动的打击力度,要严格按照刑法等有关法律,对贩毒集团、走私集团等犯罪活动予以惩处,绝不手软。其次,禁毒工作各有关职能部门要加强沟通协调,完善缉毒执法协作机制,在禁毒委员会统一领导下,协调高效地开展禁毒工作,同时在禁毒工作中要自始至终贯彻群众路线的方针,充分依靠和发挥基层组织的作用,调动各方面积极因素。禁种、禁制、禁贩是从源头上加强对毒品的管制,从而有效遏制毒品的泛滥。而禁吸则是致力于减轻毒品危害,减少新增吸毒人口,压缩毒品消费市场。

本条第2款是关于禁毒工作机制的规定。根据本款的规定,禁毒工作实行政府统一领导,有关部门各负其责,社会广泛参与的工作机制。

第五条 国务院设立国家禁毒委员会,负责组织、协调、指导全国的禁毒工作。县级以上地方各级人民政府根据禁毒工作的需要,可以设立禁毒委员会,负责组织、协调、指导本行政区域内的禁毒工作。

理解与适用:本条分为两款,第1款是关于国家禁毒委员会的设立及其职责的规定，根据本款的规定，国家禁毒委员会的职责是负责、协调、指导全国的禁毒工作。第一，国家禁毒委员会的工作范围是全国的禁毒工作，而不是仅限于在中央层面开展工作。第二，国家禁毒委员会的工作职责和方式是组织、协调和指导。所谓组织，是指国家禁毒委员会根据禁毒工作的需要，负责策划、领导和部署相关禁毒专项工作、行动等事项。协调是指国家禁毒委员会依法对涉及多个部门的与禁毒有关的事项进行统筹、协商和安排，理顺机制，解决矛盾，保证国家机关之间各负其责，相互协作。指导是指国家禁毒委员会根据禁毒工作的需要或者各相关部门的要求，对禁毒工作相关事项提出指导性意见，以促进有关部门依法履行禁毒职责。

本条第 2 款是关于地方禁毒委员会的职责的规定。根据本款的规定，县级以上地方各级人民政府根据禁毒工作的需要，可以设立禁毒委员会，负责组织、协调、指导本行政区域内的禁毒工作。需要特别说明的是，法律规定县级以上地方人民政府根据禁毒工作需要，可以设立禁毒委员会，而不是必须层层设立。

第六条 县级以上各级人民政府应当将禁毒工作纳入国民经济和社会发展规划，并将禁毒经费列入本级财政预算。

第七条 国家鼓励对禁毒工作的社会捐赠，并依法给予税收优惠。

理解与适用：国家鼓励社会组织和公民个人捐赠禁毒公益事业，除了能够为相关禁毒公益事业增加经费外，还能够通过这种形式使社会公众积极参与禁毒事业，形成良好的全民禁毒的社会氛围。需要强调的是，根据公益事业捐赠法的规定，捐赠是社会组织或者公民个人自愿和无偿的行为，任何单位和个人都不得强行摊派或者变相摊派，更不能借禁毒捐赠之名敛财。用于禁毒工作的社会捐赠应当由依法成立的与禁毒有关的公益性社会团体和公益性非营利的社会事业单位接受。与禁毒有关的公益性社会团体是指依法成立的以发展禁毒公益事业为宗旨的基金会、慈善机构等社会团体。与禁毒有关的公益性非营利的事业单位是指依法成立的，从事禁毒公益事业的，不以营利为目的的教育机构、科学研究机构、医疗卫生机构、社会福利机构等。

社会组织和公民积极捐赠，禁毒公益事业应当予以鼓励，包括给予税收优惠。对此，公益事业捐赠法和有关税收的法律中都有明确规定。如公益事业捐赠法规定公司和其他企业依照该法的规定捐赠财产用于公益事业，依照法律、行政法规的规定可享受企业所得税方面的优惠等。企业所得税法规定企业发生的公益性捐赠支出在年度利润总额 12% 以内的部分，准予在计算应纳税所得额时扣除；超过年度利润总额 12% 的部分，准予结转以后三年内，在计算应纳税所得额时扣除。

第八条 国家鼓励开展禁毒科学技术研究，推广先进的缉毒技术、装备和戒毒方法。

第九条 国家鼓励公民举报毒品违法犯罪行为，各级人民政府和有关部门应当对举报人予以保护，对举报有功人员以及在禁毒工作中有突出贡献的单位和个人，给予表彰和奖励。

第十条 国家鼓励志愿人员参与禁毒宣传教育和戒毒社会服务工作。地方各级人民政府应当对志愿人员进行指导、培训,并提供必要的工作条件。

理解与适用:开展禁毒科学技术研究,是指国家鼓励和提倡社会各方面,包括有关科研单位、技术部门和个人利用科学的方法,对禁毒工作开展全面的科学技术研究,寻找各种行之有效的科学的禁毒方法。先进的戒毒方法,是指利用先进科学的方法对吸毒人员进行戒毒。

国家鼓励公民举报违法犯罪行为。为便于公民举报毒品违法犯罪行为,毒品违法犯罪举报奖励办法规定,各级禁毒委员会办公室、公安机关应当指定公布举报受理电话或者其他受理方式。直接向公安部举报毒品违法犯罪线索的,由公安部禁毒局作为指定受理机构。同时还规定,各级禁毒委员会办公室、公安机关应当及时受理群众举报,认真记录举报的方式、时间、内容以及举报人的身份信息、联络方式等基本情况,原始记录应作为奖励的重要依据,破案后及时兑奖。

各级人民政府和有关部门应当对举报人予以保护。这一规定是指各级人民政府对举报毒品违法犯罪活动的人员应当积极采取各种措施,对举报人员的人身以及家庭等各方面进行安全保护。保护工作的具体方法是多方面的,如对举报人的个人,家庭以及有关亲属的情况及举报信息的来源采取各种有效的保密措施,防止泄漏。需要作证时,根据案件情况,可以对举报人员采取一些保密性的技术处理,当违法犯罪分子对举报人实施报复行为时,应当及时予以制止,并追究相应的法律责任等。

对举报有功人员以及在禁毒工作中有突出贡献的单位和个人给予表彰和奖励。其中举报有功人员主要是指其对毒品违法犯罪活动的举报,对发现及抓获违法犯罪嫌疑人,侦破毒品犯罪案件给予了重要帮助的人员。在禁毒工作中有突出贡献的单位和个人,主要是指负有禁毒工作职责的单位和个人,主要包括战斗在一线的公安、边防、海关等缉毒民警等。给予表彰和奖励,是指各级人民政府对在禁毒工作中的有功人员、有突出贡献的单位和个人给予各种形式的表彰或奖励。表彰可以通过新闻媒体进行表彰宣传、或通过召开通报表彰大会、颁发荣誉证书等对有功人员进行表彰。奖励则包括给予适当的物质奖励。

国家鼓励志愿人员参与禁毒宣传教育和戒毒社会服务工作。志愿人员是指来自社会各个方面的,自愿参加有关禁毒的社会工作的人员,包括工人、农民、干部、学生、待业人员、离退休人员等来自社会各个方面的力量。参与禁毒宣传教育主要是指志愿人员围绕毒品对社会、家庭和个人带来的危害,严厉打击毒品违法犯罪活动的重要性和每个公民要爱惜生命,远离毒品等内容进行的宣传教育活动。参与戒毒社会工作,主要是指志愿人员协助司法机关和专门的戒毒机构,对本社区内的吸毒人员进行帮助戒毒的社会工作。地方各级人民政府应当对志愿人员进行指导培训,并提供必要的工作条件。提供必要的工作条件,是指地方各级人民政府不仅应当对志愿人员做好指导培训工作,根据需要还应当给他们提供必要的工作条件。必要的工作条件是多方面的,如给他们提供有利于开展工作的条件和场地,提供一定的物质条件,尽量帮助他们协调和解决,在进行禁毒宣传教育活动和进行戒毒社会服务工作中遇到的各种问题和困难。

第二部分 禁毒宣传教育

第十一条 国家采取各种形式开展全民禁毒宣传教育，普及毒品预防知识，增强公民的禁毒意识，提高公民自觉抵制毒品的能力。

国家鼓励公民、组织开展公益性的禁毒宣传活动。

理解与适用：本条规定了以下三个方面的内容。

1.国家采取各种形式开展全民禁毒宣传教育，这一规定是指国家采取各种形式，包括利用各种新闻媒介，宣传活动等进行禁毒宣传教育，鼓励创作更多有关禁毒方面的影视文学和艺术类作品等，在全社会进行禁毒宣传教育，如国家禁毒委员会办公室每年定期发布《中国毒品形势报告》。全民禁毒宣传教育的基本任务是介绍毒品形式，普及禁毒知识，传播禁毒观念，宣传禁毒法规，动员全民禁毒，其核心是增强全民禁毒意识，提高公民对毒品及其危害的认知能力和抵御能力。对一般人群以普及知识为主，对高危人群以干预措施的宣传教育为主。具体任务是：（1）使公民能够正确识别毒品，了解毒品的种类和特征，认清吸食毒品后的后果和危害，提高对毒品的认知能力。（2）使公民了解毒品泛滥的规律和传播条件，消除认知误区，增强对毒品的警惕性，掌握禁毒的科学知识和预防毒品侵害的方法，养成和保持积极健康的生活方式，提高对毒品的抵御能力。（3）使公民了解禁毒斗争的历史和现状，认清毒品泛滥的各种恶果，提高思想道德素质，不断增强禁绝毒品、人人有责的社会责任感。（4）使公民了解我国的禁毒立场、方针、政策和禁毒法律法规，做到知法守法，不吸毒、不贩毒、不种毒、不制毒，增强同涉毒违法犯罪行为作斗争的积极性。（5）使公民了解我国的禁毒业绩，进而发挥禁毒传统，树立必胜信心，营造更加有利的禁毒氛围。

2.普及毒品预防知识，增强公民的禁毒意识，提高公民自觉抵御毒品的能力。这一规定是开展全民禁毒宣传教育的主要内容和要达到的最终目的。

3.国家鼓励公民组织开展公益性的禁毒宣传活动。本条第2款，是关于国家鼓励公民组织开展公益性的禁毒宣传活动的规定。开展公益性禁毒宣传活动的形式是多种多样的，比如有些文艺单位或者个人，将演出所得无偿捐献给禁毒公益事业，或免费进行一些有针对性的禁毒宣传演出等。

第十二条 各级人民政府应当经常组织开展多种形式的禁毒宣传教育。

工会，共产主义青年团妇女联合会应当结合各自工作对象的特点，组织开展禁毒宣传教育。

理解与适用：本条共分为两款。第1款是关于各级人民政府应当经常组织开展多种形式的禁毒宣传教育的规定。应当经常组织开展多种形式的禁毒宣传教育，是指各级人民政府要将禁毒宣传教育工作当作一项经常性的工作来抓，并采取多种多样的形式。经常组织就是要结合本地区的禁毒工作开展情况，经常地组织，而不是需要了才组织或者组织了几次就大功告成了。多种形式的禁毒宣传教育教育，是指在进行禁毒宣传教育过程中，宣传教育的形式不能简单化。可以结合一些毒品违法犯罪的案例，以现身说法的形式宣传或者制作一些有关禁毒的影视文学和艺术类作品进行宣传教育，也可以采用展览报告会的形式，让有关专家讲述有关毒品的预防知识等，形式可以是多种多样的。禁毒宣传教育的内容要重视有关毒品的基础性知识的教育，即什么是毒品，毒品对人体有哪些危害，对社会家庭的危害是什么，国家为什么要严厉打击违法犯罪活动，我们应该怎样抵制毒品的诱惑，如何科学使用麻醉药品等。

本条第2款是关于"工会、共产主义青年团、妇女联合会应当结合各自工作对象的特点，组织开展禁毒宣传教育"的规定。其中工会是职工自愿结合的工人阶级的群众组织；共产主义青年团是接受共产党领导的，由先进青年组成的政治性组织；妇女联合会是由妇女组成的，代表妇女利益和维护妇女权益的组织。上述组织或团体，应当结合各自工作对象的特点，如工会是以单位为基本组织形式的，就应当结合本单位工会成员的工作特点，进行禁毒宣传教育。

第十三条　教育行政部门学校应当将禁毒知识纳入教育，教学内容，对学生进行禁毒宣传教育。公安机关，司法行政部门和卫生行政部门应当予以协助。

理解与适用：教育行政部门是指从教育部到地方各级教育局等主管教育行政工作的部门。学校是指各类从事教育工作的院校，包括小学，中学和大学，这里的学校既包括普通学历学校，也包括职业技能教育学校，既包括公立学校，也包括各种形式的民办学校。应当将禁毒知识纳入教育教学内容，对学生进行禁毒宣传教育是指上述行政教育行政部门和学校应当通过将禁毒知识编写进教科大纲或直接编写进教科书等形式，将禁毒知识纳入教学内容，安排教学课时，对学生进行禁毒宣传教育。应当注意的是，编写禁毒教材的部门和院校应结合不同年龄段学生的特点有针对性地编写有关禁毒知识的教学教材，并注意从小学到初中，初中到高中以及高中到大学的衔接和连贯，这就要求对禁毒知识具体内容的编写进行统筹安排。在内容编写上要注意由浅入深，全面生动，尽量做到既让学生通过禁毒知识的学习，掌握基本的有关禁毒的常识和法律法规规定，又能够随着在不同年龄段所受到的连续不断的禁毒宣传教育，在防范毒品侵袭方面的能力也不断提高。

第十四条　新闻、出版、文化、广播、电影、电视等有关单位，应当有针对性地面向社会进行禁毒宣传教育。

第十五条　飞机场，火车站，长途汽车站，码头以及旅店，娱乐场所等公共场所的经营者，管理者负责本场所的禁毒宣传教育，落实禁毒防范措施，预防毒品违法犯罪在本场所内发生。

理解与适用：新闻、出版、文化、广播、电影、电视等有关单位，应当负起禁毒宣传教育的主要责任，并利用各自的特点和优势，有针对性地面向社会开展禁毒宣传教育。其中新闻单位可以利用每日向人们播报的新闻报道，经常向公民宣传有关禁毒方面的最新形势和国际国内打击毒品违法犯罪的新闻内容，使公民对禁毒的国际国内形势有所了解。出版单位可以利用各种出版物，包括各种有关禁毒知识的出版物以及禁毒文学作品，向公民宣传禁毒知识和禁毒故事，使公民提高毒品辨别能力。广播,电影、电视等给公民以直接视听感受的媒体可以利用生动的音响和画面,编排有关禁毒宣传教育的视听作品,向全社会进行禁毒宣传教育。除了坚持经常开展外,还要注意针对性,比如配合国家各阶段的禁毒活动主题开展禁毒宣传教育活动,地方宣传媒体还可根据本地禁毒工作形势的需要以及本地禁毒工作的特点,开展禁毒宣传教育活动。针对不同的人群和不同年龄的公民,开展适合他们的特点的禁毒宣传教育活动。

公共场所主要是指人们经常聚集的场所,或者供公众使用或服务于大众的场所。这里所说的旅店,根据《旅馆业治安管理办法》的规定,是指经营接待旅客住宿的旅馆、饭店、宾馆、招待所、客栈、车马店、浴池等场所。娱乐场所,根据《娱乐场所管理条例》的规定,是指以营利为目的,并向公众开放、消费者自娱自乐的歌舞、游艺等场所。公共场所的经营者、管理者可以根据本场所的特点、条件以及可能发生的毒品违法犯罪行为,建立禁毒宣传教育的长效机制,因地制宜,在本场所内通过发放禁毒宣传册和宣传单,张贴禁毒宣传画,设置禁毒警示标牌等形式,向广大人民群众介绍毒品知识以及如何防范毒品违法犯罪活动等;可以通过多种形式的宣传活动,有计划有重点地组织开展毒品预防宣传教育,不断扩大毒品预防宣传教育的广度和深度,增强人们对毒品危害的认知能力和抵御毒品的能力,积极参与禁毒斗争。

公共场所的经营者、管理者有必要配合公安、文化、工商等部门落实禁毒防范措施,切断毒品的贩卖运输渠道,在落实防范措施时应当做到,一是制定相关的禁毒防范措施预案,一旦发现毒品违法犯罪活动,能尽快采取有效措施予以处理。二是建立巡查制度,发现场所内有违法犯罪活动的,应立即向公安机关报告。三是加强内部管理,建立健全禁毒管理制度,增强从业人员自律意识,有效预防和减少毒品违法犯罪行为的发生。四是有条件的场所,可以在营业场所或主要通道安装必要的电视监控设备,或采用一些科技手段加强禁毒防范措施。

第十六条 国家机关、社会团体、企事业单位以及其他组织,应当加强对本单位人员的禁毒宣传教育。

第十七条 居民委员会、村民委员会,应协助人民政府以及公安机关等部门加强禁毒宣传教育,落实禁毒防范措施。

第十八条 未成年人的父母或者其他监护人,应当对未成年人进行毒品危害的教育,防止其吸食、注射毒品或进行其他毒品违法犯罪活动。

理解与适用:未成年人的父母或者其他监护人对未成年人的教育中,应当涉及毒品危害的教育,防止其吸食注射毒品或者进行其他毒品违法犯罪活动。具体条文参见《未成年人保护法》第2、10、11、12、53、62条,《预防未成年人犯罪法》第2、6、10、17、35、49条。

第三部分 毒品管制

第十九条 国家对麻醉药品药用原植物种植实行管制。禁止非法种植罂粟、古柯植物、大麻植物以及国家规定管制的可以用于提炼加工毒品的其他原植物。禁止走私或者非法买卖、运输、携带、持有未经灭活的毒品原植物种子或者幼苗。

地方各级人民政府发现非法种植毒品原植物的，应当立即采取措施予以制止铲除。村民委员会居民委员会发现非法种植毒品原植物的，应当及时予以制止铲除，并向当地公安机关报告。

理解与适用：麻醉药品，药用原植物是指罂粟、古柯植物、大麻植物以及国家规定管制的，可以用于提炼加工毒品的其他原植物。其他原植物如卡特树、仙人球毒碱、麦角菌、植物麻黄、毒蝇伞等。"未经灭活的毒品原植物种子或者幼苗"，是指没有经过烘烤、放射线照射等处理手段，还能继续繁殖、发芽的罂粟等毒品原植物种子或者幼苗。

典型案例分析：徐××非法种植毒品原植物案（2018年6月26日最高人民法院毒品犯罪及涉毒次生犯罪典型案例）。

案件适用要点：根据《刑法》第351条的规定，非法种植罂粟500株以上的，即构成非法种植毒品原植物罪，应当判处5年以下有期徒刑、拘役或管制，并处罚金。本案被告人徐××非法种植罂粟达2243株，人民法院根据其犯罪的事实及具有累犯、自首等情节，依法判处刑罚，对此类非法种植毒品原植物行为具有重要警示作用。

第二十条　国家规定的麻醉药品药用原植物种植企业，必须按照国家有关规定种植麻醉药品药用原植物。

国家确定的麻醉药品药用原植物种植企业的提取加工场所，以及国家设立的麻醉药品储存仓库，列为国家重点警戒目标。

未经许可，擅自进入国家确定的麻醉药品药用原植物种植企业的提取加工场所，或者国家设立的麻醉药品储存仓库等警戒区域的，由警戒人员责令其立即离开，拒不离开的，强行带离现场。

理解与适用：依照《麻醉药品和精神药品生产管理办法（试行）》第9条的规定，麻醉药品药用原植物种植企业应当于每年10月底前向国家食品药品监督管理总局和农业部报送下一年度麻醉药品药用原植物种植计划，国家食品药品监督管理总局会同农业部应当于每年1月20日前下达本年度麻醉药品药用原植物种植计划。

"国家重点警戒目标"主要是指用军队、警察等来保证一定场所、区域、人员、设备、物品等安全，其安全警卫的措施，比一般场所更加严格，限制人员进出警戒区域，对出入警戒区域的人员的证件、车辆和物品都要进行检查，未经允许，任何人车辆不得擅自进入该场所。"强行带离现场"是一种强制性措施，主要是采用抓、扭等限制身体行动自由的方式，强制将行为人带离有关场所。这种强制措施在反恐怖主义法、戒严法、人民警察法、集会游行示威法、治安管理处罚法、铁路法等有关法律中均有规定，主要是针对危害公共安全，严重破坏社会秩序，冲击国家机关或者其他重要单位场所等情况，在阻止无效的情况下所采取的强制措施。

第二十一条　国家对麻醉药品和精神药品实行管制，对麻醉药品和精神药品的、研究、生产、经营、使用、储存、运输实行许可和查验制度。

国家对易制毒化学品的生产、经营、购买、运输实行许可制度。

禁止非法生产、买卖运输、储存、提供、持有、使用麻醉药品、精神药品和易制毒化学品。

理解与适用：本条第3款是关于禁止非法生产、买卖、运输、储存、提供、持有、使用麻醉药品、精神药品和易制毒化学品的规定。为了严惩针对麻醉药品、精神药品和易制毒化学品的违法犯罪行为，《治安管理处罚法》和《刑法》对此作了明确的规定。例如，《治安管理处罚法》第72条规定："有下列行为之一者，处10日以上15日以下拘留，可以并处2000元以下罚款；情节较轻的，处5日以下拘留或者500元以下罚款：（一）非法持有鸦片不满200克，海洛因或者甲基苯丙胺不满10克或者其他少量毒品的；（二）向他人提供毒品的；（三）吸食、注射毒品的；（四）胁迫、欺骗医务人员，开具麻醉药品、精神药品的。"

《刑法》第347条第1款规定，走私、贩卖、运输、制造毒品，无论数量多少都应当追究刑事责任，予以刑事处罚。第2款规定，走私、贩卖、运输、制造毒品，有下列情形之一的，处十五年有期徒刑、无期徒刑或者死刑，并处没收财产：（一）走私、贩卖、运输、制造鸦片一千克以上、海洛因或者甲基苯丙胺五十克以上或者其他毒品数量大的；（二）走私、贩卖、运输、制造毒品集团的首要分子；（三）武装掩护走私、贩卖、运输、制造毒品的；（四）以暴力抗拒检查、拘留、逮捕，情节严重的；（五）参与有组织的国际贩毒活动的。第3款规定，走私、贩卖、运输、制造鸦片二百克以上不满一千克，海洛因或者甲基苯丙胺十克以上不满五十克或者其他毒品数量较大的，处七年以上有期徒刑，并处罚金。第4款规定，走私、贩卖、运输、制造鸦片不满二百克，海洛因或者甲基苯丙胺不满十克或者其他少量毒品的，处三年以下有期徒刑、拘役或者管制，并处罚金；情节严重的，处三年以上七年以下有期徒刑，并处罚金。

第二十二条　国家对麻醉药品，精神药品和易制毒化学品的出口进口实施许可制度。国务院有关部门应当按照规定的职责，对进口出口麻醉药品，精神药品和易制毒化学品，依法进行管理。禁止走私麻醉药品、精神药品和易制毒化学品。

第二十三条　发生麻醉药品，精神药品和易制毒化学品被盗被抢丢失或者其他流入非法渠道的情形，案发单位应当立即采取必要的控制措施，并立即向公安机关报告，同时依照规定向有关主管部门报告。

公安机关接到报告后，或者有证据证明，麻醉药品，精神药品和易制毒化学品可能流于非法渠道的，应当及时开展调查，并可以对相关单位采取必要的控制措施。药品监督管理部门，卫生行政部门以及其他有关部门应当配合公安机关开展工作。

理解及适用：麻醉药品和精神药品是指列入国家公布的麻醉药品，精神药品目录的药品和其他物质。易制毒化学品是指列入国家公布的易制毒化学品目录的物质。许可制度即行政许可制度，是指有权的行政机关根据公民、法人或者其他组织的申请，经依法审查，准予其从事特定活动的制度。国务院有关部门应当按照规定的职责,对进口出口麻醉药品、精神药品和易制毒化学品依法进行管理。具体来讲,包括禁毒法和药品管理法等法律,《麻醉药品和精神药品管理条例》《易制毒化学品管理条例》等行政法规,《药品进口管理办法》《易制毒化学品进出口管理办法》《易制毒化学品进出口国际核查管理规定》等部门规章规定的职责。

禁止走私麻醉药品、精神药品和易制毒化学品。走私是指违反国家法律法规,逃避海关监管,非法运输、携带、邮寄麻醉药品、精神药品和易制毒化学品进出国境和边境的行为。

条文参见:《药品管理法》第66条,《行政许可法》第12条,《刑法》第347、350条,《麻醉药品和精神药品管理条例》第2条,《易制毒化学品管理条例》第2,26~31条,《1961年麻醉品单一公约》第31条,《1971年精神药物公约》第12条,《联合国禁止、非法贩运麻醉药品和精神药品公约》第12条。

有关主管部门是指公安机关外,按照有关规定对麻醉药品、精神药品和易制毒化学品负有监督管理职责的部门。对麻醉药品、精神药品负有监督管理职责的部门,包括药品监督管理部门、卫生主管部门等对易制毒化学品负有监督管理职责的部门,包括药品监督管理部门,安全生产监督管理部门,商务主管部门,卫生主管部门等。以上这些部门在发生麻醉药品、精神药品和易制毒化学品可能流于非法渠道的事故时的职责,即配合公安机关开展工作。

第二十四条 禁止非法传授麻醉药品、精神药品和易制毒化学品的制造方法,公安机关接到举报或者发现非法传授麻醉药品、精神药品和易制毒化学品制造方法的,应及时依法查处。

第二十五条 麻醉药品,精神药品和易制毒化学品管理的具体办法,由国务院规定。

理解与适用:"传授"是指以语言、文字、动作、图像或其他方法,将麻醉药品、精神药品和易制毒化学品的制造方法教授给他人。"制造方法"的范围比较广泛,包括麻醉药品、原植物的种植方法,麻醉药品、精神药品或易制毒化学品的生产方法、生产设备、提取方法、加工方法、配方等,可以是全套的生产流程,也可以是生产过程中的某个步骤。

公安机关是承担打击毒品违法犯罪活动职责的部门,根据本条的规定公安机关接到人民群众举报,或者说主动发现存在非法传授麻醉药品、精神药品和易制毒化学品制造方法活动的,应当及时依法予以查处,对于构成犯罪的,应当依法予以打击。

第二十六条 公安机关根据查缉毒品的需要,可以在边境地区、交通要道、口岸以及飞机场、火车站、长途汽车站、码头对来往人员、物品、货物以及交通工具进行毒品和易制毒化学品检查,民航、铁路、交通部门应当予以配合。

海关应当依法加强对进出口岸的人员、物品、货物和运输工具的检查,防止走私毒品和易制毒化学品。

邮政企业应当依法加强对邮件的检查,防止邮寄毒品和非法邮寄易制毒化学品。

理解与适用：上述检查可以与为保护公共交通工具安全进行的安全检查一起进行，也可以分开进行。如民航的安全检查，就是一项综合性的检查，即检查是否携带枪支弹药、爆炸物、管制刀具等危险物品，也检查是否携带毒品。在一些毒品走私频繁的边境地区，有时对交通工具、乘客进行专门的毒品检查，设立毒品检查站。民航、铁路、交通等部门是机场、火车站、长途汽车站、码头等场所的主管部门，公安机关在对上述场所进行毒品和易制毒化学品检查工作时，有关主管部门应当予以配合。

邮政企业，不仅包括中国邮政集团公司及其提供邮政服务的全资企业、控股企业等，还包括快递企业。当然，邮政、快递企业在对邮件快递进行检查时，应当依照宪法和有关法律的规定，保护公民的通信自由和通信秘密。邮政快递企业违反有关检查显示规定的，应当依法承担法律责任。对于检查中发现涉嫌毒品、易制毒化学品犯罪的，应当及时告知公安机关查处。

典型案例分析：刘×贩卖、运输毒品案（2018年6月26日最高人民法院毒品犯罪及涉毒次生犯罪典型案例）

案件适用要点：利用信息网络和电子商务平台实施毒品犯罪，是当前毒品犯罪的新动向。物流配送的快捷性又加速了毒品从毒源地向其他省份扩散。一些不法分子利用信息网络和物流配送覆盖面广、易隐瞒真实身份等特点。通过QQ、微信等方式，联系商定毒品交易，以快递方式寄送毒品，此类案件在实践中时有发生。本案被告人刘×通过QQ、微信等方式与他人联系商定毒品交易，再将毒品快递给对方，共计贩卖运输5000余克甲基苯丙胺及片剂，社会危害大，且其属于毒品再犯，主观恶性深。人民法院根据刘×犯罪的事实、性质及其毒品再犯等情节，对其判处死刑，体现了对此类犯罪的从严惩处。

第二十七条 娱乐场所应当建立巡查制度，发现娱乐场所内有毒品违法犯罪活动的，应当立即向公安机关报告。

第二十八条 对依法查获的毒品，吸食、注射毒品的用具，毒品违法犯罪的非法所得及其收益，以及直接用于实施毒品违法犯罪行为的本人所有的工具、设备、资金，应当收缴，按照规定处理。

理解及适用："娱乐场所"是指以营利为目的，并向公众开放的歌舞、游艺等场所，包括歌厅、舞厅、KTV等以人际交易为主的场所和电子游戏厅、台球厅等依靠游艺器械经营的场所。

本条规定涉及的"依法查获"的物品包括四类，一是毒品，二是吸食、注射毒品的用具，即吸食人员用来吸食、注射毒品的注射器等用具，三是毒品违法犯罪的非法所得及其收益。非法所得是指违法犯罪分子因为实施毒品违法犯罪行为而非法获得的财物，如贩卖毒品所得的资金，运输毒品所得的报酬，容留贩毒人员在娱乐场所进行贩毒活动时所得的抽头，非法传授麻醉药品、精神药品制造方法所得的报酬等。收益是指利用毒品违法犯罪的非法所得所产生的利息或进行经营活动所产生的经济利益，如将投资存入银行所获利息、投资购买股票基金所获红利、用独资开办公司所获盈利等。四是直接用于实施毒品违法犯罪行为的本人所有的工具、设备、资金。这类物品有两个限制条件。（1）直接用于实施毒品违法犯罪行为，对于实施毒品违法犯罪行为起到必不可少的作用，并直接引导致危害后果发生，如贩毒分子将运输工具进行改装，设置不宜被发现的夹层、暗箱以逃避检查，这种运输工具就属于直接用于违法犯罪的工具、设备等。（2）"本人所有"即违法犯罪行为人本人所有而非他人所有，如有的人借用他人车辆进行贩毒，出借人并不知情，这种情况下不能因为贩毒人使用车辆就把该车辆予以没收。本条作出这样的限制，主要是为了防止在执法活动中随意扩大收缴的范围，影响一些与违法犯罪行为无关人的正常生活。"工具设备"，主要是指毒品违法犯罪活动中所使用的机器、设备，如提炼海洛因或生产加工冰毒使用的各种机器、装备等。"资金"包括毒品违法犯罪行为人用于购买毒品、制毒设备的资金等。本条规定对上述毒品和涉毒物品应当收缴，依照规定处理。

典型案例指引：倪××运输毒品案（2018年6月26日最高人民检察院发布检察机关依法惩治毒品犯罪典型案例）

案件适用要点：毒品犯罪是典型的贪利型犯罪，依法收缴毒品犯罪分子的违法所得及其产生的收益，以及供犯罪使用的本人财物，并对其准确适用财产刑，是剥夺其再犯经济基础的重要手段，对有效打击毒品犯罪具有重要作用。对被告人判处有期徒刑同时并处没收财产的，应当结合毒品犯罪的性质、情节、危害、后果及其获利情况、经济状况等因素，确定没收个人财产的数额。而实践中司法机关往往对财产刑的处罚不够严格，本案是对财产刑适用不当而抗诉成功的案例。

第二十九条　可疑毒品犯罪资金监测：反洗钱行政主管部门应当依法加强对可疑毒品犯罪资金的监测。反洗钱行政主管部门和其他依法负有反洗钱监督管理职责的部门、机构发现涉嫌毒品犯罪的资金流动情况，应当及时向侦查机关报告，并配合侦查机关，做好侦查、调查工作。

第三十条　国家建立健全毒品监测和禁毒信息系统，开展毒品监测和禁毒信息的收集、分析、使用、交流工作。

理解与适用：根据反洗钱法的规定，反洗钱行政主管部门在加强可疑毒品犯罪资金监测方面主要履行以下职责：加强金融监管，督促金融机构制定和实施反洗钱内部控制制度，履行客户身份识别、客户信息和交易记录保存以及识别并报告可疑金融交易的义务。应当注意的是，反洗钱监测活动不仅包括对犯罪以后的洗钱犯罪活动进行监测，也包括监测可能正在进行的涉及犯罪活动的资金流动情况。有关机构和部门发现可能用于毒品交易的大额资金，也应列入监测范围。

建立健全毒品监测和禁毒信息系统是一个综合工程，应当从以下三个方面着手：（1）健全毒品监测制度体系。毒品监测制度体系的健全，包括各级禁毒机构毒品监测制度的建立和完善，需要注意从各方面、各角度了解本地、全国，乃至世界范围内的毒品种植、制造、运输、消费等信息，为正确的禁毒决策做准备。与禁毒管制工作关系密切的麻醉药品、精神药品生产、经营、使用部门和机构应当建立固定的工作制度和机制，将禁毒信息的收集、整理、分析、交流和使用纳入日常工作。

对于禁毒信息的收集、分析和使用，应当保障来源的广泛性、分析的精准性及应对的及时性。健全禁毒信息汇总、分析、储存和使用系统包括两个方面的工作：一是建立信息汇总、分析、储存和共享的机制，形成工作制度。二是信息系统还包括与国际禁毒组织和其他国家的禁毒信息交流分享和互动，能够使禁毒信息系统及时协调国际禁毒合作等。

第四部分　戒毒措施（节选）

第三十八条

吸毒成瘾人员有下列情形之一的，由县级以上人民政府公安机关作出强制隔离戒毒的决定：（一）拒绝接受社区戒毒的；（二）在社区戒毒期间吸食、注射毒品的；（三）严重违反社区戒毒协议的；（四）经社区戒毒、强制隔离戒毒后再次吸食、注射毒品的。

对于吸毒成瘾严重，通过社区戒毒难以戒除毒瘾的人员，公安机关可以直接作出强制隔离戒毒的决定。

吸毒成瘾人员自愿接受强制隔离戒毒的，经公安机关同意，可以进入强制戒毒场所戒毒。

理解与适用：本条共分为三款。第一款是关于强制隔离戒毒适用条件的规定。这一款包括以下三层含义：1.强制隔离戒毒的决定是由县级以上人民政府公安机关作出。"县级以上人民政府公安机关"，包括县、不设区的市公安局、市辖区公安分局，以及在铁路、林业、民航、交通、海关等单位设立的与县级人民政府公安机关级别相当的公安机关，以及上述公安机关的上级公安机关。2.强制隔离戒毒的对象是吸毒成瘾人员。吸毒人员同时具备以下情形的，公安机关认定其吸毒成瘾：（1）经血液、尿液、唾液等人体生物样本检测证明其体内含有毒品成分；（2）有证据证明其有使用毒品行为；（3）有戒断症状或者有证据证明吸毒史，包括曾经因使用毒品被公安机关查处或者曾经进行自愿戒毒、人体毛发样品检测出毒品成分等情形。对吸食、注射毒品还没有成瘾的吸毒人员，不适用本条规定的强制隔离戒毒措施。3.对吸毒成瘾人员强制隔离戒毒需符合四项法定情形之一。根据本款的规定，这四项法定情形是指：（1）拒绝接受社区戒毒的；（2）在社区戒毒期间吸食、注射毒品的；（3）严重违反社区戒毒协议的；（4）在社区戒毒、强制隔离戒毒后再次吸食、注射毒品的。

本条第二款是关于公安机关可以对吸毒成瘾严重、通过社区戒毒难以戒除毒瘾的人员，直接作出强制隔离戒毒的规定。本款则对这一原则作了例外规定，针对特殊情况，赋予了公安机关一定的自由裁量权，即可以不作出责令接受社区戒毒的决定，而直接作出强制戒毒的决定。

本条第三款是关于戒毒人员可以自愿接受强制隔离戒毒的规定。本款规定，吸毒成瘾人员自愿接受强制隔离戒毒的，经公安机关同意，可以直接进入强制隔离戒毒场所戒毒。

第三十九条

怀孕或者正在哺乳自己不满一周岁婴儿的妇女吸毒成瘾的，不适用强制隔离戒毒。不满十六岁的未成年人吸毒成瘾的，可以不适用强制隔离戒毒。

对依照前款规定不适用强制隔离戒毒的吸毒成瘾人员，依照本法规定进行社区戒毒，由负责社区戒毒工作的城市街道办事处、乡镇人民政府加强帮助、教育和监督，督促落实社区戒毒措施。

条文参见《治安管理处罚法》第21条；《戒毒条例》第26条；《公安机关强制隔离戒毒所管理办法》第15条；《司法行政机关强制隔离戒毒工作规定》第12条。

第四十六条

戒毒人员的亲属和所在单位或者就读学校的工作人员，可以按照有关规定探访戒毒人员。戒毒人员经强制隔离戒毒场所批准，可以外出探视配偶、直系亲属。

强制隔离戒毒场所管理人员应当对强制戒毒场所以外的人员交给戒毒人员的物品和邮件进行检查，防止夹带毒品。在检查邮件时，应当依法保护戒毒人员的通信自由和通信秘密。

第四十七条

强制隔离戒毒期限为二年。

执行强制隔离戒毒一年后，经诊断评估，对于戒毒情况良好的戒毒人员，强制隔离戒毒场所可以提出提前解除强制隔离戒毒的意见，报强制隔离戒毒的决定机关批准。

强制隔离戒毒期满前，经诊断评估，对于需要延长戒毒期限的戒毒人员，由强制隔离戒毒场所提出延长戒毒期限的意见，报强制隔离戒毒的决定机关批准。强制隔离戒毒的期限最长可以延长一年。

理解与适用：本条共分为三款。根据第一款的规定，强制隔离戒毒的期限为二年。《戒毒条例》第二十七条第一款规定，强制隔离戒毒的期限是二年，自作出强制隔离戒毒决定之日起计算。根据上述规定，自县级以上人民政府公安机关依照本法第三十八条的规定，对符合条件的吸毒成瘾人员决定强制隔离戒毒之日起，强制隔离戒毒措施的期限一律为二年。

需要注意的是，《戒毒条例》第三十一条中规定，强制隔离戒毒人员患严重疾病，不出所治疗可能危及生命的，经强制戒毒场所主管机关批准，并报强制隔离戒毒决定机关备案，强制隔离戒毒场所可以允许其所外就医。所外就医期间，强制隔离戒毒期限连续计算。《戒毒条例》第三十二条规定，强制隔离戒毒人员脱逃的，强制隔离戒毒场所应立即通知所在地县级人民政府公安机关，并配合公安机关追回脱逃人员。被追回的强制隔离戒毒人员应当继续执行强制隔离戒毒，脱逃期间时间不计入强制隔离戒毒期限。

本条第二款规定，执行强制隔离戒毒一年后，经诊断评估，对于戒毒情况良好的戒毒人员，强制隔离戒毒场所可以提出提前解除强制隔离戒毒的意见，报强制隔离戒毒的决定机关批准。

《强制隔离戒毒诊断评估办法》规定，诊断评估由强制隔离戒毒所实施，县级以上人民政府公安机关、司法行政部门、卫生计生行政部门在各自职责范围内对诊断评估工作进行监督和指导；诊断评估的内容包括生理脱毒评估、身心康复评估、行为表现评估，社会环境与适应能力评估。各项评估内容有着具体明确的评估标准。对于各项评估内容均达到评估标准的戒毒人员，强制隔离戒毒所可以提出提前解除强制隔离戒毒的意见。

本条第3款规定，强制隔离戒毒期满前，经诊断评估，对于需要延长戒毒期限的戒毒人员，由强制隔离戒毒场所提出延长戒毒期限的意见，报强制隔离戒毒的决定机关批准。强制隔离戒毒的期限最长可以延长一年，这里所规定的"诊断评估"的内容标准和程序等与提前解除强制隔离戒毒的"诊断评估"是一致的，都要依照《强制隔离戒毒诊断评估办法》实施。

条例参见：《戒毒条例》第20、27、31、32条；《公安机关强制隔离戒毒所管理办法》第37、46、62条；《司法行政机关强制隔离戒毒工作规定》第3、31条；《强制隔离戒毒诊断评估办法》。

第五十一条 省自治区直辖市人民政府，卫生行政部门会同公安机关，药品监督管理部门，依照国家有关规定，根据巩固戒毒成果的需要和本行政区域艾滋病流行情况，可以开展戒毒药物维持治疗工作。

理解与适用：本条规定有两层含义：1.开展戒毒药物维持治疗工作，由省、自治区、直辖市人民政府卫生行政部门会同公安机关、药品监督管理部门来进行，其他任何部门或单位都无权开展这项工作。2.开展戒毒药物维持治疗工作的前提是按照国家有关规定，根据巩固戒毒成果的需要和本行政区域艾滋病流行情况的需要。这里的"国家有关规定"，是指《治安管理处罚法》《公共场所卫生管理条例》《艾滋病防治条例》《戒毒医疗服务管理暂行办法》《戒毒药物维持治疗工作管理办法》等有关戒毒治疗、防治、戒毒药物的临床应用等方面的法律、法规、规章等。

条文参见《戒毒药物维持治疗工作管理办法》。

第五十九条

有下列行为之一，构成犯罪的，已发追究刑事责任；尚未构成犯罪的，已发给予治安管理处罚：

（一）走私、贩卖、运输、制造毒品的；

（二）非法持有毒品的；

（三）非法种植毒品原植物的；

（四）非法买卖、运输、携带、持有未经灭活的毒品原植物种子或者幼苗的；

（五）非法传授麻醉药品、精神药品或者易制毒化学品制造方法的；

（六）强迫、引诱、教唆、欺骗他人吸食、注射毒品的；

（七）向他人提供毒品的。

典型案例分析：

1. 李××贩卖、运输毒品案（2017年6月20日最高人民法院毒品犯罪及涉毒次生犯罪十大典型案例）

案件适用要点：氯胺酮是一种精神药品，具有麻醉作用，滥用氯胺酮会产生认知障碍、引发幻觉，危害很大。近年来，滥用氯胺酮等合成毒品的人数呈上升之势，制造氯胺酮犯罪多发，个别地区较为突出。本案就是一起典型的制造、贩卖氯胺酮犯罪案件。被告人李××为牟取非法利益，纠集多人制造了大量氯胺酮并进行贩卖，案发后查获的氯胺酮成品数量达到140多千克，社会危害极大，罪行极其严重。人民法院根据李××犯罪的事实、性质和具体情节，依法对其判处死刑，体现了对制造毒品这类源头性毒品犯罪的严惩政策。

2. 杨××运输毒品案（2017年6月20日最高人民法院毒品犯罪及涉毒次生犯罪十大典型案例）

案件适用要点：为牟取高额报酬而组织他人运输毒品，不同于为挣取少量运费而受人指使、雇用运输毒品的情形，对前者应当依法予以严惩。尤其是组织怀孕妇女、病残人员等特殊群体运输毒品的，具有明显逃避法律制裁的目的，体现了更大的社会危害性和主观恶性，在政策把握上更应当体现严厉性。本案是一起典型的组织多名怀孕妇女运输毒品的犯罪案件，参与人员多，涉案毒品数量特别巨大，约定的非法报酬数额巨大。被告人杨××系运输毒品共同犯罪中的组织者、直接实施者，罪责最为突出。而且杨××曾因运输毒品罪被判处重刑，被假释后不思悔改，变本加厉，又运输毒品，是多再犯，主观恶意极深，应依法予以严惩。人民法院根据杨××犯罪的事实、性质和具体情节，综合考虑其主观恶意，人身危害性，对其判处死刑，体现了对此类运输毒品犯罪的严惩政策。

（因篇幅有限，此处只列出了《中华人民共和国禁毒法》部分条例，详情请参照《中华人民共和国禁毒法》单行本。）

中华人民共和国刑法（节选）

第三百四十七条 走私、贩卖、运输、制造毒品，无论数量多少，都应当追究刑事责任，予以刑事处罚。

走私、贩卖、运输、制造毒品，有下列情形之一的，处十五年有期徒刑、无期徒刑或者死刑，并处没收财产：（一）走私、贩卖、运输、制造鸦片一千克以上、海洛因或者甲基苯丙胺五十克以上或者其他毒品数量大的；（二）走私、贩卖、运输、制造毒品集团的首要分子；（三）武装掩护走私、贩卖、运输、制造毒品的；（四）以暴力抗拒检查、拘留、逮捕，情节严重的；（五）参与有组织的国际贩毒活动的。

走私、贩卖、运输、制造鸦片二百克以上不满一千克、海洛因或者甲基苯丙胺十克以上不满五十克或者其他毒品数量较大的，处七年以上有期徒刑，并处罚金。

走私、贩卖、运输、制造鸦片不满二百克、海洛因或者甲基苯丙胺不满十克或者其他少量毒品的，处三年以下有期徒刑、拘役或者管制，并处罚金；情节严重的，处三年以上七年以下有期徒刑，并处罚金。

单位犯第二款、第三款、第四款罪的，对单位判处罚金，并对其直接负责的主管人员和其他直接责任人员，依照各该款的规定处罚。

利用、教唆未成年人走私、贩卖、运输、制造毒品，或者向未成年人出售毒品的，从重处罚。对多次走私、贩卖、运输、制造毒品，未经处理的，毒品数量累计计算。

第三百四十八条　非法持有鸦片一千克以上、海洛因或者甲基苯丙胺五十克以上或者其他毒品数量大的，处七年以上有期徒刑或者无期徒刑，并处罚金；非法持有鸦片二百克以上不满一千克、海洛因或者甲基苯丙胺十克以上不满五十克或者其他毒品数量较大的，处三年以下有期徒刑、拘役或者管制，并处罚金；情节严重的，处三年以上七年以下有期徒刑，并处罚金。

第三百四十九条　包庇走私、贩卖、运输、制造毒品的犯罪分子的，为犯罪分子窝藏、转移、隐瞒毒品或者犯罪所得的财物的，处三年以下有期徒刑、拘役或者管制；情节严重的，处三年以上十年以下有期徒刑。缉毒人员或者其他国家机关工作人员掩护、包庇走私、贩卖、运输、制造毒品的犯罪分子的，依照前款的规定从重处罚。

犯前两款罪，事先通谋的，以走私、贩卖、运输、制造毒品罪的共犯论处。

第三百五十条　违反国家规定，非法生产、买卖、运输醋酸酐、乙醚、三氯甲烷或者其他用于制造毒品的原料、配剂，或者携带上述物品进出境，情节较重的，处三年以下有期徒刑、拘役或者管制，并处罚金；情节严重的，处三年以上七年以下有期徒刑，并处罚金；情节特别严重的，处七年以上有期徒刑，并处罚金或者没收财产。

明知他人制造毒品而为其生产、买卖、运输前款规定的物品的，以制造毒品罪的共犯论处。

单位犯前两款罪的，对单位判处罚金，并对其直接负责的主管人员和其他直接责任人员，依照前两款的规定处罚。

第三百五十一条　非法种植罂粟、大麻等毒品原植物的，一律强制铲除。有下列情形之一的，处五年以下有期徒刑、拘役或者管制，并处罚金：（一）种植罂粟五百株以上不满三千株或者其他毒品原植物数量较大的；（二）经公安机关处理后又种植的；（三）抗拒铲除的。非法种植罂粟三千株以上或者其他毒品原植物数量大的，处五年以上有期徒刑，并处罚金或者没收财产。非法种植罂粟或者其他毒品原植物，在收获前自动铲除的，可以免除处罚。

第三百五十二条　非法买卖、运输、携带、持有未经灭活的罂粟等毒品原植物种子或者幼苗，数量较大的，处三年以下有期徒刑、拘役或者管制，并处或者单处罚金。

第三百五十三条　引诱、教唆、欺骗他人吸食、注射毒品的，处三年以下有期徒刑、拘役或者管制，并处罚金；情节严重的，处三年以上七年以下有期徒刑，并处罚金。

强迫他人吸食、注射毒品的，处三年以上十年以下有期徒刑，并处罚金。引诱、教唆、欺骗或者强迫未成年人吸食、注射毒品的，从重处罚。

第三百五十四条　容留他人吸食、注射毒品的，处三年以下有期徒刑、拘役或者管制，并处罚金。

第三百五十五条　依法从事生产、运输、管理、使用国家管制的麻醉药品、精神药品的人员，违反国家规定，向吸食、注射毒品的人提供国家规定管制的能够使人形成瘾癖的麻醉药品、精神药品的，处三年以下有期徒刑或者拘役，并处罚金；情节严重的，处三年以上七年以下有期徒刑，并处罚金。

向走私、贩卖毒品的犯罪分子或者以牟利为目的，向吸食、注射毒品的人提供国家规定管制的能够使人形成瘾癖的麻醉药品、精神药品的，依照本法第三百四十七条的规定定罪处罚。

单位犯前款罪的，对单位判处罚金，并对其直接负责的主管人员和其他直接责任人员，依照前款的规定处罚。

第三百五十六条　因走私、贩卖、运输、制造、非法持有毒品罪被判过刑，又犯本节规定之罪的，从重处罚。

第三百五十七条　本法所称的毒品，是指鸦片、海洛因、甲基苯丙胺（冰毒）、吗啡、大麻、可卡因以及国家规定管制的其他能够使人形成瘾癖的麻醉药品和精神药品。毒品的数量以查证属实的走私、贩卖、运输、制造、非法持有毒品的数量计算，不以纯度折算。

重点法解读

《刑法》第三百四十八条，本条是对非法持有毒品的犯罪及其刑事处罚的规定。

条文解读

"非法持有毒品"是指除依照国家有关规定生产、管理、运输、使用麻醉药品、精神药品的以外而持有毒品。

（1）所谓持有毒品，是指行为人持有毒品时，没有合法的根据；或者说，行为人持有毒品，不是基于法律、法令、法规的规定或允许。如果行为人合法持有毒品，则不构成犯罪。即依法生产、使用、研究毒品的人持有毒品时，是正当行为，不构成犯罪。如医生因病人病情的需要，为使用毒品而持有毒品的，经过有权机关批准从事毒品管理职业的，经过有权机关批准制造毒品后持有毒品或依法运输毒品的，都是合法行为，不构成非法持有毒品罪。

（2）所谓持有毒品，也就是行为人对毒品的事实上的支配。持有具体表现为占有、携带、藏有或者以其他方法持有支配毒品。持有不要求物理上的握有，不要求行为人时时刻刻将毒品握在手中、放在身上和装在口袋里，只要行为人认识到它的存在，能够对之进行管理或者支配，就是持有。持有时并不要求行为人对毒品具有所有权，所有权虽属他人，但事实上置于行为人支配之下时，行为人即持有毒品；行为人是否知道自己具有所有权、所有权人是谁，都不影响持有的成立。

此外，持有并不要求直接持有，即介入第三者时，也不影响持有的成立。如行为人认为自己管理毒品不安全，将毒品委托给第三人保管时，行为人与第三者均持有该毒品。持有是一种持续行为，只有当毒品在一定时间内由行为人支配时，才构成持有，至于时间的长短，则并不影响持有的成立，只是一种量刑情节，但如果时间过短，不足以说明行为人事实上支配着毒品时，则不能认为是持有。

（3）非法持有毒品达到一定数量才构成犯罪。本条对非法持有毒品罪，规定了三档刑罚，非法持有鸦片一千克以上、海洛因或者甲基苯丙胺五十克以上或者其他毒品数量大的，处七年以上有期徒刑或者无期徒刑，并处罚金。这里的"其他毒品数量大"与本法第三百四十七条第二款第一项的规定相同。对非法持有鸦片二百克以上不满一千克、海洛因或者甲基苯丙胺十克以上不满五十克或者其他毒品数量较大的，处三年以下有期徒刑、拘役或者管制，并处罚金。这里的"其他毒品数量较大的"与本法第三百四十七条第三款的规定相同。对情节严重的，处三年以上七年以下有期徒刑，并处罚金。"情节严重的"一般是指多次被查持有毒品的等。

需注意的是，对于被查获的非法持有毒品者，首先应当尽力调查犯罪事实，如果经查证是以走私、贩卖毒品为目的而非法持有毒品的，应当以走私、贩卖毒品罪定罪量刑。只有在确实难以查实犯罪分子走私、贩卖毒品证据的情况下，才能适用本条规定对犯罪分子进行处罚。

最高人民法院关于审理毒品犯罪案件适用法律若干问题的解释

第一条 走私、贩卖、运输、制造、非法持有下列毒品，应当认定为刑法第三百四十七条第二款第一项、第三百四十八条规定的"其他毒品数量大"：（一）可卡因五十克以上；（二）3,4-亚甲二氧基甲基苯丙胺（MDMA）等苯丙胺类毒品（甲基苯丙胺除外）、吗啡一百克以上；（三）芬太尼一百二十五克以上；（四）甲卡西酮二百克以上；（五）二氢埃托啡十毫克以上；（六）哌替啶（度冷丁）二百五十克以上；（七）氯胺酮五百克以上；（八）美沙酮一千克以上；（九）曲马多、γ-羟丁酸二千克以上；（十）大麻油五千克、大麻脂十千克、大麻叶及大麻烟一百五十千克以上；（十一）可待因、丁丙诺啡五千克以上；（十二）三唑仑、安眠酮五十千克以上；（十三）阿普唑仑、恰特草一百千克以上；（十四）咖啡因、罂粟壳二百千克以上；（十五）巴比妥、苯巴比妥、安钠咖、尼美西泮二百五十千克以上；（十六）氯氮䓬、艾司唑仑、地西泮、溴西泮五百千克以上；（十七）上述毒品以外的其他毒品数量大的。国家定点生产企业按照标准规格生产的麻醉药品或者精神药品被用于毒品犯罪的，根据药品中毒品成分的含量认定涉案毒品数量。

第二条 走私、贩卖、运输、制造、非法持有下列毒品，应当认定为刑法第三百四十七条第三款、第三百四十八条规定的"其他毒品数量较大"：（一）可卡因十克以上不满五十克；（二）3,4-亚甲二氧基甲基苯丙胺（MDMA）等苯丙胺类毒品（甲基苯丙胺除外）、吗啡二十克以上不满一百克；（三）芬太尼二十五克以上不满一百二十五克；（四）甲卡西酮四十克以上不满二百克；（五）二氢埃托啡二毫克以上不满十毫克；（六）哌替啶（度冷丁）五十克以上不满二百五十克；（七）氯胺酮一百克以上不满五百克；（八）美沙酮二百克以上不满一千克；（九）曲马多、γ-羟丁酸四百克以上不满二千克；（十）大麻油一千克以上不满五千克、大麻脂二千克以上不满十千克、大麻叶及大麻烟三十千克以上不满一百五十千克；（十一）可待因、丁丙诺啡一千克以上不满五千克；（十二）三唑仑、安眠酮十千克以上不满五十千克；（十三）阿普唑仑、恰特草二十千克以上不满一百千克；（十四）咖啡因、罂粟壳四十千克以上不满二百千克；（十五）巴比妥、苯巴比妥、安钠咖、尼美西泮五十千克以上不满二百五十千克；（十六）氯氮䓬、艾司唑仑、地西泮、溴西泮一百千克以上不满五百千克；（十七）上述毒品以外的其他毒品数量较大的。

第三条 在实施走私、贩卖、运输、制造毒品犯罪的过程中，携带枪支、弹药或者爆炸物用于掩护的，应当认定为刑法第三百四十七条第二款第三项规定的"武装掩护走私、贩卖、运输、制造毒品"。枪支、弹药、爆炸物种类的认定，依照相关司法解释的规定执行。在实施走私、贩卖、运输、制造毒品犯罪的过程中，以暴力抗拒检查、拘留、逮捕，造成执法人员死亡、重伤、多人轻伤或者具有其他严重情节的，应当认定为刑法第三百四十七条第二款第四项规定的"以暴力抗拒检查、拘留、逮捕，情节严重"。

第四条 走私、贩卖、运输、制造毒品，具有下列情形之一的，应当认定为刑法第三百四十七条第四款规定的"情节严重"：（一）向多人贩卖毒品或者多次走私、贩卖、运输、制造毒品的；（二）在戒毒场所、监管场所贩卖毒品的；（三）向在校学生贩卖毒品的；（四）组织、利用残疾人、严重疾病患者、怀孕或者正在哺乳自己婴儿的妇女走私、贩卖、运输、制造毒品的；（五）国家工作人员走私、贩卖、运输、制造毒品的；（六）其他情节严重的情形。

第五条 非法持有毒品达到刑法第三百四十八条或者本解释第二条规定的"数量较大"标准，且具有下列情形之一的，应当认定为刑法第三百四十八条规定的"情节严重"：（一）在戒毒场所、监管场所非法持有毒品的；（二）利用、教唆未成年人非法持有毒品的；（三）国家工作人员非法持有毒品的；（四）其他情节严重的情形。

第六条 包庇走私、贩卖、运输、制造毒品的犯罪分子，具有下列情形之一的，应当认定为刑法第三百四十九条第一款规定的"情节严重"：（一）被包庇的犯罪分子依法应当判处十五年有期徒刑以上刑罚的；（二）包庇多名或者多次包庇走私、贩卖、运输、制造毒品的犯罪分子的；（三）严重妨害司法机关对被包庇的犯罪分子实施的毒品犯罪进行追究的；（四）其他情节严重的情形。

为走私、贩卖、运输、制造毒品的犯罪分子窝藏、转移、隐瞒毒品或者毒品犯罪所得的财物，具有下列情形之一的，应当认定为刑法第三百四十九条第一款规定的"情节严重"：（一）为犯罪分子窝藏、转移、隐瞒毒品达到刑法第三百四十七条第二款第一项或者本解释第一条第一款规定的"数量大"标准的；（二）为犯罪分子窝藏、转移、隐瞒毒品犯罪所得的财物价值达到五万元以上的；（三）为多人或者多次为他人窝藏、转移、隐瞒毒品或者毒品犯罪所得的财物的；（四）严重妨害司法机关对该犯罪分子实施的毒品犯罪进行追究的；（五）其他情节严重的情形。

包庇走私、贩卖、运输、制造毒品的近亲属，或者为其窝藏、转移、隐瞒毒品或者毒品犯罪所得的财物，不具有本条前两款规定的"情节严重"情形，归案后认罪、悔罪、积极退赃，且系初犯、偶犯，犯罪情节轻微不需要判处刑罚的，可以免予刑事处罚。

第七条 违反国家规定，非法生产、买卖、运输制毒物品、走私制毒物品，达到下列数量标准的，应当认定为刑法第三百五十条第一款规定的"情节较重"：（一）麻黄碱（麻黄素）、伪麻黄碱（伪麻黄素）、消旋麻黄碱（消旋麻黄素）一千克以上不满五千克；（二）1-苯基-2-丙酮、1-苯基-2-溴-1-丙酮、3,4-亚甲基二氧苯基-2-丙酮、羟亚胺二千克以上不满十千克；（三）3-氧-2-苯基丁腈、邻氯苯基环戊酮、去甲麻黄碱（去甲麻黄素）、甲基麻黄碱（甲基麻黄素）四千克以上不满二十千克；（四）醋酸酐十千克以上不满五十千克；（五）麻黄浸膏、麻黄浸膏粉、胡椒醛、黄樟素、黄樟油、异黄樟素、麦角酸、麦角胺、麦角新碱、苯乙酸二十千克以上不满一百千克；（六）N-乙酰邻氨基苯酸、邻氨基苯甲酸、三氯甲烷、乙醚、哌啶五十千克以上不满二百五十千克；（七）甲苯、丙酮、甲基乙基酮、高锰酸钾、硫酸、盐酸一百千克以上不满五百千克；（八）其他制毒物品数量相当的。违反国家规定，非法生产、买卖、运输制毒物品、走私制毒物品，达到前款规定的数量标准最低值的百分之五十，且具有下列情形之一的，应当认定为刑法第三百五十条第一款规定的"情节较重"：（一）曾因非法生产、买卖、运输制毒物品、走私制毒物品受过刑事处罚的；（二）二年内曾因非法生产、买卖、运输制毒物品、走私制毒物品受过行政处罚的；（三）一次组织五人以上或者多次非法生产、买卖、运输制毒物品、走私制毒物品，或者在多个地点非法生产制毒物品的；（四）利用、教唆未成年人非法生产、买卖、运输制毒物品、走私制毒物品的；（五）国家工作人员非法生产、买卖、运输制毒物品、走私制毒物品的；（六）严重影响群众正常生产、生活秩序的；（七）其他情节较重的情形。易制毒化学品生产、经营、购买、运输单位或者个人未办理许可证明或者备案证明，生产、销售、购买、运输易制毒化学品，确实用于合法生产、生活需要的，不以制毒物品犯罪论处。

第八条 违反国家规定，非法生产、买卖、运输制毒物品、走私制毒物品，具有下列情形之一的，应当认定为刑法第三百五十条第一款规定的"情节严重"：（一）制毒物品数量在本解释第七条第一款规定的最高数量标准以上，不满最高数量标准五倍的；（二）达到本解释第七条第一款规定的数量标准，且具有本解释第七条第二款第三项至第六项规定的情形之一的；（三）其他情节严重的情形。违反国家规定，非法生产、买卖、运输制毒物品、走私制毒物品，具有下列情形之一的，应当认定为刑法第三百五十条第一款规定的"情节特别严重"：（一）制毒物品数量在本解释第七条第一款规定的最高数量标准五倍以上的；（二）达到前款第一项规定的数量标准，且具有本解释第七条第二款第三项至第六项规定的情形之一的；（三）其他情节特别严重的情形。

第九条 非法种植毒品原植物，具有下列情形之一的，应当认定为刑法第三百五十一条第一款第一项规定的"数量较大"：（一）非法种植大麻五千株以上不满三万株的；（二）非法种植罂粟二百平方米以上不满一千二百平方米、大麻二千平方米以上不满一万二千平方米，尚未出苗的；（三）非法种植其他毒品原植物数量较大的。非法种植毒品原植物，达到前款规定的最高数量标准的，应当认定为刑法第三百五十一条第二款规定的"数量大"。

第十条 非法买卖、运输、携带、持有未经灭活的毒品原植物种子或者幼苗，具有下列情形之一的，应当认定为刑法第三百五十二条规定的"数量较大"：（一）罂粟种子五十克以上、罂粟幼苗五千株以上的；（二）大麻种子五十千克以上、大麻幼苗五万株以上的；（三）其他毒品原植物种子或者幼苗数量较大的。

第十一条 引诱、教唆、欺骗他人吸食、注射毒品，具有下列情形之一的，应当认定为刑法第三百五十三条第一款规定的"情节严重"：（一）引诱、教唆、欺骗多人或者多次引诱、教唆、欺骗他人吸食、注射毒品的；（二）对他人身体健康造成严重危害的；（三）导致他人实施故意杀人、故意伤害、交通肇事等犯罪行为的；（四）国家工作人员引诱、教唆、欺骗他人吸食、注射毒品的；（五）其他情节严重的情形。

第十二条 容留他人吸食、注射毒品，具有下列情形之一的，应当依照刑法第三百五十四条的规定，以容留他人吸毒罪定罪处罚：（一）一次容留多人吸食、注射毒品的；（二）二年内多次容留他人吸食、注射毒品的；（三）二年内曾因容留他人吸食、注射毒品受过行政处罚的；（四）容留未成年人吸食、注射毒品的；（五）以牟利为目的容留他人吸食、注射毒品的；（六）容留他人吸食、注射毒品造成严重后果的；（七）其他应当追究刑事责任的情形。

向他人贩卖毒品后又容留其吸食、注射毒品，或者容留他人吸食、注射毒品并向其贩卖毒品，符合前款规定的容留他人吸毒罪的定罪条件的，以贩卖毒品罪和容留他人吸毒罪数罪并罚。

容留近亲属吸食、注射毒品，情节显著轻微危害不大的，不作为犯罪处理；需要追究刑事责任的，可以酌情从宽处罚。

第十三条　依法从事生产、运输、管理、使用国家管制的麻醉药品、精神药品的人员，违反国家规定，向吸食、注射毒品的人提供国家规定管制的能够使人形成瘾癖的　麻醉药品、精神药品，具有下列情形之一的，应当依照刑法第三百五十五条第一款的规定，以非法提供麻醉药品、精神药品罪定罪处罚：（一）非法提供麻醉药品、精神药品达到刑法第三百四十七条第三款或者本解释第二条规定的"数量较大"标准最低值的百分之五十，不满"数量较大"标准的；（二）二年内曾因非法提供麻醉药品、精神药品受过行政处罚的；（三）向多人或者多次非法提供麻醉药品、精神药品的；（四）向吸食、注射毒品的未成年人非法提供麻醉药品、精神药品的；（五）非法提供麻醉药品、精神药品造成严重后果的；（六）其他应当追究刑事责任的情形。具有下列情形之一的，应当认定为刑法第三百五十五条第一款规定的"情节严重"：（一）非法提供麻醉药品、精神药品达到刑法第三百四十七条第三款或者本解释第二条规定的"数量较大"标准的；（二）非法提供麻醉药品、精神药品达到前款第一项规定的数量标准，且具有前款第三项至第五项规定的情形之一的；（三）其他情节严重的情形。

第十四条　利用信息网络，设立用于实施传授制造毒品、非法生产制毒物品的方法，贩卖毒品，非法买卖制毒物品或者组织他人吸食、注射毒品等违法犯罪活动的网站、通讯群组，或者发布实施前述违法犯罪活动的信息，情节严重的，应当依照刑法第二百八十七条之一的规定，以非法利用信息网络罪定罪处罚。实施刑法第二百八十七条之一、第二百八十七条之二规定的行为，同时构成贩卖毒品罪、非法买卖制毒物品罪、传授犯罪方法罪等犯罪的，依照处罚较重的规定定罪处罚。

中华人民共和国药品管理法（节选）

第五章　药品经营

第五十一条　从事药品批发活动，应当经所在地省、自治区、直辖市人民政府药品监督管理部门批准，取得药品经营许可证。从事药品零售活动，应当经所在地县级以上地方人民政府药品监督管理部门批准，取得药品经营许可证。无药品经营许可证的，不得经营药品。

药品经营许可证应当标明有效期和经营范围，到期重新审查发证。

药品监督管理部门实施药品经营许可，除依据本法第五十二条规定的条件外，还应当遵循方便群众购药的原则。

第五十二条　从事药品经营活动应当具备以下条件：

（一）有依法经过资格认定的药师或者其他药学技术人员；

（二）有与所经营药品相适应的营业场所、设备、仓储设施和卫生环境；

（三）有与所经营药品相适应的质量管理机构或者人员；

（四）有保证药品质量的规章制度，并符合国务院药品监督管理部门依据本法制定的药品经营质量管理规范要求。

第五十三条　从事药品经营活动，应当遵守药品经营质量管理规范，建立健全药品经营质量管理体系，保证药品经营全过程持续符合法定要求。

国家鼓励、引导药品零售连锁经营。从事药品零售连锁经营活动的企业总部，应当建立统一的质量管理制度，对所属零售企业的经营活动履行管理责任。

药品经营企业的法定代表人、主要负责人对本企业的药品经营活动全面负责。

第五十四条　国家对药品实行处方药与非处方药分类管理制度。具体办法由国务院药品监督管理部门会同国务院卫生健康主管部门制定。

第五十五条　药品上市许可持有人、药品生产企业、药品经营企业和医疗机构应当从药品上市许可持有人或者具有药品生产、经营资格的企业购进药品；但是，购进未实施审批管理的中药材除外。

第五十六条　药品经营企业购进药品，应当建立并执行进货检查验收制度，验明药品合格证明和其他标识；不符合规定要求的，不得购进和销售。

第五十七条　药品经营企业购销药品，应当有真实、完整的购销记录。购销记录应当注明药品的通用名称、剂型、规格、产品批号、有效期、上市许可持有人、生产企业、购销单位、购销数量、购销价格、购销日期及国务院药品监督管理部门规定的其他内容。

第五十八条　药品经营企业零售药品应当准确无误，并正确说明用法、用量和注意事项；调配处方应当经过核对，对处方所列药品不得擅自更改或者代用。对有配伍禁忌或者超剂量的处方，应当拒绝调配；必要时，经处方医师更正或者重新签字，方可调配。

药品经营企业销售中药材，应当标明产地。

依法经过资格认定的药师或者其他药学技术人员负责本企业的药品管理、处方审核和调配、合理用药指导等工作。

第五十九条　药品经营企业应当制定和执行药品保管制度，采取必要的冷藏、防冻、防潮、防虫、防鼠等措施，保证药品质量。

药品入库和出库应当执行检查制度。

第六十条　城乡集市贸易市场可以出售中药材，国务院另有规定的除外。

第六十一条　药品上市许可持有人、药品经营企业通过网络销售药品，应当遵守本法药品经营的有关规定。具体管理办法由国务院药品监督管理部门会同国务院卫生健康主管部门等部门制定。

疫苗、血液制品、麻醉药品、精神药品、医疗用毒性药品、放射性药品、药品类易制毒化学品等国家实行特殊管理的药品不得在网络上销售。

第六十二条　药品网络交易第三方平台提供者应当按照国务院药品监督管理部门的规定，向所在地省、自治区、直辖市人民政府药品监督管理部门备案。

第三方平台提供者应当依法对申请进入平台经营的药品上市许可持有人、药品经营企业的资质等进行审核,保证其符合法定要求,并对发生在平台的药品经营行为进行管理。

第三方平台提供者发现进入平台经营的药品上市许可持有人、药品经营企业有违反本法规定行为的,应当及时制止并立即报告所在地县级人民政府药品监督管理部门;发现严重违法行为的,应当立即停止提供网络交易平台服务。

第六十三条 新发现和从境外引种的药材,经国务院药品监督管理部门批准后,方可销售。

第六十四条 药品应当从允许药品进口的口岸进口,并由进口药品的企业向口岸所在地药品监督管理部门备案。海关凭药品监督管理部门出具的进口药品通关单办理通关手续。无进口药品通关单的,海关不得放行。

口岸所在地药品监督管理部门应当通知药品检验机构按照国务院药品监督管理部门的规定对进口药品进行抽查检验。

允许药品进口的口岸由国务院药品监督管理部门会同海关总署提出,报国务院批准。

第六十五条 医疗机构因临床急需进口少量药品的,经国务院药品监督管理部门或者国务院授权的省、自治区、直辖市人民政府批准,可以进口。进口的药品应当在指定医疗机构内用于特定医疗目的。

个人自用携带入境少量药品,按照国家有关规定办理。

第六十六条 进口、出口麻醉药品和国家规定范围内的精神药品,应当持有国务院药品监督管理部门颁发的进口准许证、出口准许证。

第六十七条 禁止进口疗效不确切、不良反应大或者因其他原因危害人体健康的药品。

第六十八条 国务院药品监督管理部门对下列药品在销售前或者进口时,应当指定药品检验机构进行检验;未经检验或者检验不合格的,不得销售或者进口:

(一)首次在中国境内销售的药品;

(二)国务院药品监督管理部门规定的生物制品;

(三)国务院规定的其他药品。

…………

第十章 监督管理

第九十八条 禁止生产(包括配制,下同)、销售、使用假药、劣药。

有下列情形之一的,为假药:

(一)药品所含成份与国家药品标准规定的成份不符;

(二)以非药品冒充药品或者以他种药品冒充此种药品;

(三)变质的药品;

(四)药品所标明的适应症或者功能主治超出规定范围。

有下列情形之一的,为劣药:

（一）药品成份的含量不符合国家药品标准；

（二）被污染的药品；

（三）未标明或者更改有效期的药品；

（四）未注明或者更改产品批号的药品；

（五）超过有效期的药品；

（六）擅自添加防腐剂、辅料的药品；

（七）其他不符合药品标准的药品。

禁止未取得药品批准证明文件生产、进口药品；禁止使用未按照规定审评、审批的原料药、包装材料和容器生产药品。

第九十九条　药品监督管理部门应当依照法律、法规的规定对药品研制、生产、经营和药品使用单位使用药品等活动进行监督检查，必要时可以对为药品研制、生产、经营、使用提供产品或者服务的单位和个人进行延伸检查，有关单位和个人应当予以配合，不得拒绝和隐瞒。

药品监督管理部门应当对高风险的药品实施重点监督检查。

对有证据证明可能存在安全隐患的，药品监督管理部门根据监督检查情况，应当采取告诫、约谈、限期整改以及暂停生产、销售、使用、进口等措施，并及时公布检查处理结果。

药品监督管理部门进行监督检查时，应当出示证明文件，对监督检查中知悉的商业秘密应当保密。

第一百条　药品监督管理部门根据监督管理的需要，可以对药品质量进行抽查检验。抽查检验应当按照规定抽样，并不得收取任何费用；抽样应当购买样品。所需费用按照国务院规定列支。

对有证据证明可能危害人体健康的药品及其有关材料，药品监督管理部门可以查封、扣押，并在七日内作出行政处理决定；药品需要检验的，应当自检验报告书发出之日起十五日内作出行政处理决定。

第一百零一条　国务院和省、自治区、直辖市人民政府的药品监督管理部门应当定期公告药品质量抽查检验结果；公告不当的，应当在原公告范围内予以更正。

第一百零二条　当事人对药品检验结果有异议的，可以自收到药品检验结果之日起七日内向原药品检验机构或者上一级药品监督管理部门设置或者指定的药品检验机构申请复验，也可以直接向国务院药品监督管理部门设置或者指定的药品检验机构申请复验。受理复验的药品检验机构应当在国务院药品监督管理部门规定的时间内作出复验结论。

第一百零三条　药品监督管理部门应当对药品上市许可持有人、药品生产企业、药品经营企业和药物非临床安全性评价研究机构、药物临床试验机构等遵守药品生产质量管理规范、药品经营质量管理规范、药物非临床研究质量管理规范、药物临床试验质量管理规范等情况进行检查，监督其持续符合法定要求。

第一百零四条　国家建立职业化、专业化药品检查员队伍。检查员应当熟悉药品法律法规,具备药品专业知识。

第一百零五条 药品监督管理部门建立药品上市许可持有人、药品生产企业、药品经营企业、药物非临床安全性评价研究机构、药物临床试验机构和医疗机构药品安全信用档案,记录许可颁发、日常监督检查结果、违法行为查处等情况,依法向社会公布并及时更新;对有不良信用记录的,增加监督检查频次,并可以按照国家规定实施联合惩戒。

第一百零六条 药品监督管理部门应当公布本部门的电子邮件地址、电话,接受咨询、投诉、举报,并依法及时答复、核实、处理。对查证属实的举报,按照有关规定给予举报人奖励。

药品监督管理部门应当对举报人的信息予以保密,保护举报人的合法权益。举报人举报所在单位的,该单位不得以解除、变更劳动合同或者其他方式对举报人进行打击报复。

第一百零七条 国家实行药品安全信息统一公布制度。国家药品安全总体情况、药品安全风险警示信息、重大药品安全事件及其调查处理信息和国务院确定需要统一公布的其他信息由国务院药品监督管理部门统一公布。药品安全风险警示信息和重大药品安全事件及其调查处理信息的影响限于特定区域的,也可以由有关省、自治区、直辖市人民政府药品监督管理部门公布。未经授权不得发布上述信息。

公布药品安全信息,应当及时、准确、全面,并进行必要的说明,避免误导。

任何单位和个人不得编造、散布虚假药品安全信息。

第一百零八条 县级以上人民政府应当制定药品安全事件应急预案。药品上市许可持有人、药品生产企业、药品经营企业和医疗机构等应当制定本单位的药品安全事件处置方案,并组织开展培训和应急演练。

发生药品安全事件,县级以上人民政府应当按照应急预案立即组织开展应对工作;有关单位应当立即采取有效措施进行处置,防止危害扩大。

第一百零九条 药品监督管理部门未及时发现药品安全系统性风险,未及时消除监督管理区域内药品安全隐患的,本级人民政府或者上级人民政府药品监督管理部门应当对其主要负责人进行约谈。

地方人民政府未履行药品安全职责,未及时消除区域性重大药品安全隐患的,上级人民政府或者上级人民政府药品监督管理部门应当对其主要负责人进行约谈。

被约谈的部门和地方人民政府应当立即采取措施,对药品监督管理工作进行整改。

约谈情况和整改情况应当纳入有关部门和地方人民政府药品监督管理工作评议、考核记录。

第一百一十条 地方人民政府及其药品监督管理部门不得以要求实施药品检验、审批等手段限制或者排斥非本地区药品上市许可持有人、药品生产企业生产的药品进入本地区。

第一百一十一条 药品监督管理部门及其设置或者指定的药品专业技术机构

不得参与药品生产经营活动，不得以其名义推荐或者监制、监销药品。

药品监督管理部门及其设置或者指定的药品专业技术机构的工作人员不得参与药品生产经营活动。

第一百一十二条 国务院对麻醉药品、精神药品、医疗用毒性药品、放射性药品、药品类易制毒化学品等有其他特殊管理规定的，依照其规定。

第一百一十三条 药品监督管理部门发现药品违法行为涉嫌犯罪的，应当及时将案件移送公安机关。

对依法不需要追究刑事责任或者免予刑事处罚，但应当追究行政责任的，公安机关、人民检察院、人民法院应当及时将案件移送药品监督管理部门。

公安机关、人民检察院、人民法院商请药品监督管理部门、生态环境主管部门等部门提供检验结论、认定意见以及对涉案药品进行无害化处理等协助的，有关部门应当及时提供，予以协助。

易制毒化学品管理条例

（2005年8月26日中华人民共和国国务院令第445号公布 根据2014年7月29日《国务院关于修改部分行政法规的决定》第一次修订 根据2016年2月6日《国务院关于修改部分行政法规的决定》第二次修订 根据2018年9月18日《国务院关于修改部分行政法规的决定》第三次修订）

第一章 总则

第一条 为了加强易制毒化学品管理，规范易制毒化学品的生产、经营、购买、运输和进口、出口行为，防止易制毒化学品被用于制造毒品，维护经济和社会秩序，制定本条例。

第二条 国家对易制毒化学品的生产、经营、购买、运输和进口、出口实行分类管理和许可制度。

易制毒化学品分为三类。第一类是可以用于制毒的主要原料，第二类、第三类是可以用于制毒的化学配剂。易制毒化学品的具体分类和品种，由本条例附表列示。

易制毒化学品的分类和品种需要调整的，由国务院公安部门会同国务院药品监督管理部门、安全生产监督管理部门、商务主管部门、卫生主管部门和海关总署提出方案，报国务院批准。

省、自治区、直辖市人民政府认为有必要在本行政区域内调整分类或者增加本条例规定以外的品种的，应当向国务院公安部门提出，由国务院公安部门会同国务院有关行政主管部门提出方案，报国务院批准。

第三条 国务院公安部门、药品监督管理部门、安全生产监督管理部门、商务主管部门、卫生主管部门、海关总署、价格主管部门、铁路主管部门、交通主管部门、市场监督管理部门、生态环境主管部门在各自的职责范围内，负责全国的易制毒化学品有关管理工作；县级以上地方各级人民政府有关行政主管部门在各自的职责范围内，负责本行政区域内的易制毒化学品有关管理工作。

县级以上地方各级人民政府应当加强对易制毒化学品管理工作的领导，及时协调解决易制毒化学品管理工作中的问题。

第四条　易制毒化学品的产品包装和使用说明书，应当标明产品的名称（含学名和通用名）、化学分子式和成分。

第五条　易制毒化学品的生产、经营、购买、运输和进口、出口，除应当遵守本条例的规定外，属于药品和危险化学品的，还应当遵守法律、其他行政法规对药品和危险化学品的有关规定。

禁止走私或者非法生产、经营、购买、转让、运输易制毒化学品。

禁止使用现金或者实物进行易制毒化学品交易。但是，个人合法购买第一类中的药品类易制毒化学品药品制剂和第三类易制毒化学品的除外。

生产、经营、购买、运输和进口、出口易制毒化学品的单位，应当建立单位内部易制毒化学品管理制度。

第六条　国家鼓励向公安机关等有关行政主管部门举报涉及易制毒化学品的违法行为。接到举报的部门应当为举报者保密。对举报属实的，县级以上人民政府及有关行政主管部门应当给予奖励。

第二章　生产、经营管理

第七条　申请生产第一类易制毒化学品，应当具备下列条件，并经本条例第八条规定的行政主管部门审批，取得生产许可证后，方可进行生产：

（一）属依法登记的化工产品生产企业或者药品生产企业；

（二）有符合国家标准的生产设备、仓储设施和污染物处理设施；

（三）有严格的安全生产管理制度和环境突发事件应急预案；

（四）企业法定代表人和技术、管理人员具有安全生产和易制毒化学品的有关知识,无毒品犯罪记录；

（五）法律、法规、规章规定的其他条件。

申请生产第一类中的药品类易制毒化学品，还应当在仓储场所等重点区域设置电视监控设施以及与公安机关联网的报警装置。

第八条　申请生产第一类中的药品类易制毒化学品的，由省、自治区、直辖市人民政府药品监督管理部门审批；申请生产第一类中的非药品类易制毒化学品的，由省、自治区、直辖市人民政府安全生产监督管理部门审批。

前款规定的行政主管部门应当自收到申请之日起60日内，对申请人提交的申请材料进行审查。对符合规定的，发给生产许可证，或者在企业已经取得的有关生产许可证件上标注；不予许可的，应当书面说明理由。

审查第一类易制毒化学品生产许可申请材料时，根据需要，可以进行实地核查和专家评审。

第九条　申请经营第一类易制毒化学品，应当具备下列条件，并经本条例第十条规定的行政主管部门审批，取得经营许可证后，方可进行经营：

（一）属依法登记的化工产品经营企业或者药品经营企业；

（二）有符合国家规定的经营场所，需要储存、保管易制毒化学品的，还应当有符合国家技术标准的仓储设施；

（三）有易制毒化学品的经营管理制度和健全的销售网络；

（四）企业法定代表人和销售、管理人员具有易制毒化学品的有关知识，无毒品犯罪记录；

（五）法律、法规、规章规定的其他条件。

第十条　申请经营第一类中的药品类易制毒化学品的，由省、自治区、直辖市人民政府药品监督管理部门审批；申请经营第一类中的非药品类易制毒化学品的，由省、自治区、直辖市人民政府安全生产监督管理部门审批。

前款规定的行政主管部门应当自收到申请之日起 30 日内，对申请人提交的申请材料进行审查。对符合规定的，发给经营许可证，或者在企业已经取得的有关经营许可证件上标注；不予许可的，应当书面说明理由。

审查第一类易制毒化学品经营许可申请材料时，根据需要，可以进行实地核查。

第十一条　取得第一类易制毒化学品生产许可或者依照本条例第十三条第一款规定已经履行第二类、第三类易制毒化学品备案手续的生产企业，可以经销自产的易制毒化学品。但是，在厂外设立销售网点经销第一类易制毒化学品的，应当依照本条例的规定取得经营许可。

第一类中的药品类易制毒化学品药品单方制剂，由麻醉药品定点经营企业经销，且不得零售。

第十二条　取得第一类易制毒化学品生产、经营许可的企业，应当凭生产、经营许可证到市场监督管理部门办理经营范围变更登记。未经变更登记，不得进行第一类易制毒化学品的生产、经营。

第一类易制毒化学品生产、经营许可证被依法吊销的，行政主管部门应当自作出吊销决定之日起 5 日内通知市场监督管理部门；被吊销许可证的企业，应当及时到市场监督管理部门办理经营范围变更或者企业注销登记。

第十三条　生产第二类、第三类易制毒化学品的，应当自生产之日起 30 日内，将生产的品种、数量等情况，向所在地的设区的市级人民政府安全生产监督管理部门备案。

经营第二类易制毒化学品的，应当自经营之日起 30 日内，将经营的品种、数量、主要流向等情况，向所在地的设区的市级人民政府安全生产监督管理部门备案；经营第三类易制毒化学品的，应当自经营之日起 30 日内，将经营的品种、数量、主要流向等情况，向所在地的县级人民政府安全生产监督管理部门备案。

前两款规定的行政主管部门应当于收到备案材料的当日发给备案证明。

第三章 购买管理

第十四条 申请购买第一类易制毒化学品，应当提交下列证件，经本条例第十五条规定的行政主管部门审批，取得购买许可证：

（一）经营企业提交企业营业执照和合法使用需要证明；

（二）其他组织提交登记证书（成立批准文件）和合法使用需要证明。

第十五条 申请购买第一类中的药品类易制毒化学品的，由所在地的省、自治区、直辖市人民政府药品监督管理部门审批；申请购买第一类中的非药品类易制毒化学品的，由所在地的省、自治区、直辖市人民政府公安机关审批。前款规定的行政主管部门应当自收到申请之日起10日内，对申请人提交的申请材料和证件进行审查。对符合规定的，发给购买许可证；不予许可的，应当书面说明理由。

审查第一类易制毒化学品购买许可申请材料时，根据需要，可以进行实地核查。

第十六条 持有麻醉药品、第一类精神药品购买印鉴卡的医疗机构购买第一类中的药品类易制毒化学品的，无须申请第一类易制毒化学品购买许可证。

个人不得购买第一类、第二类易制毒化学品。

第十七条 购买第二类、第三类易制毒化学品的，应当在购买前将所需购买的品种、数量，向所在地的县级人民政府公安机关备案。个人自用购买少量高锰酸钾的，无须备案。

第十八条 经营单位销售第一类易制毒化学品时，应当查验购买许可证和经办人的身份证明。对委托代购的，还应当查验购买人持有的委托文书。

经营单位在查验无误、留存上述证明材料的复印件后，方可出售第一类易制毒化学品；发现可疑情况的，应当立即向当地公安机关报告。

第十九条 经营单位应当建立易制毒化学品销售台账，如实记录销售的品种、数量、日期、购买方等情况。销售台账和证明材料复印件应当保存2年备查。

第一类易制毒化学品的销售情况，应当自销售之日起5日内报当地公安机关备案；第一类易制毒化学品的使用单位，应当建立使用台账，并保存2年备查。

第二类、第三类易制毒化学品的销售情况，应当自销售之日起30日内报当地公安机关备案。

第四章 运输管理

第二十条 跨设区的市级行政区域（直辖市为跨市界）或者在国务院公安部门确定的禁毒形势严峻的重点地区跨县级行政区域运输第一类易制毒化学品的，由运出地的设区的市级人民政府公安机关审批；运输第二类易制毒化学品的，由运出地的县级人民政府公安机关审批。经审批取得易制毒化学品运输许可证后，方可运输。

运输第三类易制毒化学品的，应当在运输前向运出地的县级人民政府公安机关备案。公安机关应当于收到备案材料的当日发给备案证明。

第二十一条　申请易制毒化学品运输许可，应当提交易制毒化学品的购销合同，货主是企业的，应当提交营业执照；货主是其他组织的，应当提交登记证书（成立批准文件）；货主是个人的，应当提交其个人身份证明。经办人还应当提交本人的身份证明。

公安机关应当自收到第一类易制毒化学品运输许可申请之日起10日内，收到第二类易制毒化学品运输许可申请之日起3日内，对申请人提交的申请材料进行审查。对符合规定的，发给运输许可证；不予许可的，应当书面说明理由。

审查第一类易制毒化学品运输许可申请材料时，根据需要，可以进行实地核查。

第二十二条　对许可运输第一类易制毒化学品的，发给一次有效的运输许可证。

对许可运输第二类易制毒化学品的，发给3个月有效的运输许可证；6个月内运输安全状况良好的，发给12个月有效的运输许可证。

易制毒化学品运输许可证应当载明拟运输的易制毒化学品的品种、数量、运入地、货主及收货人、承运人情况以及运输许可证种类。

第二十三条　运输供教学、科研使用的100克以下的麻黄素样品和供医疗机构制剂配方使用的小包装麻黄素以及医疗机构或者麻醉药品经营企业购买麻黄素片剂6万片以下、注射剂1.5万支以下，货主或者承运人持有依法取得的购买许可证明或者麻醉药品调拨单的，无须申请易制毒化学品运输许可。

第二十四条　接受货主委托运输的，承运人应当查验货主提供的运输许可证或者备案证明，并查验所运货物与运输许可证或者备案证明载明的易制毒化学品品种等情况是否相符；不相符的，不得承运。

运输易制毒化学品，运输人员应当自启运起全程携带运输许可证或者备案证明。公安机关应当在易制毒化学品的运输过程中进行检查。

运输易制毒化学品，应当遵守国家有关货物运输的规定。

第二十五条　因治疗疾病需要，患者、患者近亲属或者患者委托的人凭医疗机构出具的医疗诊断书和本人的身份证明，可以随身携带第一类中的药品类易制毒化学品药品制剂，但是不得超过医用单张处方的最大剂量。

医用单张处方最大剂量，由国务院卫生主管部门规定、公布。

第五章　进口、出口管理

第二十六条　申请进口或者出口易制毒化学品，应当提交下列材料，经国务院商务主管部门或者其委托的省、自治区、直辖市人民政府商务主管部门审批，取得进口或者出口许可证后，方可从事进口、出口活动：

（一）对外贸易经营者备案登记证明复印件；

（二）营业执照副本；

（三）易制毒化学品生产、经营、购买许可证或者备案证明；

（四）进口或者出口合同（协议）副本；

（五）经办人的身份证明。

申请易制毒化学品出口许可的，还应当提交进口方政府主管部门出具的合法使用易制毒化学品的证明或者进口方合法使用的保证文件。

第二十七条　受理易制毒化学品进口、出口申请的商务主管部门应当自收到申请材料之日起20日内，对申请材料进行审查，必要时可以进行实地核查。对符合规定的，发给进口或者出口许可证；不予许可的，应当书面说明理由。

对进口第一类中的药品类易制毒化学品的，有关的商务主管部门在作出许可决定前，应当征得国务院药品监督管理部门的同意。

第二十八条　麻黄素等属于重点监控物品范围的易制毒化学品，由国务院商务主管部门会同国务院有关部门核定的企业进口、出口。

第二十九条　国家对易制毒化学品的进口、出口实行国际核查制度。易制毒化学品国际核查目录及核查的具体办法，由国务院商务主管部门会同国务院公安部门规定、公布。

国际核查所用时间不计算在许可期限之内。

对向毒品制造、贩运情形严重的国家或者地区出口易制毒化学品以及本条例规定品种以外的化学品的，可以在国际核查措施以外实施其他管制措施，具体办法由国务院商务主管部门会同国务院公安部门、海关总署等有关部门规定、公布。

第三十条　进口、出口或者过境、转运、通运易制毒化学品的，应当如实向海关申报，并提交进口或者出口许可证。海关凭许可证办理通关手续。

易制毒化学品在境外与保税区、出口加工区等海关特殊监管区域、保税场所之间进出的，适用前款规定。

易制毒化学品在境内与保税区、出口加工区等海关特殊监管区域、保税场所之间进出的，或者在上述海关特殊监管区域、保税场所之间进出的，无须申请易制毒化学品进口或者出口许可证。

进口第一类中的药品类易制毒化学品，还应当提交药品监督管理部门出具的进口药品通关单。

第三十一条　进出境人员随身携带第一类中的药品类易制毒化学品药品制剂和高锰酸钾，应当以自用且数量合理为限，并接受海关监管。

进出境人员不得随身携带前款规定以外的易制毒化学品。

第六章　监督检查

第三十二条　县级以上人民政府公安机关、负责药品监督管理的部门、安全生产监督管理部门、商务主管部门、卫生主管部门、价格主管部门、铁路主管部门、交通主管部门、市场监督管理部门、生态环境主管部门和海关，应当依照本条例和有关法律、行政法规的规定，在各自的职责范围内，加强对易制毒化学品生产、经营、购买、运输、价格以及进口、出口的监督检查；对非法生产、经营、购买、运输易制毒化学品，或者走私易制毒化学品的行为，依法予以查处。

前款规定的行政主管部门在进行易制毒化学品监督检查时，可以依法查看现场、查阅和复制有关资料、记录有关情况、扣押相关的证据材料和违法物品；必要时，可以临时查封有关场所。

被检查的单位或者个人应当如实提供有关情况和材料、物品，不得拒绝或者隐匿。

第三十三条　对依法收缴、查获的易制毒化学品，应当在省、自治区、直辖市或者设区的市级人民政府公安机关、海关或者生态环境主管部门的监督下，区别易制毒化学品的不同情况进行保管、回收，或者依照环境保护法律、行政法规的有关规定，由有资质的单位在生态环境主管部门的监督下销毁。其中，对收缴、查获的第一类中的药品类易制毒化学品，一律销毁。

易制毒化学品违法单位或者个人无力提供保管、回收或者销毁费用的，保管、回收或者销毁的费用在回收所得中开支，或者在有关行政主管部门的禁毒经费中列支。

第三十四条　易制毒化学品丢失、被盗、被抢的，发案单位应当立即向当地公安机关报告，并同时报告当地的县级人民政府负责药品监督管理的部门、安全生产监督管理部门、商务主管部门或者卫生主管部门。接到报案的公安机关应当及时立案查处，并向上级公安机关报告；有关行政主管部门应当逐级上报并配合公安机关的查处。

第三十五条　有关行政主管部门应当将易制毒化学品许可以及依法吊销许可的情况通报有关公安机关和市场监督管理部门；市场监督管理部门应当将生产、经营易制毒化学品企业依法变更或者注销登记的情况通报有关公安机关和行政主管部门。

第三十六条　生产、经营、购买、运输或者进口、出口易制毒化学品的单位，应当于每年3月31日前向许可或者备案的行政主管部门和公安机关报告本单位上年度易制毒化学品的生产、经营、购买、运输或者进口、出口情况；有条件的生产、经营、购买、运输或者进口、出口单位，可以与有关行政主管部门建立计算机联网，及时通报有关经营情况。

第三十七条　县级以上人民政府有关行政主管部门应当加强协调合作，建立易制毒化学品管理情况、监督检查情况以及案件处理情况的通报、交流机制。

第七章　法律责任

第三十八条　违反本条例规定，未经许可或者备案擅自生产、经营、购买、运输易制毒化学品，伪造申请材料骗取易制毒化学品生产、经营、购买或者运输许可证，使用他人的或者伪造、变造、失效的许可证生产、经营、购买、运输易制毒化学品的，由公安机关没收非法生产、经营、购买或者运输的易制毒化学品、用于非法生产易制毒化学品的原料以及非法生产、经营、购买或者运输易制毒化学品的设备、工具,处非法生产、经营、购买或者运输的易制毒化学品货值 10 倍以上 20 倍以下的罚款,货值的 20 倍不足 1 万元的,按 1 万元罚款;有违法所得的,没收违法所得;有营业执照的,由市场监督管理部门吊销营业执照;构成犯罪的,依法追究刑事责任。

对有前款规定违法行为的单位或者个人,有关行政主管部门可以自作出行政处罚决定之日起 3 年内,停止受理其易制毒化学品生产、经营、购买、运输或者进口、出口许可申请。

第三十九条 违反本条例规定,走私易制毒化学品的,由海关没收走私的易制毒化学品;有违法所得的,没收违法所得,并依照海关法律、行政法规给予行政处罚;构成犯罪的,依法追究刑事责任。

第四十条 违反本条例规定,有下列行为之一的,由负有监督管理职责的行政主管部门给予警告,责令限期改正,处 1 万元以上 5 万元以下的罚款;对违反规定生产、经营、购买的易制毒化学品可以予以没收;逾期不改正的,责令限期停产停业整顿;逾期整顿不合格的,吊销相应的许可证:

(一)易制毒化学品生产、经营、购买、运输或者进口、出口单位未按规定建立安全管理制度的;

(二)将许可证或者备案证明转借他人使用的;

(三)超出许可的品种、数量生产、经营、购买易制毒化学品的;

(四)生产、经营、购买单位不记录或者不如实记录交易情况、不按规定保存交易记录或者不如实、不及时向公安机关和有关行政主管部门备案销售情况的;

(五)易制毒化学品丢失、被盗、被抢后未及时报告,造成严重后果的;

(六)除个人合法购买第一类中的药品类易制毒化学品药品制剂以及第三类易制毒化学品外,使用现金或者实物进行易制毒化学品交易的;

(七)易制毒化学品的产品包装和使用说明书不符合本条例规定要求的;

(八)生产、经营易制毒化学品的单位不如实或者不按时向有关行政主管部门和公安机关报告年度生产、经销和库存等情况的。

企业的易制毒化学品生产经营许可被依法吊销后,未及时到市场监督管理部门办理经营范围变更或者企业注销登记的,依照前款规定,对易制毒化学品予以没收,并处罚款。

第四十一条 运输的易制毒化学品与易制毒化学品运输许可证或者备案证明载明的品种、数量、运入地、货主及收货人、承运人等情况不符,运输许可证种类不当,或者运输人员未全程携带运输许可证或者备案证明的,由公安机关责令停运整改,处 5000 元以上 5 万元以下的罚款;有危险物品运输资质的,运输主管部门可以依法吊销其运输资质。

个人携带易制毒化学品不符合品种、数量规定的,没收易制毒化学品,处 1000 元以上 5000 元以下的罚款。

第四十二条　生产、经营、购买、运输或者进口、出口易制毒化学品的单位或者个人拒不接受有关行政主管部门监督检查的，由负有监督管理职责的行政主管部门责令改正，对直接负责的主管人员以及其他直接责任人员给予警告；情节严重的，对单位处 1 万元以上 5 万元以下的罚款，对直接负责的主管人员以及其他直接责任人员处 1000 元以上 5000 元以下的罚款；有违反治安管理行为的，依法给予治安管理处罚；构成犯罪的，依法追究刑事责任。

第四十三条　易制毒化学品行政主管部门工作人员在管理工作中有应当许可而不许可、不应当许可而滥许可，不依法受理备案，以及其他滥用职权、玩忽职守、徇私舞弊行为的，依法给予行政处分；构成犯罪的，依法追究刑事责任。

第八章　附则

第四十四条　易制毒化学品生产、经营、购买、运输和进口、出口许可证，由国务院有关行政主管部门根据各自的职责规定式样并监制。

第四十五条　本条例自 2005 年 11 月 1 日起施行。

吸毒成瘾认定办法

第一条　为规范吸毒成瘾认定工作，科学认定吸毒成瘾人员，依法对吸毒成瘾人员采取戒毒措施和提供戒毒治疗，根据《中华人民共和国禁毒法》，制定本办法。

第二条　本办法所称吸毒成瘾，是指吸毒人员因反复使用毒品而导致的慢性复发性脑病，表现为不顾不良后果、强迫性寻求及使用毒品的行为，同时伴有不同程度的个人健康及社会功能损害。

第三条　本办法所称吸毒成瘾认定，是指公安机关或者其委托的戒毒医疗机构通过对吸毒人员进行人体生物样本检测、收集其吸毒证据或者根据生理、心理、精神的症状、体征等情况，判断其是否成瘾以及是否成瘾严重的工作。

本办法所称戒毒医疗机构，是指符合《戒毒医疗服务管理暂行办法》规定的专科戒毒医院和设有戒毒治疗科室的其他医疗机构。

第四条　公安机关在执法活动中发现吸毒人员，应当进行吸毒成瘾认定；因技术原因认定有困难的，可以委托有资质的戒毒医疗机构进行认定。

第五条　承担吸毒成瘾认定工作的戒毒医疗机构，由省级卫生行政部门会同同级公安机关指定。

第六条　公安机关认定吸毒成瘾，应当由两名以上人民警察进行，并在作出人体生物样本检测结论的二十四小时内提出认定意见，由认定人员签名，经所在单位负责人审核，加盖所在单位印章。

有关证据材料，应当作为认定意见的组成部分。

第七条　吸毒人员同时具备以下情形的，公安机关认定其吸毒成瘾：

（一）经人体生物样本检测证明其体内含有毒品成份；

（二）有证据证明其有使用毒品行为；

（三）有戒断症状或者有证据证明吸毒史，包括曾经因使用毒品被公安机关查处或者曾经进行自愿戒毒等情形。

戒断症状的具体情形，参照卫生部制定的《阿片类药物依赖诊断治疗指导原则》和《苯丙胺类药物依赖诊断治疗指导原则》确定。

第八条　吸毒成瘾人员具有下列情形之一的，公安机关认定其吸毒成瘾严重：

（一）曾经被责令社区戒毒、强制隔离戒毒（含《禁毒法》实施以前被强制戒毒或者劳教戒毒）、社区康复或者参加过戒毒药物维持治疗，再次吸食、注射毒品的；

（二）有证据证明其采取注射方式使用毒品或者多次使用两类以上毒品的；

（三）有证据证明其使用毒品后伴有聚众淫乱、自伤自残或者暴力侵犯他人人身、财产安全等行为的。

第九条　公安机关在吸毒成瘾认定过程中实施人体生物样本检测，依照公安部制定的《吸毒检测程序规定》的有关规定执行。

第十条　公安机关承担吸毒成瘾认定工作的人民警察，应当同时具备以下条件：

（一）具有二级警员以上警衔及两年以上相关执法工作经历；

（二）经省级公安机关、卫生行政部门组织培训并考核合格。

第十一条　公安机关委托戒毒医疗机构进行吸毒成瘾认定的，应当在吸毒人员末次吸毒的七十二小时内予以委托并提交委托函。超过七十二小时委托的，戒毒医疗机构可以不予受理。

第十二条　承担吸毒成瘾认定工作的戒毒医疗机构及其医务人员，应当依照《戒毒医疗服务管理暂行办法》的有关规定进行吸毒成瘾认定工作。

第十三条　戒毒医疗机构认定吸毒成瘾，应当由两名承担吸毒成瘾认定工作的医师进行。

第十四条　承担吸毒成瘾认定工作的医师，应当同时具备以下条件：

（一）符合《戒毒医疗服务管理暂行办法》的有关规定；

（二）从事戒毒医疗工作不少于三年；

（三）具有中级以上专业技术职务任职资格。

第十五条　戒毒医疗机构对吸毒人员采集病史和体格检查时，委托认定的公安机关应当派有关人员在场协助。

第十六条　戒毒医疗机构认为需要对吸毒人员进行人体生物样本检测的，委托认定的公安机关应当协助提供现场采集的检测样本。

戒毒医疗机构认为需要重新采集其他人体生物检测样本的，委托认定的公安机关应当予以协助。

第十七条　戒毒医疗机构使用的检测试剂，应当是经国家食品药品监督管理局批准的产品，并避免与常见药物发生交叉反应。

第十八条　戒毒医疗机构及其医务人员应当依照诊疗规范、常规和有关规定，结合吸毒人员的病史、精神症状检查、体格检查和人体生物样本检测结果等，对吸毒人员进行吸毒成瘾认定。

第十九条　戒毒医疗机构应当自接受委托认定之日起三个工作日内出具吸毒成瘾认定报告，由认定人员签名并加盖戒毒医疗机构公章。认定报告一式二份，一份交委托认定的公安机关，一份留存备查。

第二十条　委托戒毒医疗机构进行吸毒成瘾认定的费用由委托单位承担。

第二十一条　各级公安机关、卫生行政部门应当加强对吸毒成瘾认定工作的指导和管理。

第二十二条　任何单位和个人不得违反规定泄露承担吸毒成瘾认定工作相关工作人员及被认定人员的信息。

第二十三条　公安机关、戒毒医疗机构以及承担认定工作的相关人员违反本办法规定的，依照有关法律法规追究责任。

第二十四条　本办法自2011年4月1日起施行。

关于修改《吸毒成瘾认定办法》的决定

为了进一步规范和加强吸毒成瘾认定工作，公安部、国家卫生和计划生育委员会决定对《吸毒成瘾认定办法》作如下修改：

一、将第一条修改为"为规范吸毒成瘾认定工作，科学认定吸毒成瘾人员，依法对吸毒成瘾人员采取戒毒措施和提供戒毒治疗，根据《中华人民共和国禁毒法》、《戒毒条例》，制定本办法。"

二、将第二条中的"同时"修改为"常"。

三、将第五条、第十条第二项、第二十一条中的"卫生行政部门"修改为"卫生计生行政部门"。

四、将第七条第一款第一项修改为"（一）经血液、尿液和唾液等人体生物样本检测证明其体内含有毒品成分；"

五、将第七条第一款第三项修改为"（三）有戒断症状或者有证据证明吸毒史，包括曾经因使用毒品被公安机关查处、曾经进行自愿戒毒、人体毛发样品检测出毒品成分等情形。"

六、将第七条第二款修改为"戒断症状的具体情形，参照卫生部制定的《阿片类药物依赖诊断治疗指导原则》和《苯丙胺类药物依赖诊断治疗指导原则》、《氯胺酮依赖诊断治疗指导原则》确定。"

七、将第八条第二项中的"多次"修改为"至少三次"，"两类以上"修改为"累计涉及两类以上"。

八、将第八条第三项修改为"(三)有证据证明其使用毒品后伴有聚众淫乱、自伤自残或者暴力侵犯他人人身、财产安全或者妨害公共安全等行为的。"

九、在第二十三条后增加一条,作为第二十四条:"本办法所称的两类及以上毒品是指阿片类(包括鸦片、吗啡、海洛因、杜冷丁等),苯丙胺类(包括各类苯丙胺衍生物),大麻类,可卡因类,以及氯胺酮等其他类毒品。"

《吸毒成瘾认定办法》的有关条文序号根据本决定作相应调整。

本决定自 2017 年 4 月 1 日起施行。

《吸毒成瘾认定办法》根据本决定作相应修改,重新公布。

麻醉药品和精神药品管理条例

(2005 年 8 月 3 日中华人民共和国国务院令第 442 号公布。根据 2013 年 12 月 7 日《国务院关于修改部分行政法规的决定》第一次修订。根据 2016 年 2 月 6 日《国务院关于修改部分行政法规的决定》第二次修订)

第一章 总 则

第一条 为加强麻醉药品和精神药品的管理,保证麻醉药品和精神药品的合法、安全、合理使用,防止流入非法渠道,根据药品管理法和其他有关法律的规定,制定本条例。

第二条 麻醉药品药用原植物的种植,麻醉药品和精神药品的实验研究、生产、经营、使用、储存、运输等活动以及监督管理,适用本条例。

麻醉药品和精神药品的进出口依照有关法律的规定办理。

第三条 本条例所称麻醉药品和精神药品,是指列入麻醉药品目录、精神药品目录(以下称目录)的药品和其他物质。精神药品分为第一类精神药品和第二类精神药品。

目录由国务院药品监督管理部门会同国务院公安部门、国务院卫生主管部门制定、调整并公布。

上市销售但尚未列入目录的药品和其他物质或者第二类精神药品发生滥用,已经造成或者可能造成严重社会危害的,国务院药品监督管理部门会同国务院公安部门、国务院卫生主管部门应当及时将该药品和该物质列入目录或者将该第二类精神药品调整为第一类精神药品。

第四条 国家对麻醉药品药用原植物以及麻醉药品和精神药品实行管制。除本条例另有规定的外,任何单位、个人不得进行麻醉药品药用原植物的种植以及麻醉药品和精神药品的实验研究、生产、经营、使用、储存、运输等活动。

第五条 国务院药品监督管理部门负责全国麻醉药品和精神药品的监督管理工作,并会同国务院农业主管部门对麻醉药品药用原植物实施监督管理。国务院公安部门负责对造成麻醉药品药用原植物、麻醉药品和精神药品流入非法渠道的行为进行查处。国务院其他有关主管部门在各自的职责范围内负责与麻醉药品和精神药品有关的管理工作。

省、自治区、直辖市人民政府药品监督管理部门负责本行政区域内麻醉药品和精神药品的监督管理工作。县级以上地方公安机关负责对本行政区域内造成麻醉药品和精神药品流入非法渠道的行为进行查处。县级以上地方人民政府其他有关主管部门在各自的职责范围内负责与麻醉药品和精神药品有关的管理工作。

第六条 麻醉药品和精神药品生产、经营企业和使用单位可以依法参加行业协会。行业协会应当加强行业自律管理。

第二章 种植、实验研究和生产

第七条 国家根据麻醉药品和精神药品的医疗、国家储备和企业生产所需原料的需要确定需求总量，对麻醉药品药用原植物的种植、麻醉药品和精神药品的生产实行总量控制。

国务院药品监督管理部门根据麻醉药品和精神药品的需求总量制定年度生产计划。

国务院药品监督管理部门和国务院农业主管部门根据麻醉药品年度生产计划，制定麻醉药品药用原植物年度种植计划。

第八条 麻醉药品药用原植物种植企业应当根据年度种植计划，种植麻醉药品药用原植物。

麻醉药品药用原植物种植企业应当向国务院药品监督管理部门和国务院农业主管部门定期报告种植情况。

第九条 麻醉药品药用原植物种植企业由国务院药品监督管理部门和国务院农业主管部门共同确定，其他单位和个人不得种植麻醉药品药用原植物。

第十条 开展麻醉药品和精神药品实验研究活动应当具备下列条件，并经国务院药品监督管理部门批准：

（一）以医疗、科学研究或者教学为目的；

（二）有保证实验所需麻醉药品和精神药品安全的措施和管理制度；

（三）单位及其工作人员2年内没有违反有关禁毒的法律、行政法规规定的行为。

第十一条 麻醉药品和精神药品的实验研究单位申请相关药品批准证明文件，应当依照药品管理法的规定办理；需要转让研究成果的，应当经国务院药品监督管理部门批准。

第十二条 药品研究单位在普通药品的实验研究过程中，产生本条例规定的管制品种的，应当立即停止实验研究活动，并向国务院药品监督管理部门报告。国务院药品监督管理部门应当根据情况，及时作出是否同意其继续实验研究的决定。

第十三条 麻醉药品和第一类精神药品的临床试验，不得以健康人为受试对象。

第十四条 国家对麻醉药品和精神药品实行定点生产制度。

国务院药品监督管理部门应当根据麻醉药品和精神药品的需求总量,确定麻醉药品和精神药品定点生产企业的数量和布局,并根据年度需求总量对数量和布局进行调整、公布。

第十五条 麻醉药品和精神药品的定点生产企业应当具备下列条件:

(一)有药品生产许可证;

(二)有麻醉药品和精神药品实验研究批准文件;

(三)有符合规定的麻醉药品和精神药品生产设施、储存条件和相应的安全管理设施;

(四)有通过网络实施企业安全生产管理和向药品监督管理部门报告生产信息的能力;

(五)有保证麻醉药品和精神药品安全生产的管理制度;

(六)有与麻醉药品和精神药品安全生产要求相适应的管理水平和经营规模;

(七)麻醉药品和精神药品生产管理、质量管理部门的人员应当熟悉麻醉药品和精神药品管理以及有关禁毒的法律、行政法规;

(八)没有生产、销售假药、劣药或者违反有关禁毒的法律、行政法规规定的行为;

(九)符合国务院药品监督管理部门公布的麻醉药品和精神药品定点生产企业数量和布局的要求。

第十六条 从事麻醉药品、精神药品生产的企业,应当经所在地省、自治区、直辖市人民政府药品监督管理部门批准。

第十七条 定点生产企业生产麻醉药品和精神药品,应当依照药品管理法的规定取得药品批准文号。

国务院药品监督管理部门应当组织医学、药学、社会学、伦理学和禁毒等方面的专家成立专家组,由专家组对申请首次上市的麻醉药品和精神药品的社会危害性和被滥用的可能性进行评价,并提出是否批准的建议。

未取得药品批准文号的,不得生产麻醉药品和精神药品。

第十八条 发生重大突发事件,定点生产企业无法正常生产或者不能保证供应麻醉药品和精神药品时,国务院药品监督管理部门可以决定其他药品生产企业生产麻醉药品和精神药品。

重大突发事件结束后,国务院药品监督管理部门应当及时决定前款规定的企业停止麻醉药品和精神药品的生产。

第十九条 定点生产企业应当严格按照麻醉药品和精神药品年度生产计划安排生产,并依照规定向所在地省、自治区、直辖市人民政府药品监督管理部门报告生产情况。

第二十条 定点生产企业应当依照本条例的规定,将麻醉药品和精神药品销售给具有麻醉药品和精神药品经营资格的企业或者依照本条例规定批准的其他单位。

第二十一条 麻醉药品和精神药品的标签应当印有国务院药品监督管理部门规定的标志。

第三章 经 营

第二十二条 国家对麻醉药品和精神药品实行定点经营制度。

国务院药品监督管理部门应当根据麻醉药品和第一类精神药品的需求总量，确定麻醉药品和第一类精神药品的定点批发企业布局，并应当根据年度需求总量对布局进行调整、公布。

药品经营企业不得经营麻醉药品原料药和第一类精神药品原料药。但是，供医疗、科学研究、教学使用的小包装的上述药品可以由国务院药品监督管理部门规定的药品批发企业经营。

第二十三条 麻醉药品和精神药品定点批发企业除应当具备药品管理法第十五条规定的药品经营企业的开办条件外，还应当具备下列条件：

（一）有符合本条例规定的麻醉药品和精神药品储存条件；

（二）有通过网络实施企业安全管理和向药品监督管理部门报告经营信息的能力；

（三）单位及其工作人员2年内没有违反有关禁毒的法律、行政法规规定的行为；

（四）符合国务院药品监督管理部门公布的定点批发企业布局。

麻醉药品和第一类精神药品的定点批发企业，还应当具有保证供应责任区域内医疗机构所需麻醉药品和第一类精神药品的能力，并具有保证麻醉药品和第一类精神药品安全经营的管理制度。

第二十四条 跨省、自治区、直辖市从事麻醉药品和第一类精神药品批发业务的企业（以下称全国性批发企业），应当经国务院药品监督管理部门批准；在本省、自治区、直辖市行政区域内从事麻醉药品和第一类精神药品批发业务的企业（以下称区域性批发企业），应当经所在地省、自治区、直辖市人民政府药品监督管理部门批准。

专门从事第二类精神药品批发业务的企业，应当经所在地省、自治区、直辖市人民政府药品监督管理部门批准。

全国性批发企业和区域性批发企业可以从事第二类精神药品批发业务。

第二十五条 全国性批发企业可以向区域性批发企业，或者经批准可以向取得麻醉药品和第一类精神药品使用资格的医疗机构以及依照本条例规定批准的其他单位销售麻醉药品和第一类精神药品。

全国性批发企业向取得麻醉药品和第一类精神药品使用资格的医疗机构销售麻醉药品和第一类精神药品，应当经医疗机构所在地省、自治区、直辖市人民政府药品监督管理部门批准。

国务院药品监督管理部门在批准全国性批发企业时,应当明确其所承担供药责任的区域。

第二十六条 区域性批发企业可以向本省、自治区、直辖市行政区域内取得麻醉药品和第一类精神药品使用资格的医疗机构销售麻醉药品和第一类精神药品;由于特殊地理位置的原因,需要就近向其他省、自治区、直辖市行政区域内取得麻醉药品和第一类精神药品使用资格的医疗机构销售的,应当经企业所在地省、自治区、直辖市人民政府药品监督管理部门批准。审批情况由负责审批的药品监督管理部门在批准后5日内通报医疗机构所在地省、自治区、直辖市人民政府药品监督管理部门。

省、自治区、直辖市人民政府药品监督管理部门在批准区域性批发企业时,应当明确其所承担供药责任的区域。

区域性批发企业之间因医疗急需、运输困难等特殊情况需要调剂麻醉药品和第一类精神药品的,应当在调剂后2日内将调剂情况分别报所在地省、自治区、直辖市人民政府药品监督管理部门备案。

第二十七条 全国性批发企业应当从定点生产企业购进麻醉药品和第一类精神药品。

区域性批发企业可以从全国性批发企业购进麻醉药品和第一类精神药品;经所在地省、自治区、直辖市人民政府药品监督管理部门批准,也可以从定点生产企业购进麻醉药品和第一类精神药品。

第二十八条 全国性批发企业和区域性批发企业向医疗机构销售麻醉药品和第一类精神药品,应当将药品送至医疗机构。医疗机构不得自行提货。

第二十九条 第二类精神药品定点批发企业可以向医疗机构、定点批发企业和符合本条例第三十一条规定的药品零售企业以及依照本条例规定批准的其他单位销售第二类精神药品。

第三十条 麻醉药品和第一类精神药品不得零售。

禁止使用现金进行麻醉药品和精神药品交易,但是个人合法购买麻醉药品和精神药品的除外。

第三十一条 经所在地设区的市级药品监督管理部门批准,实行统一进货、统一配送、统一管理的药品零售连锁企业可以从事第二类精神药品零售业务。

第三十二条 第二类精神药品零售企业应当凭执业医师出具的处方,按规定剂量销售第二类精神药品,并将处方保存2年备查;禁止超剂量或者无处方销售第二类精神药品;不得向未成年人销售第二类精神药品。

第三十三条 麻醉药品和精神药品实行政府定价,在制定出厂和批发价格的基础上,逐步实行全国统一零售价格。具体办法由国务院价格主管部门制定。

第四章 使 用

第三十四条 药品生产企业需要以麻醉药品和第一类精神药品为原料生产普

通药品的，应当向所在地省、自治区、直辖市人民政府药品监督管理部门报送年度需求计划，由省、自治区、直辖市人民政府药品监督管理部门汇总报国务院药品监督管理部门批准后，向定点生产企业购买。

药品生产企业需要以第二类精神药品为原料生产普通药品的，应当将年度需求计划报所在地省、自治区、直辖市人民政府药品监督管理部门，并向定点批发企业或者定点生产企业购买。

第三十五条 食品、食品添加剂、化妆品、油漆等非药品生产企业需要使用咖啡因作为原料的，应当经所在地省、自治区、直辖市人民政府药品监督管理部门批准，向定点批发企业或者定点生产企业购买。

科学研究、教学单位需要使用麻醉药品和精神药品开展实验、教学活动的，应当经所在地省、自治区、直辖市人民政府药品监督管理部门批准，向定点批发企业或者定点生产企业购买。

需要使用麻醉药品和精神药品的标准品、对照品的，应当经所在地省、自治区、直辖市人民政府药品监督管理部门批准，向国务院药品监督管理部门批准的单位购买。

第三十六条 医疗机构需要使用麻醉药品和第一类精神药品的，应当经所在地设区的市级人民政府卫生主管部门批准，取得麻醉药品、第一类精神药品购用印鉴卡（以下称印鉴卡）。医疗机构应当凭印鉴卡向本省、自治区、直辖市行政区域内的定点批发企业购买麻醉药品和第一类精神药品。

设区的市级人民政府卫生主管部门发给医疗机构印鉴卡时，应当将取得印鉴卡的医疗机构情况抄送所在地设区的市级药品监督管理部门，并报省、自治区、直辖市人民政府卫生主管部门备案。省、自治区、直辖市人民政府卫生主管部门应当将取得印鉴卡的医疗机构名单向本行政区域内的定点批发企业通报。

第三十七条 医疗机构取得印鉴卡应当具备下列条件：
（一）有专职的麻醉药品和第一类精神药品管理人员；
（二）有获得麻醉药品和第一类精神药品处方资格的执业医师；
（三）有保证麻醉药品和第一类精神药品安全储存的设施和管理制度。

第三十八条 医疗机构应当按照国务院卫生主管部门的规定，对本单位执业医师进行有关麻醉药品和精神药品使用知识的培训、考核，经考核合格的，授予麻醉药品和第一类精神药品处方资格。执业医师取得麻醉药品和第一类精神药品的处方资格后，方可在本医疗机构开具麻醉药品和第一类精神药品处方，但不得为自己开具该种处方。

医疗机构应当将具有麻醉药品和第一类精神药品处方资格的执业医师名单及其变更情况，定期报送所在地设区的市级人民政府卫生主管部门，并抄送同级药品监督管理部门。

医务人员应当根据国务院卫生主管部门制定的临床应用指导原则，使用麻醉药品和精神药品。

第三十九条 具有麻醉药品和第一类精神药品处方资格的执业医师，根据临床应用指导原则，对确需使用麻醉药品或者第一类精神药品的患者，应当满足其合理用药需求。在医疗机构就诊的癌症疼痛患者和其他危重患者得不到麻醉药品或者第一类精神药品时，患者或者其亲属可以向执业医师提出申请。具有麻醉药品和第一类精神药品处方资格的执业医师认为要求合理的，应当及时为患者提供所需麻醉药品或者第一类精神药品。

第四十条 执业医师应当使用专用处方开具麻醉药品和精神药品，单张处方的最大用量应当符合国务院卫生主管部门的规定。

对麻醉药品和第一类精神药品处方，处方的调配人、核对人应当仔细核对，签署姓名，并予以登记；对不符合本条例规定的，处方的调配人、核对人应当拒绝发药。

麻醉药品和精神药品专用处方的格式由国务院卫生主管部门规定。

第四十一条 医疗机构应当对麻醉药品和精神药品处方进行专册登记，加强管理。麻醉药品处方至少保存3年，精神药品处方至少保存2年。

第四十二条 医疗机构抢救病人急需麻醉药品和第一类精神药品而本医疗机构无法提供时，可以从其他医疗机构或者定点批发企业紧急借用；抢救工作结束后，应当及时将借用情况报所在地设区的市级药品监督管理部门和卫生主管部门备案。

第四十三条 对临床需要而市场无供应的麻醉药品和精神药品，持有医疗机构制剂许可证和印鉴卡的医疗机构需要配制制剂的，应当经所在地省、自治区、直辖市人民政府药品监督管理部门批准。医疗机构配制的麻醉药品和精神药品制剂只能在本医疗机构使用，不得对外销售。

第四十四条 因治疗疾病需要，个人凭医疗机构出具的医疗诊断书、本人身份证明，可以携带单张处方最大用量以内的麻醉药品和第一类精神药品；携带麻醉药品和第一类精神药品出入境的，由海关根据自用、合理的原则放行。

医务人员为了医疗需要携带少量麻醉药品和精神药品出入境的，应当持有省级以上人民政府药品监督管理部门发放的携带麻醉药品和精神药品证明。海关凭携带麻醉药品和精神药品证明放行。

第四十五条 医疗机构、戒毒机构以开展戒毒治疗为目的，可以使用美沙酮或者国家确定的其他用于戒毒治疗的麻醉药品和精神药品。具体管理办法由国务院药品监督管理部门、国务院公安部门和国务院卫生主管部门制定。

第五章 储 存

第四十六条 麻醉药品药用原植物种植企业、定点生产企业、全国性批发企业和区域性批发企业以及国家设立的麻醉药品储存单位，应当设置储存麻醉药品和第一类精神药品的专库。该专库应当符合下列要求：

（一）安装专用防盗门，实行双人双锁管理；

（二）具有相应的防火设施；

（三）具有监控设施和报警装置，报警装置应当与公安机关报警系统联网。

全国性批发企业经国务院药品监督管理部门批准设立的药品储存点应当符合前款的规定。

麻醉药品定点生产企业应当将麻醉药品原料药和制剂分别存放。

第四十七条　麻醉药品和第一类精神药品的使用单位应当设立专库或者专柜储存麻醉药品和第一类精神药品。专库应当设有防盗设施并安装报警装置；专柜应当使用保险柜。专库和专柜应当实行双人双锁管理。

第四十八条　麻醉药品药用原植物种植企业、定点生产企业、全国性批发企业和区域性批发企业、国家设立的麻醉药品储存单位以及麻醉药品和第一类精神药品的使用单位，应当配备专人负责管理工作，并建立储存麻醉药品和第一类精神药品的专用账册。药品入库双人验收，出库双人复核，做到账物相符。专用账册的保存期限应当自药品有效期期满之日起不少于5年。

第四十九条　第二类精神药品经营企业应当在药品库房中设立独立的专库或者专柜储存第二类精神药品，并建立专用账册，实行专人管理。专用账册的保存期限应当自药品有效期期满之日起不少于5年。

第六章　运　输

第五十条　托运、承运和自行运输麻醉药品和精神药品的，应当采取安全保障措施，防止麻醉药品和精神药品在运输过程中被盗、被抢、丢失。

第五十一条　通过铁路运输麻醉药品和第一类精神药品的，应当使用集装箱或者铁路行李车运输，具体办法由国务院药品监督管理部门会同国务院铁路主管部门制定。

没有铁路需要通过公路或者水路运输麻醉药品和第一类精神药品的，应当由专人负责押运。

第五十二条　托运或者自行运输麻醉药品和第一类精神药品的单位，应当向所在地设区的市级药品监督管理部门申请领取运输证明。运输证明有效期为1年。

运输证明应当由专人保管，不得涂改、转让、转借。

第五十三条　托运人办理麻醉药品和第一类精神药品运输手续，应当将运输证明副本交付承运人。承运人应当查验、收存运输证明副本，并检查货物包装。没有运输证明或者货物包装不符合规定的，承运人不得运。

承运人在运输过程中应当携带运输证明副本，以备查验。

第五十四条　邮寄麻醉药品和精神药品，寄件人应当提交所在地设区的市级药品监督管理部门出具的准予邮寄证明。邮政营业机构应当查验、收存准予邮寄证明；没有准予邮寄证明的，邮政营业机构不得收寄。

省、自治区、直辖市邮政主管部门指定符合安全保障条件的邮政营业机构负责收寄麻醉药品和精神药品。邮政营业机构收寄麻醉药品和精神药品，应当依法对收寄的麻醉药品和精神药品予以查验。

邮寄麻醉药品和精神药品的具体管理办法,由国务院药品监督管理部门会同国务院邮政主管部门制定。

第五十五条　定点生产企业、全国性批发企业和区域性批发企业之间运输麻醉药品、第一类精神药品,发货人在发货前应当向所在地省、自治区、直辖市人民政府药品监督管理部门报送本次运输的相关信息。属于跨省、自治区、直辖市运输的,收到信息的药品监督管理部门应当向收货人所在地的同级药品监督管理部门通报;属于在本省、自治区、直辖市行政区域内运输的,收到信息的药品监督管理部门应当向收货人所在地设区的市级药品监督管理部门通报。

第七章　审批程序和监督管理

第五十六条　申请人提出本条例规定的审批事项申请,应当提交能够证明其符合本条例规定条件的相关资料。审批部门应当自收到申请之日起40日内作出是否批准的决定;作出批准决定的,发给许可证明文件或者在相关许可证明文件上加注许可事项;作出不予批准决定的,应当书面说明理由。

确定定点生产企业和定点批发企业,审批部门应当在经审查符合条件的企业中,根据布局的要求,通过公平竞争的方式初步确定定点生产企业和定点批发企业,并予公布。其他符合条件的企业可以自公布之日起10日内向审批部门提出异议。审批部门应当自收到异议之日起20日内对异议进行审查,并作出是否调整的决定。

第五十七条　药品监督管理部门应当根据规定的职责权限,对麻醉药品药用原植物的种植以及麻醉药品和精神药品的实验研究、生产、经营、使用、储存、运输活动进行监督检查。

第五十八条　省级以上人民政府药品监督管理部门根据实际情况建立监控信息网络,对定点生产企业、定点批发企业和使用单位的麻醉药品和精神药品生产、进货、销售、库存、使用的数量以及流向实行实时监控,并与同级公安机关做到信息共享。

第五十九条　尚未连接监控信息网络的麻醉药品和精神药品定点生产企业、定点批发企业和使用单位,应当每月通过电子信息、传真、书面等方式,将本单位麻醉药品和精神药品生产、进货、销售、库存、使用的数量以及流向,报所在地设区的市级药品监督管理部门和公安机关;医疗机构还应当报所在地设区的市级人民政府卫生主管部门。

设区的市级药品监督管理部门应当每3个月向上一级药品监督管理部门报告本地区麻醉药品和精神药品的相关情况。

第六十条　对已经发生滥用,造成严重社会危害的麻醉药品和精神药品品种,国务院药品监督管理部门应当采取在一定期限内中止生产、经营、使用或者限定其使用范围和用途等措施。对不再作为药品使用的麻醉药品和精神药品,国务院药品监督管理部门应当撤销其药品批准文号和药品标准,并予公布。

药品监督管理部门、卫生主管部门发现生产、经营企业和使用单位的麻醉药品和精神药品管理存在安全隐患时，应当责令其立即排除或者限期排除；对有证据证明可能流入非法渠道的，应当及时采取查封、扣押的行政强制措施，在7日内作出行政处理决定，并通报同级公安机关。

药品监督管理部门发现取得印鉴卡的医疗机构未依照规定购买麻醉药品和第一类精神药品时，应当及时通报同级卫生主管部门。接到通报的卫生主管部门应当立即调查处理。必要时，药品监督管理部门可以责令定点批发企业中止向该医疗机构销售麻醉药品和第一类精神药品。

第六十一条 麻醉药品和精神药品的生产、经营企业和使用单位对过期、损坏的麻醉药品和精神药品应当登记造册，并向所在地县级药品监督管理部门申请销毁。药品监督管理部门应当自接到申请之日起5日内到场监督销毁。医疗机构对存放在本单位的过期、损坏麻醉药品和精神药品，应当按照本条规定的程序向卫生主管部门提出申请，由卫生主管部门负责监督销毁。

对依法收缴的麻醉药品和精神药品，除经国务院药品监督管理部门或者国务院公安部门批准用于科学研究外，应当依照国家有关规定予以销毁。

第六十二条 县级以上人民政府卫生主管部门应当对执业医师开具麻醉药品和精神药品处方的情况进行监督检查。

第六十三条 药品监督管理部门、卫生主管部门和公安机关应当互相通报麻醉药品和精神药品生产、经营企业和使用单位的名单以及其他管理信息。

各级药品监督管理部门应当将在麻醉药品药用原植物的种植以及麻醉药品和精神药品的实验研究、生产、经营、使用、储存、运输等各环节的管理中的审批、撤销等事项通报同级公安机关。

麻醉药品和精神药品的经营企业、使用单位报送各级药品监督管理部门的备案事项，应当同时报送同级公安机关。

第六十四条 发生麻醉药品和精神药品被盗、被抢、丢失或者其他流入非法渠道的情形的，案发单位应当立即采取必要的控制措施，同时报告所在地县级公安机关和药品监督管理部门。医疗机构发生上述情形的，还应当报告其主管部门。

公安机关接到报告、举报，或者有证据证明麻醉药品和精神药品可能流入非法渠道时，应当及时开展调查，并可以对相关单位采取必要的控制措施。

药品监督管理部门、卫生主管部门以及其他有关部门应当配合公安机关开展工作。

第八章 法律责任

第六十五条 药品监督管理部门、卫生主管部门违反本条例的规定，有下列情形之一的，由其上级行政机关或者监察机关责令改正；情节严重的，对直接负责的主管人员和其他直接责任人员依法给予行政处分；构成犯罪的，依法追究刑事责任：

（一）对不符合条件的申请人准予行政许可或者超越法定职权作出准予行政许可决定的；

（二）未到场监督销毁过期、损坏的麻醉药品和精神药品的；

（三）未依法履行监督检查职责，应当发现而未发现违法行为、发现违法行为不及时查处，或者未依照本条例规定的程序实施监督检查的；

（四）违反本条例规定的其他失职、渎职行为。

第六十六条　麻醉药品药用原植物种植企业违反本条例的规定，有下列情形之一的，由药品监督管理部门责令限期改正，给予警告；逾期不改正的，处5万元以上10万元以下的罚款；情节严重的，取消其种植资格：

（一）未依照麻醉药品药用原植物年度种植计划进行种植的；

（二）未依照规定报告种植情况的；

（三）未依照规定储存麻醉药品的。

第六十七条　定点生产企业违反本条例的规定，有下列情形之一的，由药品监督管理部门责令限期改正，给予警告，并没收违法所得和违法销售的药品；逾期不改正的，责令停产，并处5万元以上10万元以下的罚款；情节严重的，取消其定点生产资格：

（一）未按照麻醉药品和精神药品年度生产计划安排生产的；

（二）未依照规定向药品监督管理部门报告生产情况的；

（三）未依照规定储存麻醉药品和精神药品，或者未依照规定建立、保存专用账册的；

（四）未依照规定销售麻醉药品和精神药品的；

（五）未依照规定销毁麻醉药品和精神药品的。

第六十八条　定点批发企业违反本条例的规定销售麻醉药品和精神药品，或者违反本条例的规定经营麻醉药品原料药和第一类精神药品原料药的，由药品监督管理部门责令限期改正，给予警告，并没收违法所得和违法销售的药品；逾期不改正的，责令停业，并处违法销售药品货值金额2倍以上5倍以下的罚款；情节严重的，取消其定点批发资格。

第六十九条　定点批发企业违反本条例的规定，有下列情形之一的，由药品监督管理部门责令限期改正，给予警告；逾期不改正的，责令停业，并处2万元以上5万元以下的罚款；情节严重的，取消其定点批发资格：

（一）未依照规定购进麻醉药品和第一类精神药品的；

（二）未保证供药责任区域内的麻醉药品和第一类精神药品的供应的；

（三）未对医疗机构履行送货义务的；

（四）未依照规定报告麻醉药品和精神药品的进货、销售、库存数量以及流向的；

（五）未依照规定储存麻醉药品和精神药品，或者未依照规定建立、保存专用账册的；

（六）未依照规定销毁麻醉药品和精神药品的；

（七）区域性批发企业之间违反本条例的规定调剂麻醉药品和第一类精神药品，

或者因特殊情况调剂麻醉药品和第一类精神药品后未依照规定备案的。

第七十条 第二类精神药品零售企业违反本条例的规定储存、销售或者销毁第二类精神药品的，由药品监督管理部门责令限期改正，给予警告，并没收违法所得和违法销售的药品；逾期不改正的，责令停业，并处 5000 元以上 2 万元以下的罚款；情节严重的，取消其第二类精神药品零售资格。

第七十一条 本条例第三十四条、第三十五条规定的单位违反本条例的规定，购买麻醉药品和精神药品的，由药品监督管理部门没收违法购买的麻醉药品和精神药品，责令限期改正，给予警告；逾期不改正的，责令停产或者停止相关活动，并处 2 万元以上 5 万元以下的罚款。

第七十二条 取得印鉴卡的医疗机构违反本条例的规定，有下列情形之一的，由设区的市级人民政府卫生主管部门责令限期改正，给予警告；逾期不改正的，处 5000 元以上 1 万元以下的罚款；情节严重的，吊销其印鉴卡；对直接负责的主管人员和其他直接责任人员，依法给予降级、撤职、开除的处分：

（一）未依照规定购买、储存麻醉药品和第一类精神药品的；

（二）未依照规定保存麻醉药品和精神药品专用处方，或者未依照规定进行处方专册登记的；

（三）未依照规定报告麻醉药品和精神药品的进货、库存、使用数量的；

（四）紧急借用麻醉药品和第一类精神药品后未备案的；

（五）未依照规定销毁麻醉药品和精神药品的。

第七十三条 具有麻醉药品和第一类精神药品处方资格的执业医师，违反本条例的规定开具麻醉药品和第一类精神药品处方，或者未按照临床应用指导原则的要求使用麻醉药品和第一类精神药品的，由其所在医疗机构取消其麻醉药品和第一类精神药品处方资格；造成严重后果的，由原发证部门吊销其执业证书。执业医师未按照临床应用指导原则的要求使用第二类精神药品或者未使用专用处方开具第二类精神药品，造成严重后果的，由原发证部门吊销其执业证书。

未取得麻醉药品和第一类精神药品处方资格的执业医师擅自开具麻醉药品和第一类精神药品处方，由县级以上人民政府卫生主管部门给予警告，暂停其执业活动；造成严重后果的，吊销其执业证书；构成犯罪的，依法追究刑事责任。

处方的调配人、核对人违反本条例的规定未对麻醉药品和第一类精神药品处方进行核对，造成严重后果的，由原发证部门吊销其执业证书。

第七十四条 违反本条例的规定运输麻醉药品和精神药品的，由药品监督管理部门和运输管理部门依照各自职责，责令改正，给予警告，处 2 万元以上 5 万元以下的罚款。

收寄麻醉药品、精神药品的邮政营业机构未依照本条例的规定办理邮寄手续的，由邮政主管部门责令改正，给予警告；造成麻醉药品、精神药品邮件丢失的，依照邮政法律、行政法规的规定处理。

第七十五条 提供虚假材料、隐瞒有关情况，或者采取其他欺骗手段取得麻醉药品和精神药品的实验研究、生产、经营、使用资格的，由原审批部门撤销其已取得的资格，5年内不得提出有关麻醉药品和精神药品的申请；情节严重的，处1万元以上3万元以下的罚款，有药品生产许可证、药品经营许可证、医疗机构执业许可证的，依法吊销其许可证明文件。

第七十六条 药品研究单位在普通药品的实验研究和研制过程中，产生本条例规定管制的麻醉药品和精神药品，未依照本条例的规定报告的，由药品监督管理部门责令改正，给予警告，没收违法药品；拒不改正的，责令停止实验研究和研制活动。

第七十七条 药物临床试验机构以健康人为麻醉药品和第一类精神药品临床试验的受试对象的，由药品监督管理部门责令停止违法行为，给予警告；情节严重的，取消其药物临床试验机构的资格；构成犯罪的，依法追究刑事责任。对受试对象造成损害的，药物临床试验机构依法承担治疗和赔偿责任。

第七十八条 定点生产企业、定点批发企业和第二类精神药品零售企业生产、销售假劣麻醉药品和精神药品的，由药品监督管理部门取消其定点生产资格、定点批发资格或者第二类精神药品零售资格，并依照药品管理法的有关规定予以处罚。

第七十九条 定点生产企业、定点批发企业和其他单位使用现金进行麻醉药品和精神药品交易的，由药品监督管理部门责令改正，给予警告，没收违法交易的药品，并处5万元以上10万元以下的罚款。

第八十条 发生麻醉药品和精神药品被盗、被抢、丢失案件的单位，违反本条例的规定未采取必要的控制措施或者未依照本条例的规定报告的，由药品监督管理部门和卫生主管部门依照各自职责，责令改正，给予警告；情节严重的，处5000元以上1万元以下的罚款；有上级主管部门的，由其上级主管部门对直接负责的主管人员和其他直接责任人员，依法给予降级、撤职的处分。

第八十一条 依法取得麻醉药品药用原植物种植或者麻醉药品和精神药品实验研究、生产、经营、使用、运输等资格的单位，倒卖、转让、出租、出借、涂改其麻醉药品和精神药品许可证明文件的，由原审批部门吊销相应许可证明文件，没收违法所得；情节严重的，处违法所得2倍以上5倍以下的罚款；没有违法所得的，处2万元以上5万元以下的罚款；构成犯罪的，依法追究刑事责任。

第八十二条 违反本条例的规定，致使麻醉药品和精神药品流入非法渠道造成危害，构成犯罪的，依法追究刑事责任；尚不构成犯罪的，由县级以上公安机关处5万元以上10万元以下的罚款；有违法所得的，没收违法所得；情节严重的，处违法所得2倍以上5倍以下的罚款；由原发证部门吊销其药品生产、经营和使用许可证明文件。

药品监督管理部门、卫生主管部门在监督管理工作中发现前款规定情形的，应当立即通报所在地同级公安机关，并依照国家有关规定，将案件以及相关材料移送公安机关。

第八十三条 本章规定由药品监督管理部门作出的行政处罚，由县级以上药品监督管理部门按照国务院药品监督管理部门规定的职责分工决定。

第九章 附 则

第八十四条 本条例所称实验研究是指以医疗、科学研究或者教学为目的的临床前药物研究。

经批准可以开展与计划生育有关的临床医疗服务的计划生育技术服务机构需要使用麻醉药品和精神药品的，依照本条例有关医疗机构使用麻醉药品和精神药品的规定执行。

第八十五条 麻醉药品目录中的罂粟壳只能用于中药饮片和中成药的生产以及医疗配方使用。具体管理办法由国务院药品监督管理部门另行制定。

第八十六条 生产含麻醉药品的复方制剂，需要购进、储存、使用麻醉药品原料药的，应当遵守本条例有关麻醉药品管理的规定。

第八十七条 军队医疗机构麻醉药品和精神药品的供应、使用，由国务院药品监督管理部门会同中国人民解放军总后勤部依据本条例制定具体管理办法。

第八十八条 对动物用麻醉药品和精神药品的管理，由国务院兽医主管部门会同国务院药品监督管理部门依据本条例制定具体管理办法。

第八十九条 本条例自 2005 年 11 月 1 日起施行。1987 年 11 月 28 日国务院发布的《麻醉药品管理办法》和 1988 年 12 月 27 日国务院发布的《精神药品管理办法》同时废止。

第六章 涉毒案件构成要件及案例分析

【知识目标】
1. 掌握涉毒案件的构成要件，涉毒案件的犯罪主体和主观方面，犯罪客体和客观方面的要求。
2. 通过对涉毒案件的分析，找出涉毒案件的主客体及打击犯罪的典型意义。

【能力目标】
1. 能通过对涉毒案件的分析，学会识别不同类型的毒品犯罪的特点并自觉远离毒品犯罪。
2. 能通过典型案例分析，明晰典型涉毒案件打击的重要意义。

【思政目标】
1. 结合案件分析，进一步加强对禁毒法律法规的学习和认识。
2. 加深对涉毒案件的法律适用和教育意义的理解，规范自己的行为，为和谐社会建设贡献力量。

第一节　毒品犯罪案件构成要件

一、客体要件

涉毒犯罪侵犯的客体是国家对毒品的管理制度和人民的生命健康。任何单位和个人违反法律规定，走私、贩卖、运输、制造毒品的行为（还有一些涉毒犯罪，如非法持有毒品罪，包庇、窝藏、转移、隐瞒毒品、毒赃罪，非法种植毒品原植物，非法生产销售易制毒物品，强迫他人吸毒，容留他人吸毒，妨害兴奋剂管理等，都可以归属为涉毒犯罪），都直接侵犯了有关毒品管制法规。

涉毒犯罪的对象是毒品。根据刑法第三百五十七条第一款规定："本法所称的毒品，是指鸦片、海洛因、甲基苯丙胺（冰毒）、吗啡、大麻、可卡因以及国务院规定管制的其他能够使人形成瘾癖的麻醉药品和精神药品。"

涉毒犯罪存在多种类型，以下以"走私、贩卖、制造、运输毒品罪"为例，分析其各方面要件。

二、客观方面要件

（一）走私毒品

走私毒品是指非法运输、携带、邮寄毒品进出国（边）境的行为。行为方式主要是输入毒品与输出毒品，此外对在领海、内海运输、收购、贩卖国家禁止进出口的毒品，以及直接向走私毒品的犯罪人购买毒品的，应视为走私毒品。根据本法的规定，影响走私毒品行为的危害性的因素，主要是走私毒品的数量、主体的情况（是否是首要分子、是否参与国际贩毒组织）、方式（是否武装掩护）等。这些因素无疑影响走私毒品行为的危害性。

（二）贩卖毒品

贩卖毒品是指有偿转让毒品或者以贩卖为目的而非法收购毒品。有偿转让毒品，即行为人将毒品交付给对方，并从对方获取物质利益。贩卖方式既可以是公开的，也可能是秘密的；既可以是行为人请求对方购买，也可能是对方请求行为人转让；既可能是直接交付给对方，也可能是间接交付给对方。在间接交付的场合，如果中间人认识到是毒品而帮助转交给买方的，则该中间人的行为也是贩卖毒品；如果中间人没有认识到是毒品，则不构成贩卖毒品罪。

贩卖是有偿转让，但行为人交付毒品既可能是获取金钱，也可能是获取其他物质利益；既可能在交付毒品的同时获取物质利益，也可能先交付毒品后获取利益或先获取物质利益而后交付毒品。如果是无偿转让毒品，如赠予等，则不属于贩卖毒品。出于贩卖目的而非法收买毒品的，也应认定为贩卖毒品。

（三）运输毒品

运输毒品是指采用携带、邮寄、利用他人或者使用交通工具等方法在我国领域内将毒品从此地转移到彼地。运输毒品必须限制在国内，而且不是在领海、内海运输国家禁止进出口的毒品，否则便是走私毒品。运输毒品具体表现为转移毒品的所在地，如将毒品从甲地运往乙地，但应注意，从结局上看没有变更毒品所在地却使毒品的所在地曾经发生了变化的行为，也是运输毒品。例如，行为人先将毒品从甲地运往乙地，由于某种原因，又将毒品运回甲地的，属于运输毒品。

（四）制造毒品

制造通常是指使用原材料而制作成原材料以外的物。制造毒品一般是指使用毒品原植物而制作成毒品。它包括以下几种情况：一是将毒品以外的物作为原料，提取或制作成毒品，如将罂粟制成为鸦片。二是毒品的精制，即去掉毒品中的不纯物，使之成为纯毒品或纯度更高的毒品。如去除海洛因中所含的不纯物。三是使用化学方法使一种毒品变为另一种毒品。如使用化学方法将吗啡制作成海洛因。四是使用化学方法以外的方法使一种毒品变为另一种毒品。如将盐酸吗啡加入蒸馏水，使之成为注射液。五是非法按照一定的处方针对特定人的特定情况调制毒品。上述五种行为都属于制造毒品。

涉毒犯罪是选择性罪名，凡实施了走私、贩卖、运输、制造毒品行为之一的，即以该行为确定罪名。凡实施了其中两种以上行为的，如运输、贩卖毒品，定为运输、贩卖毒品罪，不实行数罪并罚。

运输、贩卖同一种毒品的，毒品数量不重复计算；不是同一种毒品的，毒品数量累计计算。

居间介绍买卖毒品的，无论是否获利，均以贩卖毒品罪的共犯论处。走私毒品，又走私其他物品构成犯罪的，按走私毒品和构成的其他走私罪分别定罪，实行数罪并罚。

对多次走私、贩卖、运输、制造毒品，未经处理的，毒品数量累计计算。所谓"未经处理"的既包括未经刑罚处理，也包括未作行政处理。但对于犯罪已过追诉时效的，则毒品数量不再累计计算。已作过处理的，应视为已经结案。

三、主体要件

涉毒犯罪的主体是一般主体，即达到刑事责任年龄且具有刑事责任能力的自然人均可成为本罪主体。根据《刑法》第17条第2款规定，已满十四周岁不满十六周岁的未成年人贩卖毒品的，应当负刑事责任。因此，对于走私、运输、制造毒品犯罪，只有达到十六周岁才负刑事责任。

对于被利用、教唆、胁迫参加贩卖毒品犯罪活动的已满十四周岁不满十六周岁的人，一般可以不追究其刑事责任。

四、主观方面要件

涉毒犯罪在主观方面表现为故意，且是直接故意，即明知是毒品而走私、贩卖、运输、制造，过失不构成本罪。如果行为人主观上不明知是毒品，而是被人利用而实施了走私、贩卖、运输、制造的行为，就不构成犯罪。一般是以营利为目的，但也不能排除其他目的，法律没有要求构成本罪必须以营利为目的。

鉴于毒品犯罪是故意犯罪，根据犯罪构成理论，毒品犯罪行为人所实施的犯罪，必须是主观上明知其行为违反我国《刑法》规定的禁止性行为，才能构成相关的毒品犯罪。然而，我国法律对行为人是否具有主观明知没有具体规定，导致司法实践中对"主观上明知"的把握尺度不一致，给认定行为人是否具有主观明知留下了较大的争议空间，也给一些贩毒犯罪分子留下了可乘之机。对毒品犯罪的"主观明知"议而不断、统而无据的现象屡屡发生，严重制约对贩毒行为的打击力度。

因此，宜采用事实推定制度，即持毒人即使不知毒品纯度是多少，也不知是海洛因还是冰毒，但只要有证据证明以下事实的存在，结合查获的基本事实再加上一些环境因素可推定其明知。①行为人采用体内携毒，或隐匿于衣服鞋子的夹层、水果及各种器皿等别人不易发现的地方的高度隐蔽的持毒方式；②行为人以高度诡秘的交、接"货"方式将毒品放在人迹罕至的地方，确能证实毒品系其所放；③行为人虽称毒品系他人所有，不知是毒品而代其保管，但领取了高额的报酬；④行为人明显逃避检查，检查时逃跑或在检查中将其所携带的物品丢弃或故意用特殊伪装方式或不讲真实姓名；⑤行为人有毒品犯罪前科，对毒品的认识能力等较常人有着更直接的感受或经验，在其身边、住处被查获时，可推定其主观上的明知。

走私、贩卖、运输、制造毒品罪与其他犯罪的界限：

行为人在一次走私活动中，既走私毒品又走私其他货物、物品的，一般应按走私毒品罪和构成的其他走私罪，实行数罪并罚。行为人故意以非毒品冒充毒品或者明知是假毒品而贩卖营利的，应认定为诈骗罪，而非贩卖毒品罪，但行为人不明知是毒品而贩卖，事实上具有贩卖毒品的可能性的，应认定为贩卖毒品（未遂）。行为人在生产、销售的食品中掺入微量毒品的，应认定为生产、销售有毒、有害食品罪，不宜认定为贩卖毒品罪。

以上是对以走私、贩卖、运输、制造为特征的涉毒案件的主客体分析，对于其他类型的涉毒犯罪，必须坚持具体问题具体分析，才能得到更准确的结果。

第二节 毒品犯罪典型案例分析

在打击毒品犯罪的道路上，打击贩卖毒品（包括多次零包贩卖、居间介绍贩卖、网络+快递等）；运输毒品（不同的毒品偷运方式）；诱引或容留他人吸毒、非法持有毒品或网络平台吸毒；毒品、管控的制毒前体及新精神活性物质的制造；吸毒所导致的社会危害（毒驾、凶杀等）；涉毒的走私国际网络的打击等不同方面，都在近年的禁毒案例中有所涉及。下面将从不同的类型对近年来毒品犯罪典型案例进行分析。

一、贩卖及运输毒品犯罪

（一）谭××等贩卖、运输毒品案——严厉打击大宗贩卖、运输毒品犯罪分子

1. 基本案情

2011年12月的一天，被告人谭××电话安排刘×（已判刑）将24克甲基苯丙胺卖给张×，并收取现金7200元；2012年2月6日晚，被告人谭××电话安排刘×将120克甲基苯丙胺卖给许×，并收取现金3.5万元；当晚被告人谭××另电话安排刘×将120克甲基苯丙胺卖给蒋××，并收取蒋××现金11万元。

2012年2月5日，被告人谭××带领被其雇佣的刘××、刘××、丰×（均已判刑）和范××（另案处理）驾乘其租来的轿车从江苏省南京市到广东省惠州市购买毒品。2月7日，谭××携带所购毒品与上述四人驾乘轿车返回南京市。当日10时许，谭××等五人行至宁合高速公路南京星甸收费站时被公安机关抓获，当场从轿车内及谭××身上等处查扣7002.973克甲基苯丙胺。当日，公安机关在谭××租住处查扣724.754克甲基苯丙胺。

2. 裁判结果

南京市中级人民法院于2012年12月19日作出一审判决，认定被告人谭××贩卖、运输毒品甲基苯丙胺7991.727克，其行为已构成贩卖、运输毒品罪，决定判处谭××死刑，剥夺政治权利终身，没收个人全部财产；江苏省高级人民法院于2013年11月28日裁定驳回上诉，维持原判。最高法院于2014年7月26日裁定核准。

3. 案件评析

本案是家族式前仆后继控制毒品市场的犯罪案件。谭××姐姐谭×华在宁贩卖毒品被公安机关抓获后，谭××为填补南京毒品销售市场，从广东来宁并纠集其准连襟刘中×、表弟刘晓×、妻侄媳范××（另案处理）、狱友刘×，从广东省购买毒品运输至南京大肆贩卖，数量巨大，故依法予以严惩，对其判处死刑立即执行。

（二）朱××贩卖毒品案——严厉打击再犯、累犯、监外执行期间再犯罪的涉毒犯罪分子

1. 基本案情

被告人朱××系艾滋病患者。2011年12月至2014年9月间，被告人朱××从袁××、杨×等人处购得毒品后，单独或伙同范××、王××及倪×在江苏省南通市向刘×、袁××、胡××、杨×等人贩卖。朱××共贩卖甲基苯丙胺（冰毒）共计2514.84克（其中697.04克系未遂）、甲基苯丙胺片剂（俗称"麻古"）10.41克（其中4.72克系未遂）、氯胺酮462.81克、咖啡因8.68克、亚甲二氧甲基苯丙胺24.69克（未遂）。

2. 裁判结果

南通市中级人民法院于2014年11月20日作出一审判决，认为被告人朱××明知甲基

苯丙胺等是毒品而单独或伙同他人贩卖,其行为已构成贩卖毒品罪。被告人朱××是毒品再犯、累犯,应当从重处罚。被告人朱××在服刑期间因病被保外就医,在对其暂予监外执行期间,不思悔改,仍继续贩卖毒品,酌情从重处罚,决定对被告人朱××以贩卖毒品罪判处死刑,剥夺政治权利终身,并处没收个人全部财产。后省法院裁定驳回上诉,维持原判,最高法院予以核准,判决现已生效。

3. 案件评析

该案系具有重大影响的患艾滋病人员贩毒案。被告人因犯贩卖毒品罪被判刑,在服刑期间检查出患艾滋病而被暂予监外执行,其在掌握公安机关因其所患艾滋病无法关押的情形下大肆贩卖毒品,并在公安机关抓捕时进行自残,主观恶性极大。考虑到被告人系毒品再犯、累犯,而且在监外执行期间继续大肆贩卖毒品,数额巨大,社会危害严重,故对其依法适用死刑。

(三)吴××贩卖毒品案——居间介绍贩卖毒品作为共犯予以惩处

1. 基本案情

2014年4月,被告人吴××明知张××(另案处理)购买毒品用于贩卖,仍介绍其向朱××(另案处理)购买甲基苯丙胺(冰毒)。2014年4月12日,被告人吴××伙同张××驾车前往徐州市铜山经济开发区××物流F幢22号朱××住处,约定以人民币24000元的价格向朱××购买甲基苯丙胺(冰毒)200克,被告人吴××从中抽取1克左右甲基苯丙胺(冰毒)作为好处。

2. 裁判结果

泰州市高港区人民法院于2015年2月9日作出判决,认为,被告人吴××为他人实施毒品犯罪而居间介绍并从中谋利,其行为已构成贩卖毒品罪,被告人吴××在共同犯罪中作用较小,系从犯,依法减轻处罚,对其判处有期徒刑九年六个月,剥夺政治权利二年,并处罚金人民币三万元。被告人未上诉,判决已生效。

3. 案件评析

明知他人购买毒品用于贩卖或意图贩卖毒品,而为其介绍卖方或者买方的,系居间介绍贩卖毒品行为,构成贩卖毒品罪的共犯,但仅实施居间介绍的帮助行为,对促成交易起辅助作用的,应当以从犯论处。

(四)华×贩卖毒品案——严厉打击多次零包贩卖毒品

1. 基本案情

被告人华×于2014年2月至5月,在兴化市张郭镇向朱×、汤××、杨×贩卖冰毒(甲基苯丙胺)8次,共计5.3克,得款人民币2400元。

2. 裁判结果

兴化市人民法院于 2014 年 11 月 6 日作出判决，认为被告人华×明知是毒品而向多人多次予以贩卖，其行为已构成贩卖毒品罪，且情节严重，对其判处有期徒刑三年六个月，并处罚金人民币一万五千元。判决后，公诉机关未抗诉，被告人未上诉，判决已生效。

3. 案件评析

零包贩卖毒品是末端毒品犯罪行为，对于多次零包贩卖小额毒品的，应从重打击。被告人华×多次因吸毒被行政拘留，不思悔改，更积极进行毒品贩卖。其采取零包贩卖的形式进行毒品贩卖，企图逃避法律制裁。最终法院对其从重处罚，判处有期徒刑三年六个月。

（五）刘××贩卖毒品案——国家工作人员实施毒品犯罪，依法严惩

1. 基本案情

被告人刘××，江苏省灌云县林牧业执法大队职工。

2019 年八九月某晚，被告人刘××在江苏省灌云县伊山镇王圩村卖给王××甲基苯丙胺（冰毒）约 0.5 克。同年 10 月，刘××又在该县老供电公司门口卖给周××基苯丙胺约 0.3 克。

2. 裁判结果

本案由江苏省灌云县人民法院审理。

法院认为，被告人刘××明知是毒品而进行贩卖，其行为已构成贩卖毒品罪。刘××身为国家工作人员贩卖少量毒品，属情节严重。鉴于其有如实供述、认罪认罚等情节，可从轻处罚。据此，对被告人刘××判处有期徒刑三年，并处罚金人民币一万元。

宣判后，在法定期限内没有上诉、抗诉，上述裁判已于 2020 年 3 月 28 日发生法律效力。

3. 典型意义

国家工作人员本应更加自觉地抵制毒品，积极与毒品违法犯罪作斗争，但近年来出现了一些国家工作人员涉足毒品违法犯罪的情况，造成不良的社会影响。本案被告人刘××系灌云县自然资源和规划局下属事业单位职工，具有国家工作人员身份，根据《最高人民法院关于审理毒品犯罪案件适用法律若干问题的解释》第四条的规定，其属贩卖少量毒品"情节严重"。人民法院对刘××依法判处三年有期徒刑，体现了对此类犯罪的严惩。

（六）祝×走私、运输毒品案——通过手机网络接受他人雇用，走私、运输毒品数量大

1. 基本案情

2018 年 12 月，被告人祝×因欠外债使用手机上网求职，在搜索到"送货"可以获得高额报酬的信息后，主动联系对方并同意"送货"。后祝×按照对方安排，从四川省成都市经云南省昆明市来到云南省孟连傣族拉祜族佤族自治县，乘坐充气皮艇偷渡出境抵达缅甸。

2019年1月下旬,被告人祝×从对方处接取一个拉杆箱,在对方安排下回到国内,经多次换乘交通工具返回昆明市,并乘坐G286次列车前往山东省济南市。同月27日18时许,公安人员在列车上抓获祝×,当场从其携带的拉杆箱底部夹层内查获海洛因2包,净重2063.99克。

2. 裁判结果

本案由济南铁路运输中级人民法院一审,山东省高级人民法院二审。

法院认为,被告人祝×将毒品从缅甸携带至我国境内并进行运输,其行为已构成走私、运输毒品罪。祝×对接受雇佣后偷渡到缅甸等待一月之久、仅携带一个装有衣物的拉杆箱即可获取高额报酬、途中多次更换交通工具、大多选择行走山路等行为不能作出合理解释,毒品又系从其携带的拉杆箱夹层中查获,可以认定其明知是毒品而走私、运输。祝×实施犯罪所涉毒品数量大,鉴于其系接受他人雇用走私、运输毒品,且具有初犯、偶犯等酌予从宽处罚情节,可从轻处罚。据此,依法对被告人祝×判处无期徒刑,剥夺政治权利终身,并处没收个人全部财产。

上述裁判已于2020年3月19日发生法律效力。

3. 典型意义

毒品犯罪分子为逃避处罚,以高额回报为诱饵,通过网络招募无案底的年轻人从境外将毒品运回内地,此类案件近年来时有发生,已成为我国毒品犯罪的一个新动向。本案系一起典型的无案底年轻人通过手机网络接受他人雇用走私、运输毒品案例。被告人祝×为获取高额报酬,在网络上接受他人雇用走私、运输毒品,犯下严重罪行。祝×归案后辩解其不知晓携带的拉杆箱内藏有毒品,与在案证据证实的情况不符。人民法院根据祝×犯罪的事实、性质和具体情节,依法对其判处无期徒刑,体现了对毒品犯罪的严惩。

(七)曹××贩卖毒品案——通过物流快递方式贩卖毒品

1. 基本案情

2013年6月8日左右的一天,被告人曹××经事先与居住于镇江市京口区某小区袁××(另案处理)联系,通过××物流,以快递的方式从福建省福州市向袁××贩卖甲基苯丙胺(冰毒)约69.86克,四氢大麻酚约0.43克,得款人民币18 900元。2013年6月20日,被告人曹××在其福建省福州市鼓楼区某小区家中被抓获,并当场查获甲基苯丙胺50.99克、海洛因37.21克。

2. 裁判结果

镇江市京口区人民法院于2014年2月12日作出判决认为,被告人曹××明知是毒品而予以贩卖,其行为已构成贩卖毒品罪。判处有期徒刑十五年,剥夺政治权利五年,并处没收财产人民币五万元。被告人曹××未上诉,判决已生效。

3. 案件评析

当前,邮寄环节缺少检验,成为嫌疑人贩卖、购买毒品及其他易制毒物品的便捷途径。我国邮政快递企业对于当事人送交邮递的包裹普遍存在不落实验视制度的问题,致使嫌疑人可以轻松邮寄毒品而几乎不会受到检查。对此,应当进一步加强监管,强化收寄验视制度,并规范寄件方信息核实,以便于追责。

(八)杨××贩卖、运输毒品,赵××贩卖毒品案——大量贩卖、运输新精神活性物质,依法从严惩处

1. 基本案情

被告人杨××、赵××长期从事化学品研制、生产、销售及化学品出口贸易工作。2015年4月,杨××租用江苏省宜兴市某药化技术有限公司的设备、场地进行化学品的研制、生产及销售。其间,杨××雇用他人生产包括N-(1-甲氧基羰基-2-甲基丙基)-1-(5-氟戊基)吲唑-3-甲酰胺(简称5F-AMB)在内的大量化工产品并进行销售。同年10月1日,5F-AMB被国家相关部门列入《非药用类麻醉药品和精神药品管制品种增补目录》,禁止任何单位和个人生产、买卖、运输、使用、储存和进出口。2016年1月,赵××与杨××在明知5F-AMB已被国家相关部门列管的情况下,仍商定杨××以每千克2 200元左右的价格向赵××贩卖150千克5F-AMB。同月22日,杨××根据赵××的要求,安排他人将约150千克5F-AMB从宜兴市运送至浙江省义乌市,后赵××将钱款汇给杨××。

2016年3月28日,被告人杨××用约1千克5F-AMB冒充MMBC贩卖给李××(另案处理),后在李××安排他人寄出的邮包中查获477.79克5F-AMB。

2016年8月和9月,被告人杨××、赵××先后被抓获。公安人员从杨××租用的药化技术有限公司冷库内查获33.92千克5F-AMB。

2. 裁判结果

本案由江苏省南京市中级人民法院一审,江苏省高级人民法院二审。

法院认为,被告人杨××明知5F-AMB被国家列入毒品管制仍予以贩卖、运输,其行为已构成贩卖、运输毒品罪。被告人赵××明知5F-AMB被国家列入毒品管制仍大量购买,其行为已构成贩卖毒品罪。杨××贩卖、运输5F-AMB约184千克,赵××贩卖5F-AMB约150千克,均属贩卖毒品数量大,应依法惩处。据此,依法对被告人杨××、赵××均判处死刑,缓期二年执行,剥夺政治权利终身,并处没收个人全部财产。

上述裁判已于2019年2月22日发生法律效力。

3. 典型意义

新精神活性物质通常是不法分子为逃避法律管制,修改被管制毒品的化学结构而得到的毒品类似物,具有与管制毒品相似或更强的兴奋、致幻、麻醉等效果,被联合国毒品与犯罪问题办公室确定为继海洛因、甲基苯丙胺之后的第三代毒品,对人体健康危害很大。本案所涉毒品5F-AMB属于合成大麻素类新精神活性物质,于2015年10月1日被国家相关部门列入《非药用类麻醉药品和精神药品管制品种增补目录》。人民法院根据涉案新精神活性物质的种类、数量、危害和被告人杨××、赵××犯罪的具体情节,依法对二被告人均判处死刑

缓期二年执行，体现了对此类犯罪的从严惩处。

（九）李×贩卖毒品案——利用网络向外籍人员贩卖大麻，依法惩处

1. 基本案情

被告人李×起意贩卖大麻后，在社交网络上发布大麻图片，吸引他人购买。浙江省苍南县某英语培训机构的一名外籍教员在社交网络上看到李×发布的大麻照片后点赞，李×便询问其是否需要，后二人互加微信，并联系大麻交易事宜。2017年11月至2018年10月间，李×先后31次卖给对方共计141克大麻，得款1.7万余元。经鉴定，查获的检材中检出四氢大麻酚、大麻二酚、大麻酚成分。

2. 裁判结果

本案由浙江省平阳县人民法院审理。

法院认为，被告人李×明知大麻是毒品而贩卖，其行为已构成贩卖毒品罪，且多次贩卖，属情节严重，应依法惩处。鉴于李×归案后能如实供述自己的罪行，可从轻处罚。据此，依法对被告人李×判处有期徒刑四年，并处罚金人民币一万六千元。

宣判后，在法定期限内没有上诉、抗诉，上述裁判已于2019年4月9日发生法律效力。

3. 典型意义

大麻属于传统毒品，我国对大麻类毒品犯罪的打击和惩处从未放松。但一些国家推行所谓大麻"合法化"，这一定程度对现有国际禁毒政策产生冲击，也容易让部分外籍人员对我国的全面禁毒政策产生某种误解。本案就是一起通过网络向国内的外籍务工人员贩卖大麻的典型案件。被告人李×在社交网络上发布大麻照片吸引买家，而购毒人员系外籍教员。在案证据显示，此人称其本国吸食大麻并不违法。但李×明知大麻在中国系禁止贩卖、吸食的毒品，仍通过网络出售给他人，已构成贩卖毒品罪，且属情节严重，人民法院对其依法判处了刑罚。此类案件对在中国境内的留学生、外籍务工人员以及赴外留学的中国青年学生都有警示作用。

二、诱引、容留他人吸毒、非法持有毒品及利用网络平台吸毒

（一）卜××容留他人吸毒案——从重处罚容留未成年人吸毒

1. 基本案情

2014年1月间，被告人卜××先后2次在南京市栖霞区和燕路某快捷宾馆内，容留未成年人赵某吸食甲基苯丙胺。2015年2月23日，被告人卜××因涉嫌贩卖毒品被公安机关刑事拘留，后如实供述其容留他人吸毒的罪行。

2. 裁判结果

南京市浦口区人民法院于2015年5月27日作出判决，认为被告人卜××容留未成年人吸毒两次，其行为已构成容留他人吸毒罪，且对其应从重处罚，判处拘役四个月，并处罚金

人民币2000元。

3. 案件评析

本案虽然案情简单，情节较轻，但危害不容忽视，引诱、容留未成年人吸毒均应从重处罚。被告人卜××先后两次容留未成年人吸食毒品，其行为构成容留他人吸毒罪，因其容留的对象是未成年人且超过一次，对其予以从重处罚。

（二）陈××容留他人吸毒案——容留多名未成年人吸毒，依法严惩

1. 基本案情

2018年5月12日晚，被告人陈××为给女朋友黄××（未成年人）庆祝生日，在湖北省荆州市荆州区一音乐会所的房间内容留张××、林××及14名未成年人吸食氯胺酮（俗称"K粉"）。当日22时许，公安人员在该房间将陈××、黄××及上述16名吸毒人员查获。经尿检，陈××及16名吸毒人员的检测结果均为氯胺酮阳性。

另查明，2017年12月18日被告人陈××受他人邀约参加聚众斗殴犯罪。

2. 裁判结果

本案由湖北省荆州市荆州区人民法院审理。

法院认为，被告人陈××容留多名未成年人吸食毒品，其行为已构成容留他人吸毒罪，并应从重处罚；陈××积极参加聚众斗殴，其行为又构成聚众斗殴罪。对其所犯数罪，应依法并罚。据此，依法对被告人陈××以容留他人吸毒罪判处有期徒刑三年，并处罚金人民币一万元；以聚众斗殴罪判处有期徒刑三年，决定执行有期徒刑五年六个月，并处罚金人民币一万元。

宣判后，在法定期限内没有上诉、抗诉，上述裁判已于2019年8月3日发生法律效力。

3. 典型意义

毒品具有成瘾性，一旦沾染，极易造成身体和心理的双重依赖。近年来我国容留他人吸毒案件发案率较高，吸毒人员低龄化特点也较突出。未成年人心智尚未成熟，更易遭受毒品侵害。本案是一起容留多名未成年人吸毒的典型案例。被告人陈××系在校学生，为女朋友庆祝生日时容留前来聚会的多名未成年人一同吸毒，已从单纯的毒品滥用者转变为毒品犯罪实施者。人民法院根据陈××犯罪的事实、性质和具体情节，依法从严判处刑罚。

（三）邹火×引诱他人吸毒、盗窃案——引诱他人吸毒并唆使他人共同盗窃，依法惩处

1. 基本案情

被告人邹火×系广东省化州市某村村民，意图引诱同村村民邹××（另案处理）一起吸毒。2018年9月的一天，邹火×向邹××借款购买海洛因后，当晚来到邹××家，称吸食海洛因可消除邹××腿部术后疼痛。邹××表示其不会吸毒，邹火×便将海洛因放在锡纸上加

热,让邹××吸食烤出的烟雾。此后,邹××遇腿部疼痛时便让邹火×购买海洛因一起吸食。

同年11月的一天晚上,被告人邹火×和邹××毒瘾发作,但无钱购买毒品。经邹火×提议,二人潜入同村一村民家窃得一台液晶电视机。次日,邹火×将电视机销赃得款400元,用其中100元购买海洛因,与邹××一起吸食。

2. 裁判结果

本案由广东省化州市人民法院审理。

法院认为,被告人邹火×引诱他人吸食毒品,其行为已构成引诱他人吸毒罪;邹火×以非法占有为目的,伙同他人入户盗窃财物,其行为又构成盗窃罪。鉴于邹火×如实供述自己的罪行,并当庭认罪悔罪,可从轻处罚。对邹火×所犯数罪,应依法并罚。据此,对邹火×以引诱他人吸毒罪判处有期徒刑一年二个月,并处罚金人民币二千元;以盗窃罪判处有期徒刑七个月,并处罚金人民币一千元,决定执行有期徒刑一年六个月,并处罚金人民币三千元。

宣判后,在法定期限内没有上诉、抗诉,上述裁判已于2019年4月30日发生法律效力。

3. 典型意义

吸毒成瘾不仅损害身体健康,高额的支出也会造成经济困境,诱使吸毒者实施盗抢等侵财犯罪。我国刑法对引诱、教唆、欺骗他人吸毒罪没有设置数量、情节等入罪条件,故实施此类行为一般均应追究刑事责任。本案就是一起引诱他人吸毒后又共同实施侵财犯罪的典型案例。被告人邹火×以吸毒可以消除病痛为由引诱同村村民吸食海洛因,为购买毒品又唆使其共同入户盗窃财物,较为突出地体现了吸毒诱发犯罪的危害。人民法院根据邹火×犯罪的事实、性质和具体情节,依法对其判处了刑罚。

(四)梁××非法利用信息网络、非法持有毒品,汪×贩卖毒品案——非法利用网络平台组织视频吸毒,依法惩处

1. 基本案情

2016年底至2017年初,被告人梁××加入某网络平台,在平台中以视频方式与他人共同吸食甲基苯丙胺(冰毒)。2017年3月,梁××主动联系网络技术员"OV",重新架设此视频网络平台,通过QQ群及QQ站务群对平台进行管理,交付网络维护费、服务器租赁费等,发展平台会员,并对平台内的虚拟房间进行管理。经查,该平台在此期间以虚拟房间形式组织大量吸毒人员一起视频吸毒,居住在苏州的陆×、梁×(已另案判刑)等人通过该平台达成毒品买卖意向并在线下交易毒品。

2017年5月9日,被告人梁××在吉林省白山市被抓获,公安人员从其驾驶的汽车内查获甲基苯丙胺2包,净重11.28克。

被告人汪×,2015年8月27日因犯非法持有毒品罪被判处拘役三个月,并处罚金人民币一千元。被告人汪×自2016年起在组织吸毒活动的上述视频平台等非法网络中进行活动,并结识吸毒人员刘××。2016年12月至2017年2月间,汪×先后3次通过微信收取刘×

×支付的毒资共计4 500元，向刘××贩卖甲基苯丙胺共24克，从中获利900元。

2. 裁判结果

本案由江苏省苏州市吴中区人民法院一审，苏州市中级人民法院二审。

法院认为，被告人梁××利用信息网络设立用于组织他人吸食毒品等违法犯罪活动的网站、通讯群组，情节严重，其行为已构成非法利用信息网络罪；梁××非法持有甲基苯丙胺数量较大，其行为又构成非法持有毒品罪。对梁××所犯数罪，应依法并罚。被告人汪×明知是毒品而贩卖，其行为已构成贩卖毒品罪。汪×曾因犯非法持有毒品罪被判刑，现又犯贩卖毒品罪，系毒品再犯，应依法从重处罚。据此，依法对被告人梁××以非法利用信息网络罪判处有期徒刑一年，并处罚金人民币一万元，以非法持有毒品罪判处有期徒刑九个月，并处罚金人民币二千元，决定执行有期徒刑一年六个月，并处罚金人民币一万二千元；对被告人汪×以贩卖毒品罪判处有期徒刑九年，并处罚金人民币二万元。

上述裁判已于2018年11月2日发生法律效力。

3. 典型意义

信息网络技术促进了经济发展，便利了社会生活，但网络自身的快速、大量传播等特点也容易被一些不法分子利用，使网络平台成为实施违法犯罪活动的场所和工具。近年来利用信息网络组织吸毒、交易毒品的案件时有发生，危害很大。为有效打击此类犯罪行为，2015年11月1日施行的《刑法修正案（九）》增设了非法利用信息网络罪，2016年4月11日实施的《最高人民法院关于审理毒品犯罪案件适用法律若干问题的解释》第十四条也规定，利用信息网络，设立用于实施传授制造毒品、非法生产制毒物品的方法，贩卖毒品，非法买卖制毒物品或者组织他人吸食、注射毒品等违法犯罪活动的网站、通讯群组，或者发布实施前述违法犯罪活动的信息，情节严重的，应当依照刑法第二百八十七条之一的规定，以非法利用信息网络罪定罪处罚。本案被告人梁××重新架设并管理维护视频网络平台，发展平台会员人数众多（加入会员需视频吸毒验证），以虚拟房间形式组织大量吸毒人员一起视频吸毒，并间接促成线下毒品交易，已有部分会员因犯贩卖毒品罪被判刑，其犯罪行为属于非法利用信息网络"情节严重"。被告人汪×通过非法网络平台结识吸毒人员后进行线下毒品交易，贩卖毒品数量较大。人民法院依法对二被告人判处了刑罚。

（五）韩××贩卖毒品案——吸毒者贩卖少量毒品，在其住处查获大量毒品应计入贩毒数额

1. 基本案情

2014年7月至10月间，被告人韩××向吸毒人员顾×贩卖毒品甲基苯丙胺（冰毒）三次，共计约1.1克，后其被抓获，在其身上和住处共搜出11袋疑似冰毒物品。经鉴定，从现场查获的2袋及从韩××住处查获的9袋疑似冰毒物品均检测出甲基苯丙胺，合计净重计12.1克。

2. 裁判结果

射阳县人民法院于 2015 年 3 月 11 日作出判决认为，被告人韩××向他人贩卖毒品甲基苯丙胺超过十克，其行为已构成贩卖毒品罪，被告人韩××贩卖毒品自己从中赚取部分毒品供自己吸食，其被查获的毒品数量应认定为贩卖毒品的数量，但考虑到其吸食情节，在量刑时酌定从轻处罚，对其判处有期徒刑七年六个月，并处罚金人民币七万元。二审裁定驳回上诉，维持原判。

3. 案件评析

根据相关规定，吸毒者实施贩卖毒品行为，从其身上或其住所搜出的毒品，应计入贩卖毒品的数量，依法定罪处罚。因此被告人家中被查获的毒品数量应全部计入贩卖毒品的数量，进行定罪量刑。但考虑到被告人确实有吸食毒品情节，系以贩养吸，被查获毒品可能部分用于吸食，故在量刑上对其酌情从轻处罚。

三、制造、贩卖管控的毒品前体、毒品，传播制造毒品方法

（一）谢×儒贩卖、制造毒品案——通过网络实施制造、贩卖甲卡西酮新型毒品犯罪

1. 基本案情

2013 年 5 月份以来，被告人谢×儒、谢×丰（另案处理）为牟取暴利，通过互联网等途径购得化工原料、配剂以及油浴锅、砂芯漏斗等设备，并租住建湖县近湖镇陈墩新村某房屋生产毒品甲卡西酮。2013 年 8 月份，被告人谢×儒、谢×丰与秦×通过 QQ 聊天工具联系买卖甲卡西酮。2013 年 8 月 30 日，被告人谢×儒、谢×丰通过长途客车托运的方式，将其制造的 1000 克甲卡西酮以 7 万元的价格卖给秦×。2013 年 9 月 19 日，被告人谢×儒、谢×丰于租住处被建湖县公安局民警抓获归案。

2. 裁判结果

盐城市中级人民法院于 2014 年 6 月 24 日作出判决，认为被告人谢×儒制造、贩卖甲卡西酮 1000 克，其行为已构成贩卖、制造毒品罪。被告人谢×儒主导毒品生产、参与毒品销售商谈，在共同犯罪起主要作用，系主犯，对其以贩卖、制造毒品罪判处死刑，缓期二年执行，剥夺政治权利终身，并处没收个人全部财产。被告人不服提出上诉，省法院裁定驳回上诉，维持原判，同时裁定核准死缓判决。

3. 案件评析

该案是盐城地区乃至整个江苏地区审理的首起涉甲卡西酮新型毒品案件，甲卡西酮系国家管制的第一类精神药品，根据国家食品药品监督管理总局制定的《非法药物折算表》，1克甲卡西酮相当于 1 克海洛因，据此进行定罪量刑，依法判处其死刑，缓期二年执行。同时，该起毒品犯罪通过网络进行，被告人通过互联网等途径购得化工原料、配剂以及油浴锅、砂

芯漏斗等设备,并通过网络 QQ 聊天工具联系买卖甲卡西酮。体现了目前毒品犯罪"高科技""网络化"的趋势。

(二)施××、林××制造毒品案——纠集多人制造毒品数量特别巨大,罪行极其严重

1. 基本案情

2015 年 6 月,被告人施××、林××密谋合伙制造甲基苯丙胺(冰毒),商定施××出资 8 万元,负责购买主要制毒原料及设备等,林××出资 20 万元,负责租赁场地和管理资金。同年 7 月,施××纠集郑××、刘×、柯×(均系同案被告人,已判刑)参与制毒。郑××提出参股,后通过施××交给林×× 42 万元。施××自行或安排郑××购入部分制毒原料、工具。林××租下广东省揭阳市揭东区锡场镇的一处厂房作为制毒工场,纠集林海×、黄××(均系同案被告人,已判刑)协助制毒,并购入部分制毒配料、工具。同月 20 日晚,施××以每袋 7.8 万元的价格向吴××、俞××(均系同案被告人,已判刑)购买 10 袋麻黄素,并通知林××到场支付 40 万元现金作为预付款。林××将麻黄素运至上述制毒工场后,施××、林××组织、指挥郑××、刘×、柯×、林海×、黄××制造甲基苯丙胺。同月 23 日 23 时许,公安人员抓获正在制毒的施××、林××等七人,当场查获甲基苯丙胺约 149 千克,含甲基苯丙胺成分的固液混合物和液体共计约 621 千克,以及一批制毒原料和工具。

2. 裁判结果

本案由广东省揭阳市中级人民法院一审,广东省高级人民法院二审。最高人民法院对本案进行了死刑复核。

法院认为,被告人施××、林××结伙制造甲基苯丙胺,其行为均已构成制造毒品罪。施××、林××分别纠集人员共同制造甲基苯丙胺,数量特别巨大,社会危害极大,罪行极其严重,且二人在共同犯罪中均起主要作用,系主犯,均应按照其所组织、指挥和参与的全部犯罪处罚。据此,依法对被告人施××、林××均判处并核准死刑,剥夺政治权利终身,并处没收个人全部财产。

罪犯施××、林××已于 2018 年 12 月 13 日被依法执行死刑。

3. 典型意义

据统计,甲基苯丙胺已取代海洛因成为我国滥用人数最多的毒品种类,国内制造甲基苯丙胺等毒品的犯罪形势也较为严峻,在部分地方尤为突出。本案就是一起典型的大量制造甲基苯丙胺犯罪案件。被告人施××、林××分别纠集人员共同制造甲基苯丙胺,专门租赁场地作为制毒场所,大量购置麻黄素等制毒原料及各种制毒设备、工具,公安人员在制毒场所查获成品甲基苯丙胺约 149 千克,另查获含甲基苯丙胺成分的液体和固液混合物约 621 千克,所制造的毒品数量特别巨大。制造毒品犯罪属于刑事政策上应予严惩的重点类型。人民法院根据二被告人犯罪的事实、性质和具体情节,依法对二人均判处死刑,体现了对源头性毒品犯罪的严厉惩处,充分发挥了刑罚的威慑作用。

（三）李××非法生产、买卖制毒物品案——非法生产、买卖邻酮，数量特别巨大，依法惩处

1. 基本案情

2015年冬天，边××（已另案判刑）与王××结识并商定非法生产制毒物品邻氯苯基环（简称邻酮），王××负责提供部分原料、指导设备安装及生产、联系买家等，边××负责提供厂房、设备、资金、组织人员生产等。2016年3月，边××纠集被告人李××等人租用山东省惠民县胡集镇一闲置厂房开始承建化工厂。其间，边××与李××商定，由李××出资建厂生产，后期双方分红。同年3月至6月，李××陆续出资25万余元，多次到工厂查看进度，并前往江苏省盐城市接送王××。同年6月，李××将生产出的800千克邻酮运至山东省淄博市临淄区，由边××等人通过物流发往河北省石家庄市，后边××给李××25.5万元现金。同年7月12日，公安人员在上述工厂附近隐藏的车辆上查获邻酮373千克。

2. 裁判结果

本案由山东省惠民县人民法院一审，山东省滨州市中级人民法院二审。

法院认为，被告人李××非法生产、买卖制毒物品邻酮的行为已构成非法生产、买卖制毒物品罪。李××明知他人非法生产、买卖邻酮而积极参与投资建厂、接送人员等，生产、买卖邻酮共计约1 173千克，情节特别严重，应依法惩处。据此，依法对被告人李××判处有期徒刑八年，并处罚金人民币八万元。

上述裁判已于2018年11月15日发生法律效力。

3. 典型意义

近年来，受制造毒品犯罪影响，我国制毒物品犯罪问题也较为突出。为遏制制毒物品犯罪的蔓延，增强对源头性毒品犯罪的打击力度，2015年11月1日起施行的《刑法修正案（九）》完善了制毒物品犯罪的规定，增设了非法生产、运输制毒物品罪。本案是一起比较典型的非法生产、买卖邻酮的案件。邻酮是合成羟亚胺的重要原料，而羟亚胺可用于制造毒品氯胺酮。本案被告人李××犯罪所涉邻酮数量特别巨大，根据《最高人民法院关于审理毒品犯罪案件适用法律若干问题的解释》第八条的规定，其犯罪行为属情节特别严重。人民法院根据李××犯罪的事实、性质和具体情节依法判处刑罚，体现了对源头性毒品犯罪的坚决打击。

（四）刘×等贩卖、制造毒品案——制造、贩卖芬太尼等多种新型毒品，依法严惩

1. 基本案情

2017年5月，被告人刘×（系公司经营者）、蒋××共谋，由刘×制造芬太尼等毒品，由蒋××联系客户贩卖，后蒋××为刘×提供部分资金。同年10月，蒋××向被告人王××销售刘×制造的芬太尼285.08克。同年12月5日，公安人员抓获刘×，后从刘×在江苏省常州市租用的实验室查获芬太尼5017.8克、去甲西泮3383.16克、地西泮41.9克、阿普唑仑5012.96克等毒品及制毒设备、原料，从刘×位于上海市的租住处查获芬太尼6554.6克及其他化学品、原料。

2016年11月以来,被告人王××、夏××成立公司并招聘被告人杨××、张××、梁××、于×等人为业务员,通过互联网发布信息贩卖毒品。王××先后从被告人蒋××处购买前述285.08克芬太尼,从被告人杨×处购买阿普唑仑991.2克,并从其他地方购买呋喃芬太尼等毒品。案发后,公安机关查获王××拟通过快递寄给买家的芬太尼211.69克、呋喃芬太尼25.3克、阿普唑仑991.2克;从杨××处查获王××存放的芬太尼73.39克、呋喃芬太尼14.23克、4-氯甲卡西酮8.33克、3,4-亚甲二氧基乙卡西酮1 920.12克;从杨×住处查获阿普唑仑6 717.4克。

2. 裁判结果

本案由河北省邢台市中级人民法院一审,河北省高级人民法院二审。

法院认为,被告人刘×、蒋××共谋制造芬太尼等毒品并贩卖,其行为均已构成贩卖、制造毒品罪。被告人王××、夏××、杨×、杨××、张××、梁××、于×明知是毒品而贩卖或帮助贩卖,其行为均已构成贩卖毒品罪。刘×、蒋××制造、贩卖芬太尼等毒品数量大,且在共同犯罪中均系主犯。刘×所犯罪行极其严重,根据其犯罪的事实、性质和具体情节,对其判处死刑,缓期二年执行,剥夺政治权利终身,并处没收个人全部财产;蒋××作用相对小于刘×,对其判处无期徒刑,剥夺政治权利终身,并处没收个人全部财产。王××、夏××共同贩卖芬太尼等毒品数量大,王××系主犯,但具有如实供述、立功情节,对其判处无期徒刑,剥夺政治权利终身,并处没收个人全部财产;夏××系从犯,对其判处有期徒刑十年,并处罚金人民币十万元。杨×贩卖少量毒品,对其判处有期徒刑二年,并处罚金人民币六万元。杨××、张××、梁××、于×参与少量毒品犯罪,且均系从犯,对四人分别判处有期徒刑一年八个月、一年六个月、一年四个月、六个月,并处罚金。

上述裁判已于2020年6月17日发生法律效力。

3. 典型意义

芬太尼类物质滥用当前正成为国际社会面临的新毒品问题,此类犯罪在我国也有所发生。为防范芬太尼类物质犯罪发展蔓延,国家相关部门在以往明确管控25种芬太尼类物质的基础上,又于2019年5月1日将芬太尼类物质列入《非药用类麻醉药品和精神药品管制品种增补目录》进行整类列管。本案系国内第一起有影响的芬太尼类物质犯罪案件,涉及芬太尼、呋喃芬太尼、阿普唑仑、去甲西泮、4-氯甲卡西酮、3,4-亚甲二氧基乙卡西酮等多种新型毒品,部分属于新精神活性物质。人民法院根据涉案毒品的种类、数量、危害和被告人刘×、蒋××、王××、夏××犯罪的具体情节,依法对四人从严惩处,特别是对刘×判处死刑缓期执行,充分体现了对此类犯罪的有力惩处。

(五)吕××等非法生产、买卖制毒物品案——非法买卖溴代苯丙酮、生产麻黄素,情节特别严重

1. 基本案情

2017年3月,被告人吕××为生产麻黄素,通过网络联系被告人郑×购买1-苯基-2-溴

-1-丙酮（俗称溴代苯丙酮）200千克。后吕××雇用被告人高××参与生产，并购买制毒工具和其他原材料。2018年1月20日，公安人员在山东省青岛市市北区永乐路某处将吕××、高××抓获，并在该处查获麻黄素5.65千克、含有麻黄素的液体104.65千克及其他化学制剂。后郑×被抓获归案。

2. 裁判结果

本案由山东省青岛市市北区人民法院一审，山东省青岛市中级人民法院二审。

法院认为，被告人吕××非法购买、生产用于制造毒品的原料，情节特别严重，其行为已构成非法生产、买卖制毒物品罪；被告人高××非法生产用于制造毒品的原料，情节特别严重，其行为已构成非法生产制毒物品罪；被告人郑×非法出售用于制造毒品的原料，情节特别严重，其行为已构成非法买卖制毒物品罪。吕××、高××在共同犯罪中均系主犯，且均系累犯、毒品再犯，应依法从重处罚。三人均如实供述主要犯罪事实，酌予从轻处罚。据此，依法对被告人吕××判处有期徒刑十年六个月，并处罚金人民币三万元；对被告人高××判处有期徒刑九年六个月，并处罚金人民币二万元；对被告人郑×判处有期徒刑八年六个月，并处罚金人民币二万元。

上述裁判已于2019年7月3日发生法律效力。

3. 典型意义

受多种因素影响，当前我国制毒物品违法犯罪问题较为突出。本案系一起比较典型的非法生产、买卖制毒物品的案例。溴代苯丙酮是合成麻黄素的重要原料，而麻黄素可用于制造毒品甲基苯丙胺，二者都是国家严格管控的易制毒化学品。根据《最高人民法院关于审理毒品犯罪案件适用法律若干问题的解释》第八条规定，被告人吕××、高××、郑×三人实施制毒物品犯罪均属情节特别严重，人民法院依法判处相应刑罚，体现了对此类毒品犯罪的坚决惩处。

（六）朱×军贩卖毒品案——江苏首例贩卖新型毒品"小树枝"犯罪案件；通过网络和快递自制自销，青少年为主要吸食人群

1. 基本案情

被告人朱×军向他人购买含3-甲基-2-[1-(4-氟苄基)吲唑-3-甲酰胺基]丁酸甲酯（以下简称AMB-FUBINACA）的粉状原料后，在网上学习"小树枝"制作视频教程、购买碳粉、粘粉等辅料，在家中将前述粉状原料压制成"小树枝"成品，每根成品重量约为0.1克，并通过在酒吧散发名片、微信朋友圈发布广告等方式宣传销售。2018年9月至12月期间，被告人朱×军联系下家后通知其父朱×兵（另案处理）送货或通过滴滴快车、快递等方式进行配送，共计向吸毒人员贩卖"小树枝"59次119根，共约11.9克，从中非法获利23 150元。

案发后，公安机关在被告人朱×军家中扣押"小树枝"成品42.49克、"小树枝"原料49.48克；在其父朱×兵的车内扣押"小树枝"成品1.10克。经鉴定，上述"小树枝"成品及原料中均含有AMB-FUBINACA成分，其中"小树枝"成品中AMB-FUBINACA成分占

0.66%至0.87%不等,"小树枝"原料中 AMB-FUBINACA 成分为 1.64%。

2. 裁判结果

江苏省江阴市人民法院于 2019 年 11 月 13 日作出一审判决,认定被告人朱×军犯贩卖毒品罪,判处有期徒刑六年六个月,并处罚金人民币三万元,剥夺政治权利一年。一审宣判后,被告人朱×军未上诉,检察机关亦未抗诉,该案已发生法律效力。

3. 案例评析

"小树枝"是近年来在夜店、酒吧等场所盛行的一种外观似树枝的第三代毒品,其中含有的 3-甲基-2-[1-(4-氟苄基)吲唑-3-甲酰胺基]丁酸甲酯(AMB-FUBINACA)成分属于合成大麻素,已于 2018 年 8 月 16 日被列入我国《非药用类麻醉药品和精神药品管制品种增补目录》。本案被告人朱军利用网络和快递自制自销"小树枝",犯罪手段极具隐蔽性,贩卖时更是宣传"无害""不成瘾",但实际上,根据国家禁毒委员会印发的《3 种合成大麻素依赖性折算表》,AMB-FUBINACA 与海洛因的依赖性折算标准为 1 克该物质相当于 5.5 克海洛因,致幻性、成瘾性远远大于海洛因。在审理中发现,"小树枝"购买人群主要是 17 岁到 28 岁的青少年,由于其在国外未被列管,从国外回来的留学生也是吸食的重点人群,许多人甚至不知晓它们也是毒品。该案的判决,体现人民法院依法严惩新型毒品犯罪的态度,亦对广大青少年,特别是留学生具有警示作用。

四、涉毒引发严重社会危害的刑事案件

(一)王××以危险方法危害公共安全案——吸毒后驾车连续冲撞造成严重后果

1. 基本案情

2014 年 8 月 28 日 16 时 40 分许,被告人王××在吸食毒品甲基苯丙胺(俗称"冰毒")后产生被害妄想,乘坐女友驾驶的白色大众轿车行至常州市钟楼区南大街与双桂坊交叉路口时,将女友赶下车,独自驾车沿公园路由南向北逆向行驶。在公园路与双桂坊交叉路口,将等红灯的尹×富的东风风神牌轿车的右侧车身和盛×的福特蒙迪欧牌轿车左侧车头撞坏。后王××驾车继续向北行驶,沿途撞坏交通隔离护栏,在公园路与青云坊交叉路口人行横道线附近,先后将行人王×娣(女,58 岁)、唐××(女,26 岁)、徐×强(男,29 岁)、徐×杰(男,1 岁)、姚××(男,88 岁)、姚×倩(女,14 岁)撞伤,并将骑电动自行车的冯×(女,48 岁)连人带车撞倒。后王××继续驾车在延陵西路南侧由东向西逆向行驶,将在慢车道上等红灯的骑电动自行车的史××(男,65 岁)和骑电动摩托车的姚×(男,22 岁)连人带车撞倒,又撞上停在直行车道上的 212 路公交车,致该车右侧车头损坏,被路口执勤的交警拦下并制服。案发后,被告人王××的家属及其女友的家属分别拿出赔偿款人民币 1 万元和 5 万元。经鉴定,被害人王×娣、唐××、史××之伤属重伤二级;徐×强、姚××、姚×之伤属轻伤一级;姚×倩属轻伤二级;被害人冯××伤属轻微伤;徐×杰未达轻微伤。

2. 裁判结果

常州市中级人民法院于 2015 年 4 月 30 日作出判决认为，被告人王××明知吸食毒品违法，却在吸毒后产生幻觉的情况下，驾车在市区繁华路段横冲直撞，置不特定多数人的生命和财产安全于不顾，并在肇事后继续驾车连续冲撞多名行人及车辆，致多人受伤、财物毁损，其行为已构成以危险方法危害公共安全罪。据此，对被告人王××判处有期徒刑十五年，剥夺政治权利五年。被告人王××未上诉，判决已生效。

3. 案件评析

本案是典型的吸毒失控后驾车冲撞，造成多人受伤的重大公共安全事故。被告人王××在吸毒陷入精神障碍的状态下，高速驾车在市中心城区道路上任意冲撞行人及车辆，致多人受伤及财物毁损，主观上对危害结果的发生持放任态度，具有危害公共安全的间接故意，其行为已具有与放火、决水、爆炸、投放危险物质等危险方法相当的危险性，一审认定其犯有以危险方法危害公共安全罪适当。本案具有警示意义，因吸毒产生幻觉导致危害他人、危害公共安全的行为，是刑法严惩对象。

（二）司×故意杀人案——吸毒致幻后杀害女友

1. 基本案情

2013 年 1 月 13 日晚，被告人司×因吸毒产生幻觉，认为女友于×要加害自己，遂驾车将于×带至 312 国道句容市宝华路段某处，采用红布带勒颈、双手掐脖子等手段将于×杀害并掩埋于路边沙石堆中。经法医鉴定，被害人于×系被他人勒颈、扼颈、掩埋后异物吸入阻塞呼吸道致机械性窒息死亡。

2. 裁判结果

镇江市中级人民法院于 2014 年 3 月 25 日作出一审判决认为，被告人司×故意非法剥夺他人生命，其行为构成故意杀人罪；被告人司×有自首情节，故判处被告人司×死刑，缓期二年执行，剥夺政治权利终身。后江苏省高级人民法院裁定核准对被告人司×执行死刑，缓期二年执行。

3. 案件评析

吸食毒品可以破坏人的神经系统，使人产生各种幻觉，致人犯罪。本案中，被告人司×在吸食毒品后产生幻觉，感觉其女友于×欲加害自己，遂采用红布带勒颈、双手掐脖子等手段将于×杀害并掩埋于路边沙石堆中。司×既是残忍的杀人凶手，又是可怜的毒品受害者。被告人因醉酒、吸毒等自陷性行为导致神志不清从而犯罪的，应当负刑事责任，故法院依法以故意杀人罪对其判处其死刑，缓期二年执行，剥夺政治权利终身。

（三）张×故意杀人案——有长期吸毒史，杀死无辜儿童，罪行极其严重

1. 基本案情

被告人张×自 2012 年开始吸毒，曾多次被戒毒和送医治疗。2016 年 12 月 21 日 16 时，

张×驾车经过湖南省新邵县酿溪镇雷家坳村财兴路地段时,见王某某(被害人,男,殁年7岁)背着书包在路边行走,遂将其骗上车。当日21时,张×驾车来到新邵县坪上镇坪新村一偏僻公路上,停车后将熟睡的王某某抱下车,持菜刀连续切割、砍击王的颈部,致王颈部离断死亡。张×将王某某的头部和躯干分别丢进附近草丛后逃离现场。

2. 裁判结果

本案由湖南省邵阳市中级人民法院一审,湖南省高级人民法院二审。最高人民法院对本案进行了死刑复核。

法院认为,被告人张×故意非法剥夺他人生命,其行为已构成故意杀人罪。张×杀害无辜儿童,犯罪手段残忍,情节特别恶劣,罪行极其严重,应依法惩处。据此,依法对被告人张×判处并核准死刑,剥夺政治权利终身。

罪犯张×已于2020年6月17日被依法执行死刑。

3. 典型意义

吸毒行为具有违法性和自陷性。医学研究表明,长期吸毒可能对人体大脑中枢神经造成不可逆的损伤。对于吸毒导致精神障碍的,一般不作为从宽处罚的理由。本案就是一起被告人长期吸食毒品致精神障碍,杀害无辜儿童的典型案例。被告人张×明知吸毒后会出现幻觉等精神异常,且曾多次被戒毒、送医,却仍继续长期吸毒。张×诱骗独行的7岁儿童,并将其杀害,致其尸首分离,犯罪手段残忍,情节特别恶劣,罪行极其严重。人民法院依法判处张×死刑,体现了对吸毒诱发的严重暴力犯罪的严惩。

(四)陈××故意杀人案——吸毒致幻后杀死无辜幼儿,罪行极其严重

1. 基本案情

被告人陈××常年吸毒,曾被强制隔离戒毒二年后复吸毒品。2013年9月20日12时许,陈××在广东省湛江市麻章区太平镇岭头村家中吸毒产生幻觉后,持菜刀闯入邻居陈某甲住宅,挟持陈某甲之子陈某乙(被害人,殁年3岁),威胁在一旁劝阻的群众。公安人员接警后赶到现场,陈××将陈某乙挟持至院内,不顾众人劝解,持菜刀砍切陈某乙颈部一刀,致其当场死亡。

2. 裁判结果

本案由广东省湛江市中级人民法院一审,广东省高级人民法院二审。最高人民法院对本案进行了死刑复核。

法院认为,被告人陈××故意非法剥夺他人生命,其行为已构成故意杀人罪。陈××吸毒产生幻觉后,行凶杀害年仅3岁的幼儿,犯罪手段残忍,情节恶劣,罪行极其严重,应依法惩处。据此,依法对被告人陈××判处并核准死刑,剥夺政治权利终身。

罪犯陈××已于2016年1月22日被依法执行死刑。

3. 典型意义

毒品具有中枢神经兴奋、抑制或者致幻作用,会使吸毒者出现兴奋、狂躁、抑郁,其至

被害妄想、幻视幻听等症状，进而导致其自伤自残或实施暴力犯罪。近年来，吸毒诱发的故意杀人、故意伤害等暴力犯罪频发，严重危害社会治安，有的案件造成了恶劣的社会影响。本案就是一起因吸毒诱发故意杀人犯罪的典型案例。被告人陈××与被害人是邻居，两家平日关系尚好。陈××长期吸毒，曾被强制隔离戒毒，后又复吸，且此前曾有过吸毒致幻现象。陈××作案前一小时左右吸食毒品，随后产生幻觉，持菜刀闯入邻居家中挟持年仅3岁的被害人陈某乙，并不顾到场公安人员和群众的劝阻，将陈某乙残忍杀害。该案充分反映出毒品对吸毒者本人、家庭乃至社会的严重危害。广大群众尤其是青少年应当切实提高识毒、防毒、拒毒的意识和能力，珍爱生命，远离毒品。

五、对制贩毒网络的打击

（一）特大团伙制毒跨境走私贩卖

1. 基本案情

2016年7月至2017年3月，涉毒人员许××、刘××、郑××、尤××4人在惠州市惠阳区合谋制造、贩卖毒品甲基苯丙胺。许××指使曾××在惠阳区租赁惠阳区某地47栋别墅作为制毒工场，郑××招募制毒师傅范××、蔡××、李××，刘××召集刘×豪参与。在此期间，先后制造出成品冰毒三批次，第一批次600余千克；第二批次649千克，于2017年2月12日由刘××、尤××贩卖给香港买家黄××，后由黄×明指挥走私出境；2017年3月29日，最后一批次冰毒在制造过程中被惠州市公安局惠阳区分局查获，疑似冰毒691.94千克被当场缴获。随后，公安机关破获刘××等人制造毒品案及黄××走私贩卖毒品案，陆续抓获黄××等涉案人员。

2. 裁判结果

法院依法判处黄××等5人死刑，其余团伙成员分别被判处有期徒刑9年至无期徒刑不等。

3. 典型意义

非法生产毒品、大量贩卖毒品乃至出境走私贩卖属于国家严厉打击的制贩毒行为。本案中犯罪团伙非法生产大量毒品并跨境贩卖，属于罪大恶极之举，故对首犯判处极刑，对团伙次要成员判处有期徒刑及无期徒刑等处罚。

（二）多省合作打击毒品贩运网络

1. 基本案情

自2014年起，为了牟取非法利益，涉毒人员黄×锋纠合苏××、黄×夏、黄×源等人进行毒品犯罪活动。苏××纠合陈××等人，黄×夏纠合许××、梁××、黄×华等人参与毒品犯罪活动，最终形成一个以黄×锋为首的毒品犯罪团伙。黄×锋负责从广西及揭阳组织毒品货源海洛因和冰毒，并运回广州交给苏××、黄×夏等人存储、贩卖。黄×锋为了便于其他团伙成员实施贩卖、运输毒品活动，分别出资为黄×夏等人购买汽车。黄×锋之下又分为以黄×夏、苏××为首的两个贩毒团伙。2017年1月起，广州市公安机关联合广西警方先后抓获黄×锋、苏××、黄×夏、黄×源、梁××、黄×华、许××等人。

2. 裁判结果

法院依法对黄×锋、苏××2名主犯判处死刑，对黄×夏判处死缓，对梁××、陈××、许××、黄×源判处无期徒刑。

3. 典型意义

打击毒品犯罪的一个主要方面，就是对贩毒网络的打击。而从毒品的来源、运输途径和消费渠道等方面来寻找，找出毒品来源并对制贩毒网络予以打击，需要多个省份及地域的警务合作，从而从源头上切断毒品来源和供给。本案中，主犯黄×锋等长期从事毒品犯罪活动，并纠集团伙施行大批毒品的货源组织、运输及贩卖，罪行特别严重，必须予以严惩。故对首犯判处极刑，团伙成员判处死缓及无期等处罚，以震慑毒品犯罪。

（三）粤港合作破获特大海上毒品走私案

1. 基本案情

2017年，以中国香港籍毒枭余××、庄××为首的跨境走私毒品犯罪团伙多次密谋在海上走私毒品，余××在境内通过涉毒人员陈××、黄××物色出海走私毒品的船员和船只。陈××应余××、庄××等人要求，联系同案人周××招募船员出海走私毒品。2018年1月24日，当走私毒品船只驶至南海万安滩海域时，被海警舰发现并截停。周××按照陈××之前的吩咐，下令船员纵火烧毁杂物仓的毒品，企图毁灭证据。着火期间，船员吕××、吴××跳海下落不明，周××、包××、杨××、肖××被海警抓获归案。该案是内地及香港警方第一次对毒品犯罪团伙同步展开收网行动，实现了第一次禁毒部门联合中国海警远洋刑事执法。

2. 典型意义

为了打击跨境制贩毒行为，不同国家、不同地区之间，不同警种之间必须进行密切合作，这样才能有效震慑制贩毒犯罪。本案中，中国香港籍毒枭余××等在海上走私毒品，对国内毒品泛滥形势有着严重的影响，必须对这种行为予以打击。本案的侦破对国内不同警种之间及不同国家及地区之间协调配合以打击涉毒犯罪具有指导作用。

（四）污水检测发现异常，"高价饮品"里暗藏涉毒违法犯罪，江西警方成功破获部督新型毒品案

1. 基本案情

在一次例行污水检测中发现异常情况，江西省丰城市公安局循线追踪，深挖猛打，于近

日破获一起部督新型毒品案件。丰城警方成功摧毁涉及广东、上海、江西、河南、福建、重庆、安徽等9省市的特大制贩毒网络，全国范围已抓获犯罪嫌疑人50余人，形成了对制毒、贩毒、吸毒的全链条打击。

2021年8月底，丰城市公安局组织在全市范围内开展污水检测。检测报告显示，某区域"γ-羟基丁酸"严重超标。

"γ-羟基丁酸超标，说明该区域有人涉嫌滥用含有'γ-羟基丁酸'的毒品。"丰城市公安局禁毒大队侦查员说。结合前期例行检查和此次污水检测结果，禁毒大队判断"γ-羟基丁酸"存在于丰城的娱乐场所中。

"γ-羟基丁酸"不仅对吸食人员身体伤害很大，还可能引发恶性刑事案件，必须连根拔除。丰城市公安局立即成立专案组，抽调精兵强将，对案件展开调查。经过调查走访，涂某、孟某、王某等20人陆续浮出水面，被专案组民警一一抓获。他们均来自丰城市曲江镇，长期混迹于娱乐场所，靠贩卖毒品牟利。他们购得"γ-羟基丁酸"后掺入奶茶、冰红茶中，调制成"毒饮料"。专案组随即将目光瞄准了源头，广东一家经营化工产品的网店进入了民警视线。据调查，网店老板廖某表面上卖着化工产品，实则销售"γ-羟基丁酸"。民警通过深入调查，发现廖某与重庆、福建、安徽等多个省市都有不法业务往来。经专案民警缜密侦查，逐渐排摸出一条由广州制毒，珠海联络销售，涉及广东、上海、江西、河南、福建、重庆、安徽等9省市的特大制贩毒网络。丰城市公安局将此案申报为部督案件。

利用丰城市公安局提供的线索，相关省市公安部门迅速行动，对该案展开调查。截至2021年12月26日，各省市公安部门先后在江西、广东、重庆、安徽等地抓获犯罪嫌疑人50余人。其中，丰城市公安局抓获犯罪嫌疑人20人，且已移送审查起诉。

2．典型意义

制毒犯罪者总是为逃避监管部门的检查采取种种方式。在本案中，多部门联动，监测发现污水中的某种新精神活性物质超标，从而判断辖区内存在制毒犯罪活动；利用线索进行深挖，从而破获该精神活性物质的来源、制造及销售的网络，这是一种良好的侦破制毒案件的方式。由于新精神活性物质危害大，涉及面广，故对该犯罪团体的打击具有代表性。

思考题

1．实例分析：远离毒品，把握生活的航向

生活是一条河流，当我们涉水而过的时候，前方总会有浪头、激流与暗礁在考验着我们，有的人被生活的浪头打翻掉进人生的旋涡，有的人却凭借自身的定力与努力成功地越过激流险滩，还把自己在跋涉过程中所遇到的惊险告诉身边的人，让他们引以为戒。社区戒毒康复人员老林就是后者。

溺爱+放纵=人生的歧途

初见老林，是禁毒专干第一次带他去派出所尿检的时候。他个头很高大，脊背微微弯曲，短短的头发尽数花白了，与人交流时也是落落大方，只看他现在的样子，谁能想到他是一个有20年的吸毒史、曾3次被执行强制隔离戒毒的"瘾君子"？

老林家条件不错，早在20世纪80年代初他家就有了四轮车，由于他是家里唯一的男孩，年少时过的是衣来伸手饭来张口的优渥生活，家里什么脏活累活重活都是爸妈和姐姐负责张罗。由于爸妈的娇惯，他变得十分任性、不学无术，初中刚毕业就经常和一些社会上的朋友混在一起，成天惹是生非。

好奇+复吸=家财的两空

眼看儿子一天天长大，为了能让他安分下来好好生活，家里为他在钢铁厂谋了一份工作。他个头高，长得也是一表人才，又有一份稳定的工作，很快便收获了第一段爱情。小两口都有收入，婚后的日子过得很滋润，可是好景不长，美好的生活断送在了他接触毒品的那一刻。

1998年的夏天，老林认识了一个"朋友"，看到"朋友"吸食白粉后兴奋的样子，他很是好奇，说也想吸两口。当时"朋友"没有给他，而是把白粉藏到了天花板上。越是这样，老林就越是觉得好奇。半夜，他趁"朋友"熟睡，偷了"朋友"的白粉，尝试着吸了第一口，从此堕入了毒品的魔窟，一发不可收拾。吸毒后的老林整日浑浑噩噩，不想干活，只想抽两口，很快，家里所有的积蓄全被他拿去吸了毒。丈夫整日独行"缥缈世界"，对家庭不管不顾，妻子好言相劝多次未果，终于忍无可忍，选择了离开。

第二段婚姻同样不尽如人意。那时老林从戒毒所回到家，经人介绍认识了第二任妻子，他们还有了一个漂亮可爱的女儿。可老林对毒品的心瘾未除，加上当时的工作不顺心，空虚郁闷之下，他再次投向了毒品的怀抱。他一遍遍地向妻子保证，又一次次地让妻子失望，最终，第二任妻子也选择了离婚。

女儿随着她的妈妈去了外地，断了和他的联系，失望之极的父母也开始躲着他，老林感觉到孤单，也因此愈发无法控制毒瘾。他明白继续吸毒，他的前路将是一片黑暗，可是不吸上几口他浑身就像爬满了蚂蚁，他完全变成了毒品的提线木偶。他说："就是今朝有粉今朝醉，破罐子破摔了。"

醒悟+帮教=回归的幸福

2017年5月，老林第三次到社区报到。当时他情绪很低落，坐在沙发上一声不吭。禁毒专干耐心开导他，向他普及禁毒的法律法规知识和戒毒成功的案例，在大家共同引导下，老林也渐渐敞开了心扉。通过交流，禁毒专干了解到，老林患有脑梗、高血压等多种疾病，没有房产，只能借住在别人家。针对他的情况，禁毒专干帮助他申请了廉租房，经常给他打电话与他聊天，时常关注他朋友圈动态。逐渐地老林变得开朗、阳光，精神状态也好了很多。2018年2月，老林因脑梗住院，禁毒专干得知后，为他申请了临时救助。拿到临时救助的老林由衷地说道："谢谢你们不抛弃我这样的人，我今后一定远离毒品。"在三年的社区康复期间，他按期尿检，从不拖延，做毛发检测也是随叫随到，还主动参与社区禁毒宣传工作。

请从上述材料中，找出吸毒成因、吸毒所导致的严重后果以及励志戒毒的重要性，结合社会帮扶和社区康复对戒毒人员的影响,写出一篇3000字左右的小论文。(题目自拟,要求严格按照科技论文格式:题目、摘要、关键词、论文主体、结论、参考文献。)

2. 观看四川省凉山州宁南县禁毒办根据真实案件制作的禁毒微电影《迷途》并思考。

链接:http://www.nncc626.com/2022-02/09/c_1211561703.htm

3. 观看央视《天网》栏目《追踪毒源》并思考。

链接:http://www.nncc626.com/2022-02/08/c_1211559907.htm

4. 观看《破冰行动》《黑冰》《余罪》等禁毒类影片,思考并写出心得体会。

附 录

附录1：我国非药用类麻醉药品和精神药品管制时间及目录

一、《麻醉药品品种目录》（2013年版）【121种】

二、《精神药品品种目录》（2013年版）【149种】

三、含可待因复方口服液体制剂列入第二类精神药品管理（2015年5月1日起施行）【1种】

四、116种物质列入《非药用类麻醉药品和精神药品管制品种增补目录》（2015年10月1日起施行）【116种】

五、卡芬太尼等4种芬太尼类物质列入《非药用类麻醉药品和精神药品管制品种增补目录》（2017年3月1日起施行）【4种】

六、N-甲基-N-(2-二甲氨基环己基)-3,4-二氯苯甲酰胺（U-47700）等4种物质列入《非药用类麻醉药品和精神药品管制品种增补目录》（2017年7月1日起施行）【4种】

七、4-氯乙卡西酮等32种物质列入《非药用类麻醉药品和精神药品管制品种增补目录》（2018年9月1日起施行）【32种】

八、芬太尼类物质列入《非药用类麻醉药品和精神药品管制品种增补目录》（2019年5月1日起施行）【整类】

九、含羟考酮复方制剂等品种列入精神药品管理（2019年9月1日起施行）【3种】

十、瑞马唑仑列入第二类精神药品管理（2020年1月1日起施行）（1种）

十一、合成大麻素类物质和氟胺酮等18种物质列入《非药用类麻醉药品和精神药品管制品种增补目录》（2021年7月1日起施行）【18种+整类】

附录 2：121 种麻醉药品品种目录（2013 年版）

序号	中文名	英文名	CAS 号	备注
1	醋托啡	Acetorphine	25333-77-1	
2	乙酰阿法甲基芬太尼	Acetyl-alpha-methylfentanyl	101860-00-8	
3	醋美沙多	Acetylmethadol	509-74-0	
4	阿芬太尼	Alfentanil	71195-58-9	
5	烯丙罗定	Allylprodine	25384-17-2	
6	阿醋美沙多	Alphacetylmethadol	17199-58-5	
7	阿法美罗定	Alphameprodine	468-51-9	
8	阿法美沙多	Alphamethadol	17199-54-1	
9	阿法甲基芬太尼	Alpha-methylfentanyl	79704-88-4	
10	阿法甲基硫代芬太尼	Alpha-methylthiofentanyl	103963-66-2	
11	阿法罗定	Alphaprodine	77-20-3	
12	阿尼利定	Anileridine	144-14-9	
13	苄替啶	Benzethidine	3691-78-9	
14	苄吗啡	Benzylmorphine	36418-34-5	
15	倍醋美沙多	Betacetylmethadol	17199-59-6	
16	倍他羟基芬太尼	Beta-hydroxyfentanyl	78995-10-5	
17	倍他羟基-3-甲基芬太尼	Beta-hydroxy-3-methylfentanyl	78995-14-9	
18	倍他美罗定	Beta-meprodine	468-50-8	
19	倍他美沙多	Beta-methadol	17199-55-2	
20	倍他罗定	Betaprodine	468-59-7	
21	贝奇米特	Bezitramide	15301-48-1	
22	大麻和大麻树脂与大麻浸膏和酊	Cannabis and Cannabis Resin and Extracts and Tinctures of Cannabis	8063-14-7 6465-30-1	
23	氯尼他秦	Clonitazene	3861-76-5	
24	古柯叶	Coca Leaf		
25	可卡因	Cocaine	50-36-2	
26	可多克辛	Codoxime	7125-76-0	
27	罂粟浓缩物	Concentrate of PoppyStraw		包括罂粟果提取物，罂粟果提取粉

序号	中文名	英文名	CAS 号	备注
28	地索吗啡	Desomorphine	427-00-9	
29	右吗拉胺	Dextromoramide	357-56-2	
30	地恩丙胺	Diampromide	552-25-0	
31	二乙噻丁	Diethylthiambutene	86-14-6	
32	地芬诺辛	Difenoxin	28782-42-5	
33	二氢埃托啡	Dihydroetorphine	14357-76-7	
34	双氢吗啡	Dihydromorphine	509-60-4	
35	地美沙多	Dimenoxadol	509-78-4	
36	地美庚醇	Dimepheptanol	545-90-4	
37	二甲噻丁	Dimethylthiambutene	524-84-5	
38	吗苯丁酯	Dioxaphetyl Butyrate	467-86-7	
39	地芬诺酯（苯乙哌啶）	Diphenoxylate	915-30-0	
40	地匹哌酮	Dipipanone	467-83-4	
41	羟蒂巴酚	Drotebanol	3176-03-2	
42	芽子碱	Ecgonine	481-37-8	
43	乙甲噻丁	Ethylmethylthiambutene	441-61-2	
44	依托尼秦	Etonitazene	911-65-9	
45	埃托啡	Etorphine	14521-96-1	
46	依托利定	Etoxeridine	469-82-9	
47	芬太尼	Fentanyl	437-38-7	
48	呋替啶	Furethidine	2385-81-1	
49	海洛因	Heroin	561-27-3	
50	氢可酮	Hydrocodone	125-29-1	
51	氢吗啡醇	Hydromorphinol	2183-56-4	
52	氢吗啡酮	Hydromorphone	466-99-9	
53	羟哌替酮	Hydroxypethidine	468-56-4	
54	异美沙酮	Isomethadone	466-40-0	
55	凯托米酮	Ketobemidone	469-79-4	
56	左美沙芬	Levomethorphan	125-70-2	
57	左吗拉胺	Levomoramide	5666-11-5	
58	左芬啡烷	Levophenacylmorphan	10061-32-2	
59	左啡诺	Levorphanol	77-07-6	
60	美他佐辛	Metazocine	3734-52-9	
61	美沙酮	Methadone	76-99-3	

序号	中文名	英文名	CAS 号	备注
62	美沙酮中间体	Methadone Intermediate	125-79-1	4-氰基-2-二甲氨基-4,4-二苯基丁烷
63	甲地索啡	Methyldesorphine	16008-36-9	
64	甲二氢吗啡	Methyldihydromorphine	509-56-8	
65	3-甲基芬太尼	3-Methylfentanyl	42045-86-3	
66	3-甲基硫代芬太尼	3-Methylthiofentanyl	86052-04-2	
67	美托酮	Metopon	143-52-2	
68	吗酰胺中间体	Moramide Intermediate	3626-55-9	2-甲基-3-吗啉基-1,1-二苯基丁酸
69	吗哌利定	Morpheridine	469-81-8	
70	吗啡	Morphine	57-27-2	包括吗啡阿托品注射液
71	吗啡甲溴化物	Morphine Methobromide	125-23-5	
72	吗啡-N-氧化物	Morphine-N-oxide	639-46-3	
73	1-甲基-4-苯基-4-哌啶丙酸酯	1-Methyl-4-phenyl-4-piperidinol propionate（ester）	13147-09-6	MPPP
74	麦罗啡	Myrophine	467-18-5	
75	尼可吗啡	Nicomorphine	639-48-5	
76	诺美沙多	Noracymethadol	1477-39-0	
77	去甲左啡诺	Norlevophanol	1531-12-0	
78	去甲美沙酮	Mormethadone	467-85-6	
79	去甲吗啡	Normorphine	466-97-7	
80	诺匹哌酮	Norpipanone	561-48-8	
81	阿片	Opium	8008-60-4	包括复方樟脑酊，阿桔片
82	奥列巴文	Oripavine	467-04-9	
83	羟考酮	Oxycodone	76-42-5	
84	羟吗啡酮	Oxymorphone	76-41-5	
85	对氟芬太尼	Para-fluorofentanyl	90736-23-5	
86	哌替啶	Pethidine	57-42-1	
87	哌替啶中间体 A	Pethidine Intermediate A	3627-62-1	4-氰基-1-甲基-4-苯基哌啶
88	哌替啶中间体 B	Pethidine Intermediate B	77-17-8	4-苯基哌啶-4-羧酸乙酯
89	哌替啶中间体 C	Pethidine Intermediate C	3627-48-3	1-甲基-4-苯基哌啶-4-羧酸
90	苯吗庚酮	Phenadoxone	467-84-5	
91	非那丙胺	Phenampromide	129-83-9	

序号	中文名	英文名	CAS 号	备注
92	非那佐辛	Phenzaocine	127-35-5	
93	1-苯乙基-4-苯基-4-哌啶乙酸酯	1-Phenethyl-4-phenyl-4-piperidinol acetate（ester）	64-52-8	PEPAP
94	非诺啡烷	Phenomorphan	468-07-5	
95	苯哌利定	Phenoperidine	562-26-5	
96	匹米诺定	Piminodine	13495-09-5	
97	哌腈米特	Piritramide	302-41-0	
98	普罗庚嗪	Proheptazine	77-14-5	
99	丙哌利定	Properidine	561-76-2	
100	消旋甲啡烷	Racemethorphan	510-53-2	
101	消旋吗拉胺	Racemoramide	545-59-5	
102	消旋啡烷	Racemorphan	297-90-5	
103	瑞芬太尼	Remifentanil	132875-61-7	
104	舒芬太尼	Sufentanil	56030-54-7	
105	醋氢可酮	Thebacon	466-90-0	
106	蒂巴因	Thebaine	115-37-7	
107	硫代芬太尼	Thiofentanyl	1165-22-6	
108	替利定	Tilidine	20380-58-9	
109	三甲利定	Trimeperidine	64-39-1	
110	醋氢可待因	Acetyldihydrocodeine	3861-72-1	
111	可待因	Codeine	76-57-3	
112	右丙氧芬	Dextropropoxyphene	469-62-5	
113	双氢可待因	Dihydrocodeine	125-28-0	
114	乙基吗啡	Ethylmorphine	76-58-4	
115	尼可待因	Nicocodeine	3688-66-2	
116	烟氢可待因	Nicodicodeine	808-24-2	
117	去甲可待因	Norcodeine	467-15-2	
118	福尔可定	Phoicodine	509-67-1	
119	丙吡兰	Propiram	15686-91-6	
120	布桂嗪	Bucinnazine		
121	罂粟壳	Poppy Shell		

注：1.上述品种包括其可能存在的盐和单方制剂（除非另有规定）。
2.上述品种包括其可能存在的异构体、酯及醚（除非另有规定）。
3.品种目录有*的麻醉药品为我国生产及使用的品种。

附录 3：精神药品品种目录（2013 年版）

第一类

序号	中文名	英文名	CAS 号	备注
1	布苯丙胺	Brolamfetamine	64638-07-9	DOB
2	卡西酮	Cathinone	71031-15-7	
3	二乙基色胺	3-[2-(Diethylamino)ethyl]indole	7558-72-7	DET
4	二甲氧基安非他明	(±)-2,5-Dimethoxy-*alpha*-methylphenethylamine	2801-68-5	DMA
5	(1,2-二甲基庚基)羟基四氢甲基二苯吡喃	3-(1,2-dimethylheptyl)-7,8,9,10-tetrahydro-6,6,9-trimethyl-6*H*dibenzo[*b,d*]pyran-1-ol	32904-22-6	DMHP
6	二甲基色胺	3-[2-(Dimethylamino)ethyl]indole	61-50-7	DMT
7	二甲氧基乙基安非他明	(±)-4-ethyl-2,5-dimethoxy-α-methylphenethylamine	22139-65-7	DOET
8	乙环利定	Eticyclidine	2201-15-2	PCE
9	乙色胺	Etryptamine	2235-90-7	
10	羟芬胺	(±)-N-[alpha-methyl-3,4-(methylenedioxy)phenethyl]hydroxylamine	74698-47-8	N-hydroxy MDA
11	麦角二乙胺	(+)- Lysergide	50-37-3	LSD
12	乙芬胺	(±)-N-ethyl-alpha-methyl-3,4-(methylenedioxy)phenethylamine	82801-81-8	N-ethyl MDA
13	二亚甲基双氧安非他明	(±)-N,alpha-dimethyl-3,4-(methylene-dioxy)phenethylamine	42542-10-9	MDMA
14	麦司卡林	Mescaline	54-04--6	
15	甲卡西酮	Methcathinone	5650-44-2 (右旋体)，49656-78-2 (右旋体盐酸盐)，112117-24-5 (左旋体)，66514-93-0 (左旋体盐酸盐).	
16	甲米雷司	4-Methylaminorex	3568-94-3	

序号	中文名	英文名	CAS 号	备注
17	甲羟芬胺	5-methoxy-α-methyl-3,4-(methylenedioxy)phenethylamine	13674-05-0	MMDA
18	4-甲基硫基安非他明	4-Methylthioamfetamine	14116-06-4	
19	六氢大麻酚	Parahexyl	117-51-1	
20	副甲氧基安非他明	P-methoxy-alpha-methylphenethylamine	64-13-1	PMA
21	赛洛新	Psilocine	520-53-6	
22	赛洛西宾	Psilocybine	520-52-5	
23	咯环利定	Rolicyclidine	2201-39-0	PHP
24	二甲氧基甲苯异丙胺	2,5-Dimethoxy-*alpha*,4-dimethylphenethylamine	15588-95-1	STP
25	替苯丙胺	Tenamfetamine	4764-17-4	MDA
26	替诺环定	Tenocyclidine	21500-98-1	TCP
27	四氢大麻酚	Tetrahydrocannabinol		包括同分异构体及其立体化学变体
28	三甲氧基安非他明	(±)-3,4,5-Trimethoxy-alpha-methylphenethylamine	1082-88-8	TMA
29	苯丙胺	Amfetamine	300-62-9	
30	氨奈普汀	Amineptine	57574-09-1	
31	2,5-二甲氧基-4-溴苯乙胺	4-Bromo-2,5-dimethoxyphenethylamine	66142-81-2	2-CB
32	右苯丙胺	Dexamfetamine	51-64-9	
33	屈大麻酚	Dronabinol	1972-08-3	δ-9-四氢大麻酚及其立体化学异构体
34	芬乙茶碱	Fenetylline	3736-08-1	
35	左苯丙胺	Levamfetamine	156-34-3	
36	左甲苯丙胺	Levomethamfetamine	33817-09-3	
37	甲氯喹酮	Mecloqualone	340-57-8	
38	去氧麻黄碱	Metamfetamine	537-46-2	
39	去氧麻黄碱外消旋体	Metamfetamine Racemate	7632-10-2	
40	甲喹酮	Methaqualone	72-44-6	
41	哌醋甲酯*	Methylphenidate	113-45-1	
42	苯环利定	Phencyclidine	77-10-1	PCP
43	芬美曲秦	Phenmetrazine	134-49-6	
44	司可巴比妥*	Secobarbital	76-73-3	

序号	中文名	英文名	CAS 号	备注
45	齐培丙醇	Zipeprol	34758-83-3	
46	安非拉酮	Amfepramone	90-84-6	
47	苄基哌嗪	Benzylpiperazine	2759-28-6	BZP
48	丁丙诺啡*	Buprenorphine	52485-79-7	
49	1-丁基-3-(1-萘甲酰基)吲哚	1-Butyl-3-(1-naphthoyl)indole	208987-48-8	JWH-073
50	恰特草	Catha edulis Forssk		Khat
51	2,5-二甲氧基-4-碘苯乙胺	2,5-Dimethoxy-4-iodophenethylamine	69587-11-7	2C-I
52	2,5-二甲氧基苯乙胺	2,5-Dimethoxyphenethylamine	3600-86-0	2C-H
53	二甲基安非他明	Dimethylamfetamine	4075-96-1	
54	依他喹酮	Etaqualone	7432-25-9	
55	[1-(5-氟戊基)-1H-吲哚-3-基](2-碘苯基)甲酮	(1-(5-Fluoropentyl)-3-(2-iodobenzoyl) indole)	335161-03-0	AM-694
56	1-(5-氟戊基)-3-(1-萘甲酰基)-1H-吲哚	1-(5-Fluoropentyl)-3-(1-naphthoyl)indole	335161-24-5	AM-2201
57	γ-羟丁酸*	Gamma-hydroxybutyrate	591-81-1	GHB
58	氯胺酮*	Ketamine	6740-88-1	
59	马吲哚*	Mazindol	22232-71-9	
60	2-(2-甲氧基苯基)-1-(1-戊基-1H-吲哚-3-基)乙酮	2-(2-Methoxyphenyl)-1-(1-pentyl-1H-indol-3-yl)ethanone	864445-43-2	JWH-250
61	亚甲基二氧吡咯戊酮	Methylenedioxypyrovalerone	687603-66-3	MDPV
62	4-甲基乙卡西酮	4-Methylethcathinone	1225617-18-4	4-MEC
63	4-甲基甲卡西酮	4-Methylmethcathinone	5650-44-2	4-MMC
64	3,4-亚甲二氧基甲卡西酮	3,4-Methylenedioxy-N-methylcathinone	186028-79-5	Methylone
65	莫达非尼	Modafinil	68693-11-8	
66	1-戊基-3-(1-萘甲酰基)吲哚	1-Pentyl-3-(1-naphthoyl)indole	209414-07-3	JWH-018
67	他喷他多	Tapentadol	175591-23-8	
68	三唑仑*	Triazolam	28911-01-5	

第二类

序号	中文名	英文名	CAS 号	备注
1	异戊巴比妥*	Amobarbital	57-43-2	
2	布他比妥	Butalbital	77-26-9	
3	去甲伪麻黄碱	Cathine	492-39-7	
4	环己巴比妥	Cyclobarbital	52-31-3	
5	氟硝西泮	Flunitrazepam	1622-62-4	
6	格鲁米特*	Glutethimide	77-21-4	
7	喷他佐辛*	Pentazocine	55643-30-6	
8	戊巴比妥*	Pentobarbital	76-74-4	
9	阿普唑仑*	Alprazolam	28981-97-7	
10	阿米雷司	Aminorex	2207-50-3	
11	巴比妥*	Barbital	57-44-3	
12	苄非他明	Benzfetamine	156-08-1	
13	溴西泮	Bromazepam	1812-30-2	
14	溴替唑仑	Brotizolam	57801-81-7	
15	丁巴比妥	Butobarbital	77-28-1	
16	卡马西泮	Camazepam	36104-80-0	
17	氯氮䓬	Chlordiazepoxide	58-25-3	
18	氯巴占	Clobazam	22316-47-8	
19	氯硝西泮*	Clonazepam	1622-61-3	
20	氯拉草酸	Clorazepate	23887-31-2	
21	氯噻西泮	Clotiazepam	33671-46-4	
22	氯噁唑仑	Cloxazolam	24166-13-0	
23	地洛西泮	Delorazepam	2894-67-9	
24	地西泮*	Diazepam	439-14-5	
25	艾司唑仑*	Estazolam	29975-16-4	
26	乙氯维诺	Ethchlorvynol	113-18-8	
27	炔己蚁胺*	Ethinamate	126-52-3	
28	氯氟草乙酯	Ethyl Loflazepate	29177-84-2	

序号	中文名	英文名	CAS号	备注
29	乙非他明	Etilamfetamine	457-87-4	
30	芬坎法明	Fencamfamin	1209-98-9	
31	芬普雷司	Fenproporex	16397-28-7	
32	氟地西泮	Fludiazepam	3900-31-0	
33	氟西泮*	Flurazepam	17617-23-1	
34	哈拉西泮	Halazepam	23092-17-3	
35	卤沙唑仑	Haloxazolam	59128-97-1	
36	凯他唑仑	Ketazolam	27223-35-4	
37	利非他明	Lefetamine	7262-75-1	SPA
38	氯普唑仑	Loprazolam	61197-73-7	
39	劳拉西泮*	Lorazepam	846-49-1	
40	氯甲西泮	Lormetazepam	848-75-9	
41	美达西泮	Medazepam	2898-12-6	
42	美芬雷司	Mefenorex	17243-57-1	
43	甲丙氨酯*	Meprobamate	57-53-4	
44	美索卡	Mesocarb	34262-84-5	
45	甲苯巴比妥	Methylphenobarbital	115-38-8	
46	甲乙哌酮	Methyprylon	125-64-4	
47	咪达唑仑*	Midazolam	59467-70-8	
48	尼美西泮	Nimetazepam	2011-67-8	
49	硝西泮*	Nitrazepam	146-22-5	
50	去甲西泮	Nordazepam	1088-11-5	
51	奥沙西泮*	Oxazepam	604-75-1	
52	奥沙唑仑	Oxazolam	24143-17-7	
53	匹莫林*	Pemoline	2152-34-3	
54	苯甲曲秦	Phendimetrazine	634-03-7	
55	苯巴比妥*	Phenobarbital	50-06-6	
56	芬特明	Phentermine	122-09-8	
57	匹那西泮	Pinazepam	52463-83-9	
58	哌苯甲醇	Pipradrol	467-60-7	
59	普拉西泮	Prazepam	2955-38-6	
60	吡咯戊酮	Pyrovalerone	3563-49-3	
61	仲丁比妥	Secbutabarbital	125-40-6	
62	替马西泮	Temazepam	846-50-4	

序号	中文名	英文名	CAS 号	备注
63	四氢西泮	Tetrazepam	10379-14-3	
64	乙烯比妥	Vinylbital	2430-49-1	
65	唑吡坦*	Zolpidem	82626-48-0	
66	阿洛巴比妥	Allobarbital	58-15-1	
67	丁丙诺啡透皮贴剂*	Buprenorphine Transdermal patch		
68	布托啡诺及其注射剂*	Butorphanol and its injection	42408-82-2	
69	咖啡因*	Caffeine	58-08-2	
70	安钠咖*	Caffeine Sodium Benzoate		CNB
71	右旋芬氟拉明	Dexfenfluramine	3239-44-9	
72	地佐辛及其注射剂*	Dezocine and Its Injection	53648-55-8	
73	麦角胺咖啡因片*	Ergotamine and Caffeine Tablet	379-79-3	
74	芬氟拉明	Fenfluramine	458-24-2	
75	呋芬雷司	Furfennorex	3776-93-0	
76	纳布啡及其注射剂	Nalbuphine and its injection	20594-83-6	
77	氨酚氢可酮片*	Paracetamol and Hydrocodone Bitartrate Tablet		
78	丙己君	Propylhexedrine	101-40-6	
79	曲马多*	Tramadol	27203-92-5	
80	扎来普隆*	Zaleplon	151319-34-5	
81	佐匹克隆	Zopiclone	43200-80-2	

注：1.上述品种包括其可能存在的盐和单方制剂（除非另有规定）。
2.上述品种包括其可能存在的异构体（除非另有规定）。
3.品种目录有*的精神药品为我国生产及使用的品种。

附录 4：非药用类麻醉药品和精神药品管制品种增补目录

2017 年 3 月 1 日起施行（4 种）

序号	中文名	英文名	CAS 号	备注
1	丙烯酰芬太尼	(1-phenethylpiperidin-4-yl)-N-phenylacrylamide	82003-75-6	Acrylfentanyl
2	卡芬太尼	Methyl-(N-phenylpropion-amide)-phenethylpiperidine-4-carboxylate	59708-52-0	Carfentanyl Carfentanil
3	呋喃芬太尼	N-(1-phenethylpiperidin-4-yl)-N-phenylfuran-2-carboxamide	101345-66-8	Furanylfentanyl
4	戊酰芬太尼	N-(1-phenethylpiperidin-4-yl)-N-phenylpentanamide	122882-90-0	Valerylfentanyl

2017 年 7 月 1 日起施行（4 种）

序号	中文名	英文名	CAS 号	备注
1	N-甲基-N-(2-二甲胺环己基)-3,4-二氯苯甲酰胺	3,4-Dichloro-N-(2-(dimethyl-amino)cyclohexyl)-N-methylbenzamide	121348-98-9	U-47700
2	1-环己基-4-(1,2-二苯基乙基)哌嗪	1-Cyclohexyl-4-(1,2-diphenylenthyl)piperzaine	52694-55-0	MT-45
3	4-甲氧基甲基苯丙胺	N-methyl-1-(4-methoxy-phenyl)propan-2-amine	22331-70-0	PMMA
4	2-氨基-4-甲基-5-(4-甲基苯基)-4,5-二氢恶唑	4-Methyl-5-(4-methylphenyl)-4,5-dihydrooxazol-2-amine	1445569-01-6	4,4'-DMAR

2018年9月1日起施行（32种）

序号	中文名	英文名	CAS号	备注
1	4-氯乙卡西酮	1-(4-Chlorophenyl)-2-(ethylamino)propan-1-one）	14919-85-8	4-CEC
2	1-[3,4-(亚甲二氧基)苯基]-2-乙氨基-1-戊酮	1-(3,4-Methylenedioxyphenyl)-2-(ethylamino)pentan-1-one	727641-67-0	N-Ethylpentylone
3	1-(4-氯苯基)-2-(N-吡咯烷基)-1-戊酮	1-(4-Chlorophenyl)-2-(1-pyrrolidinyl)pentan-1-one	5881-77-6	4-Cl-α-PVP
4	1-[3,4-(亚甲二氧基)苯基]-2-二甲氨基-1-丁酮	1-(3,4-Methylenedioxyphenyl)-2-(dimethylamino)butan-1-one	802286-83-5	Dibutylone
5	1-[3,4-(亚甲二氧基)苯基]-2-二甲氨基-1-戊酮	1-(3,4-Methylenedioxyphenyl)-2-(dimethylamino)pentan-1-one	698963-77-8	Pentylone
6	1-苯基-2-乙氨基-1-戊酮	1-Phenyl-2-(ethylamino)hexan-1-one	802857-66-5	N-Ethylhexedrone
7	1-(4-甲基苯基)-2-(N-吡咯烷基)-1-己酮	1-(4-Methylphenyl)-2-(1-pyrrolidinyl)hexan-1-one	34138-58-4	4-MPHP
8	1-（4-甲基苯基)-2-（N-吡咯烷基）-1-丙酮	1-(4-Methylphenyl)-2-(1-pyrrolidinyl)propan-1-one	28117-79-5	4-Cl-α-PPP
9	[2-(5,6,7,8-四氢萘基)]-2-(N-吡咯烷基)-1-戊酮	1-(5,6,7,8-Tetrahydronaphthalen-2-yl)-2-(1-pyrrolidinyl)pentan-1-one		β-TH-Naphyrone
10	1-(4-氟苯基)-2-(N-吡咯烷基)-1-己酮	1-4-Fluorophenyl)-2-(1-pyrrolidinyl)hexan-1-one）	2230706-09-7	4-F-α-PHP
11	4-乙基甲卡西酮	1-(4-Ethylpenyl)-2-(ethylamino)propan-1-one	1225622-14-9	4-MEC
12	1-(4-甲基苯基)-2-乙氨基-1-戊酮	1-(4-Methylpenyl)-2-(ethylamino)pentan-1-one	746540-82-9	4-MEAPP
13	1-(4-甲基苯基)-2-甲氨基-3-甲氧基-1-丙酮	1-(4-Methylpenyl)-2-(methylamino)-3-methoxypropan-1-one	2166915-02-0	Mexedrone
14	1-(3,4-亚甲二氧基)苯基)-2-(N-吡咯烷基)-1-己酮	1-(3,4-Methylenedioxyphenyl)-2-(1-pyrrolidinyl)hexan-1-one	776994-64-0	MDPHP
15	1-(4-甲基苯基)-2-甲氨基-1-戊酮	1-(4-Methylpenyl)-2-(methylamino)pentan-1-one	1373918-61-6	4-MPD

16	1-(4-甲基苯基)-2-甲氨基-1-丙酮	1-(4-Methylpenyl)-2-(methylamino)propan-1-one	1157738-08-3	4-MDMC
17	3,4-亚甲二氧基丙卡西酮	1-(3,4-Methylenedioxyphenyl)-2-(propylamino)propan-1-one	201474-93-3	Propylone
18	1-(4-氯苯基)-2-乙氨基-1-戊酮	1-(4-Chlorophenyl)-2-(ethylamino)pentan-1-one		4-Cl-EAPP
19	1-苯基-2-(N-吡咯烷基)-1-丙酮	1-Phenyl-2-(1-pyrrolidinyl)propan-1-one	19134-50-0	α-PPP
20	1-(4-氯苯基)-2-甲氨基-1-戊酮	1-(4-Chlorophenyl)-2-(methylamino)pentan-1-one	2167949-43-9	4-Cl-Pentedrone
21	3-甲基-2-[1-(4-氟苄基)吲唑-3-甲酰胺基]丁酸甲酯	N-(1-Methoxy-3-methyl-1-oxobutan-2-yl)-1-(4-fluorobenzyl)-1H-indazole-3-carboxamide	1715016-76-4	AMB-FUBINACA
22	1-(4-氟苄基)-N-（1-金刚烷基）吲唑-3-甲酰胺	N-(1-Adamantyl)-1-(4-fluorobenzyl)-1H-indazole-3-carboxamide	2180933-90-6	FUB-APINACA
23	N-(1-氨甲酰基-2,2-二甲基丙基)-1-(环己基甲基)吲唑-3-甲酰胺)	N-(1-Amino-3,3-dimethyl-1-oxobutan-2-yl)-1-(cyclohexylmethyl)-1H-indazole-3-carboxamide	1863065-92-2	ADB-CHMINACA
24	N-(1-氨甲酰基-2,2-二甲基丙基)-1-(4-氟苄基)吲唑-3-甲酰胺	N-(1-Amino-3,3-dimethyl-1-oxobutan-2-yl)-1-(4-fluorobenzyl)-1H-indazole-3-carboxamide	1445583-51-6	ADB-FUBINACA
25	3,3-二甲基-2-[1-(5-氟戊基)吲唑-3-甲酰氨基]丁酸甲酯	N-(1-Methoxy-3-dimethyl-1-oxobutan-2-yl)-1-(4-fluoropentyl)-1H-indazole-3-carboxamide	1715016-75-3	5F-ADB
26	3-甲基-2-[1-环己基甲基]吲哚-3-甲酰胺基]丁酸甲酯	N-(1-Methoxy-3-methyl-1-oxobutan-2-yl)-1-(cyclohexylmethyl)-1H-indazole-3-carboxamide	1971007-94-9	AMB-CHMICA
27	1-(5-氟戊基)-2-(1-萘酰基）苯并咪唑	(1-(5-Fluoropentyl)-1H-benzimidazol-2-yl)(naphthalen-1-yl)methanone	1984789-90-3	BIM-2201
28	1-(5-氟戊基)吲哚-3-甲酸-1-萘酯	Naphthalen-1-yl-1-(5-fluoropentyl)-1H-indole-3-carboxylate	2042201-16-9	NM-2201
29	2-苯基-2-甲氨基环己酮	2-Phenyl-2-(methylamino)cyclohexanone	7063-30-1	DCK

序号	中文名	英文名	CAS 号	备注
30	甲基-5-[2-(8-甲基-3-苯基-8-氮杂环[3,2,1]辛烷基)]-1,2,4-噁二唑	8-Methyl-2-(3-methyl-1,2,4-oxadiazol-5-yl)-3-phenyl-8-aza-bicyclo[3,2,1]octane	146659-37-2	RTI-126
31	4-氟异丁酰芬太尼	N-(4-Fluorophenyl)-N-(1-phenethylpiperidin-4-yl)isobutyramide	244195-32-2	4-FIBF
32	四氢呋喃芬太尼	N-Phenyl-N-(1-phenethylpiperidin-4-yl)tetrahydrofuran-2-carboxamide	2142571-01-3	THF-F

2021 年 7 月 1 日施行（18 种+整类）

序号	中文名	英文名	CAS 号	备注
1	氟胺酮	2-（2-Fluorophenyl）-2-(methylamino)cyclohexan-1-one	111982-50-4	Fluoroketamine
2	(6a*R*,10a*R*)-3-(1,1-二甲基庚基)-6a,1,10,10a-四氢-1-羟基-6,6-二甲基-6*H*-二苯并[b,d]吡喃-9-甲醇	(6a*R*,10a*R*)-3-(1,1-Dimethylheptyl)-6a,7,10,10a-tetrahydro-1-hydroxy-6,6-dimethyl-6*H*-dibenzo(b,d)pyran-methanol	112830-95-2	HU-210
3	1-[3,4-(亚甲二氧基)苯基]-2-丁氨基-1-戊酮	1-(3,4-Methylenedioxyphenyl)-2-butylamino)propan-1-one	688727-54-0	N-Butylpentylone
4	1-[3,4-(亚甲二氧基)苯基]-2-苄氨基-1-丙酮	1-(3,4-Methylenedioxyphenyl)-2-benzylamino)propan-1-one	1387636-19-2	BMDP
5	1-[3,4-(亚甲二氧基)苯基]-2-苄氨基-1-丁酮	1-(3,4-Methylenedioxyphenyl)-2-etylamino)butan-1-one	802855-66-9	Eutylone
6	2-乙氨基-1-苯基-1-庚酮	2-Ethylamino-1-phenylheptan-1-one	2514784-72-4	N-Ethylheptedrone
7	1-(4-氯苯基)-2-二甲氨基-1-丙酮	1-(4-Chlorophenyl)-2-(dimethylamino)propan-1-one	1157667-29-2	4-CDMC
8	2-丁氨基-1-苯基-1-己酮	2-(Butylamino)-1-phenylhexan-1-one	802576-87-0	N-Butylhexedrone
9	1-[1-(3-甲氧基苯基)环己基]哌啶	1-(1-(3-Methoxyphenyl)cyclohexyl)piperidine	72242-03-6	3-MeO-PCP
10	α-甲基-5-甲氧基色胺	1-(5-Methoxy-1*H*-indol-3-yl)propan-2-amine）	1137-04-8	5-MeO-PCP

序号	中文名	英文名	CAS号	备注
11	科纳唑仑	6-(2-Chlorophenyl)-1-methyl-8-nitro-4H-benzo[f][1,2,4]triazolo[4,3-a]	33887-02-4	Clonazolam
12	二氯西泮	7-Chloro-5-(2-chlorophenyl)-1-methyl-1,3-dihydro-2H-benzo[e][1,4]diazepin-2-one	2894-68-0	Diclazepam
13	氟阿普唑仑	8-Chloro-6-(2-chlorophenyl)-1-methyl-1,3-dihydro-4H-benzo[f][1,2,4]triazolo[4,3-a][1,4]diazepine	28910-91-0	Flualprazolam
14	N,N-二乙基-2-(2-(4-异丙氧基苯基)-5-硝基-1H-苯并[d]咪唑-1-基)-1-乙胺	N,N-Diethyl-2-(2-(4-isopropoxyybenzyl)-5-nitro-1H-benzo[d]imidazol-1-yl)ethan-1-amine	14188-81-9	Isotonitazene
15	氟溴唑仑	8-Bromo-6-(2-fluorophenyl)-1-methyl-4H-benzo[f][1,2,4]triazolo[4,3-a][1,4]diazepine	612526-40-6	Flubromazolam
16	1-(1,2-二苯基乙基)哌啶	1-(1,2-Diphenylethyl)piperidine	36974-52-2	Diphenidine
17	2-(3-氟苯基)-3-甲基吗啉	2-(3-Fluorophenylethyl)-3-methyl morpholine	1350768-28-3	3-FPM 3-Fluorophenmetrazine
18	依替唑仑	4-(2-Chlorophenyl)-2-ethyl-9-methyl-6H-thieno[3,2-f][1,2,4]triazolo[4,3-a][1,4]diazepine	40054-69-1	Etizelam

附录5：大中小学生禁毒知识竞赛试题库

小学组试题库

1. "国际禁毒日"是每年的（　　）。
   A.7月9日　　　　B.6月26日　　　　C.12月1日　　　　D.5月17日
2. 传统毒品一般是指鸦片、海洛因、大麻等流行较早的毒品。（　　）。
   A.正确　　　　　　　　　　　B.错误
3. 药品可以随意服用，不需要遵医嘱。（　　）。
   A.能　　　　B.有的能，有的不能　　　C.不能
4. "金三角"是指泰国、缅甸、（　　）三国交界的地方（一个区域）。
   A.老挝　　　　B.越南　　　　C.柬埔寨　　　　D.印度
5. "摇头丸"是苯丙胺类的衍生物，属中枢神经（　　）。
   A.麻醉剂　　　　　　　　　　B.兴奋剂
   C.抑制剂　　　　　　　　　　D.以上答案都不正确
6. 甲基苯丙胺因其纯品无色透明，像冰一样，故俗称"冰毒"。（　　）。
   A.正确　　　　　　　　　　　B.错误
7. 吸食毒品是违法行为，不是犯罪行为。（　　）。
   A.正确　　　　　　　　　　　B.错误
8. 《禁毒法》规定，教育行政部门、（　　）应当将禁毒知识纳入教育、教学内容，对学生进行禁毒宣传教育。
   A.学校　　　　B.中小学校　　　　C.大专院校　　　　D.B和C
9. 《中华人民共和国禁毒法》自（　　）起施行。
   A.2007年12月29日　　　　　　B.2008年1月1日
   C.2008年6月1日　　　　　　　D.2008年6月26日
10. K粉呈白色结晶粉末状，易溶于水，可勾兑进饮料和酒水中（　　）。
    A.正确　　　　　　　　　　　B.错误
11. 从毒品流行的时间顺序看，可分为传统毒品和新型毒品。新型毒品一般主要是通过化学合成及从植物中提取的区别于传统毒品的一类毒品。
    A.正确　　　　　　　　　　　B.错误
12. 从医学角度看，吸毒成瘾是一种疾病，是（　　）。
    A.心理障碍　　　　　　　　　B.精神疾病

C.躯体疾病　　　　　　　　　　　　D.慢性复发性的脑疾病

13.当发现有人可能正在吸毒或实施涉及毒品的违法犯罪行为时,应该（　　）。
A.尽快离开,确保安全情况下报警　　B.事不关己
C.好奇上前去看个究竟　　　　　　　D.马上阻止其违法犯罪行为

14.当有人威胁我们吸毒时,我们要将情况主动告知家长和学校,或者打110报警,寻求帮助（　　）。
A.正确　　　　　　　　　　　　　　B.错误

15.当有人以各种借口引诱你吸食毒品或尝试可能是毒品的药丸时,正确的做法是（　　）。
A.拒绝　　　　B.尝试　　　　C.接受　　　　D.转送给他人

16.当在你身边出现毒品时,正确的做法是（　　）。
A.变卖　　　　　　　　　　　　　　B.丢弃
C.确保自身安全情况下报告公安机关　D.假装看不见

17.毒品区别于其他毒物的自然特征是（　　）。
A.非法性　　　B.成瘾性　　　C.危害性　　　D.合法性

18.毒品是使用后能够产生依赖性的物质（　　）。
A.正确　　　　　　　　　　　　　　B.错误

19.《禁毒法》第四条规定：禁毒工作实行（　　）为主,综合治理,禁种、禁制、禁贩、禁吸并举的方针。
A.预防　　　　B.打击　　　　C.救治

20.毒品与药品,往往具有双重属性,合法为人解除病痛的就是药品（　　）。
A.正确　　　　　　　　　　　　　　B.错误

21.止咳水不能随便乱用,需要遵医嘱。（　　）。
A.正确　　　　　　　　　　　　　　B.错误

22.二十世纪（　　）,中国获得"无毒国"美誉近三十年。
A.40年代末到80年代初　　　　　　　B.50年代初到70年代末
C.50年代末到80年代末　　　　　　　D.50年代末到90年代初

23.各级人民政府应当建立毒品违法犯罪举报制度。（　　）。
A.正确　　　　　　　　　　　　　　B.错误

24.根据（　　）需要,依法可以生产、经营、使用、储存、运输麻醉药品和精神药品。
A.医疗、教学及科研　　　　　　　　B.宣传
C.消费市场　　　　　　　　　　　　D.民众娱乐

25.在日常生活中防毒要做到：一是不要听人蛊惑,受人引诱；二是不要与吸毒、贩毒者为伍；三是不要随意接受陌生人的馈赠；四是（　　）。
A.只看不吸　　　　　　　　　　　　B.了解禁毒知识,掌握拒毒方法
C.吸一两次没事　　　　　　　　　　D.经常去易涉毒的场所

26.医学上习惯称吸毒为药物滥用。（　　）。
　　A.正确　　　　　　　　　　　　B.错误
27.国家鼓励公民、组织开展公益性的禁毒宣传活动。（　　）。
　　A.正确　　　　　　　　　　　　B.错误
28.合成毒品直接作用于人的（　　）。
　　A.大脑　　　　B.心脏　　　　C.中枢神经　　　　D.肌肉
29.各级各类学校必须开设禁毒专题教育课，将禁毒教育列为学校教育的内容。（　　）。
　　A.正确　　　　　　　　　　　　B.错误
30.戒毒人员在（　　）等方面不受歧视。有关部门、组织和人员应当在这些方面对戒毒人员给予必要的指导和帮助。
　　A.入学　　　　B.就业　　　　C.享受社会保障　　　　D.以上选项都是
31.戒毒是一个长期的过程，包括生理脱毒与医学治疗、（　　）、善后辅导与回归社会三个阶段。
　　A.心理成瘾戒断　　　　　　　　B.心理治疗与心理康复
　　C.毒瘾戒断　　　　　　　　　　D.社区康复
32."金新月"国际毒源地是指以下哪几个国家的交界地带？（　　）。
　　A.老挝、缅甸、泰国　　　　　　B.阿富汗、伊朗、巴基斯坦
　　C.印度、斯里兰卡、阿联酋　　　D.新加坡、伊朗、菲律宾
33.咖啡因是从茶叶、咖啡果中提炼出来的一种生物碱，是国家管制的精神药品，所以人们喝茶、喝咖啡的行为是吸毒。（　　）。
　　A.正确　　　　　　　　　　　　B.错误
34.麦角二乙酰胺（LSD），俗称"邮票""贴纸"，是一种强烈的致幻剂。（　　）。
　　A.正确　　　　　　　　　　　　B.错误
35.一氧化二氮（N_2O）即笑气，是一种（　　）。
　　A.毒品　　　　B.易制毒化学品　　　　C.危险化学品
36.南美的（　　）、秘鲁、玻利维亚是可卡因的最大生产基地，俗称"银三角"。
　　A.巴西　　　　B.阿根廷　　　　C.哥伦比亚　　　　D.厄瓜多尔
37.李某发现儿子小强吸毒后，便将其关在家中，并与家人轮流看守令其戒毒。起初，断了毒品的小强呼天喊地，半月后，小强又恢复了正常。试问小强是否已全部戒除毒瘾？（　　）。
　　A.已完全戒断毒瘾　　　　　　　B.只戒断生理上毒瘾
38.你的好朋友在娱乐场所给你一种样子像糖果一样的东西，说特别好玩，让你尝尝。你的选择应该是：（　　）。
　　A.相信朋友不会害你，直接吞下
　　B.不想吃，但是碍于朋友之间的面子，勉强吃了。
　　C.拒绝。

39.有人引诱你吃一些不明来源的小零食、饮料等,你应该如何应对?( )。
A.拿来吃了　　　　B.坚决拒绝　　　　C.可以先尝尝

40.你认为一个家庭如何才能"远离毒品"?( )。
A.自己拒绝毒品,向父母和亲属介绍毒品常识,提醒他们千万不要尝试毒品
B.不去沾毒品,也不关心毒品
C.自己不去碰毒品就行
D.自己树立防毒意识

41.青少年如何防止吸毒?( )。
A.接受禁毒教育
B.树立正确的人生观,不盲目追求享乐
C.不听信毒品能治病、毒品能解脱烦恼和痛苦等说法
D.以上选项都是

42.青少年吸毒的原因是什么?( )。
A.好奇与虚荣　　　　　　　　B.追求刺激
C.朋友的怂恿和盲目从众心理　　D.以上选项都是

43.珍爱生命,远离毒品,要做到( )。
A.树立自我保护意识　　　　　B.养成良好习惯
C.具备禁毒知识　　　　　　　D.掌握拒毒技巧
E.以上都是

44.人们常说"毒品猛于虎",毒品的危害除了对身心的危害,如严重摧残吸毒者的身体之外,还包括( )。
A.对家庭的危害　　　　　　　B.对社会的危害
C.对国家的危害　　　　　　　D.以上都是

45.如果有同学或好朋友吃了一些东西以后,发生昏厥、呕吐或是抽搐等不适症状,我们可以拨打120急救电话。( )。
A.正确　　　　　　　　　　　B.错误

46.如果自己一个人在家,遇到有不明的快递物品送到家里,我们应该先电话向父母核实情况,才能开门接受快递员送的东西。这种说法正确吗?( )。
A.正确　　　　　　　　　　　B.错误

47.身体脱毒只是戒毒过程的第一步,最根本的是要彻底摆脱( )才能达到彻底康复。
A.生理依赖　　B.戒断反应　　C.心理依赖　　D.身体不适

48.王某在自己花盆里种植5株罂粟用来欣赏美丽花朵,这是可以的。( )。
A.正确　　　　　　　　　　　B.错误

49.世界卫生组织将每年( )定为"世界艾滋病日"。
A.3月14日　　B.6月26日　　C.9月10日　　D.12月1日

50.毒品预防教育的重点对象是( )。
A.青少年　　　B.老人　　　C.幼儿

51.吸毒的危害有哪些方面？（　　）。

A.危害个人，包括摧残人的身体，扭曲人格，引发自伤、自残、自杀的行为，传播疾病等。

B.危害家庭，包括对家庭成员身心摧残，导致倾家荡产、家破人亡、贻害后代等。

C.危害社会，包括诱发违法犯罪、影响国民素质、吞噬社会巨额财富、影响国计民生等。

D.以上选项都是

52.吸毒会损害人的呼吸系统、消化系统、心血管系统、免疫系统和神经系统，使人感染各种疾病。（　　）。

  A.正确   B.错误

53.吸毒行为可以通过采集吸毒嫌疑人的血液、尿液、毛发等检测出来。（　　）。

  A.正确   B.错误

54.吸毒人员是违法者，也是（　　）。

  A.病人   B.罪犯

55.吸食方式中最危险的是（　　）。

  A.吸入式   B.口服式   C.皮下注射式   D.静脉注射

56.大剂量吸食大麻可造成幻觉、妄想、精神失常。（　　）。

  A.正确   B.错误

57.小明今年上五年级，沉迷于网络游戏，然后到黑网吧去上网，结交了不良的朋友，最后染上了烟瘾和学会了吸毒。这个故事告诉我们什么道理？（　　）。

A.不在危险的地方逗留，不去网吧

B.不结交不良朋友，不吸烟

C.养成自律的好习惯，学会抵制诱惑

D.以上选项都是

58.摇头丸主要出现在慢摇吧、迪厅等娱乐场所，青少年应拒绝去这些场所。（　　）。

  A.正确   B.错误

59.远离毒品的自我保护方法有（　　）。

A.不去涉毒高危场所

B.不结交社会不良朋友

C.不接受朋友来历不明的"食物""饮料"等馈赠

D.以上都是

60.跳跳糖、奶茶、咖啡包等不是毒品，但是毒贩会把毒品伪装成"跳跳糖""奶茶""咖啡包"等，我们要保持警惕。（　　）。

  A.错误   B.正确

61.小学生应该怎样做才能远离毒品、拒绝毒品？（　　）。

  A.知道常见毒品的名称   B.了解毒品对个人、家庭的危害

  C.知道不良生活行为习惯可能导致吸毒   D.懂得一些自我保护的常识和拒毒的方法。

  E.以上选项都是

62.身边的亲戚、朋友,同学或者家里家长都吸烟,他们递烟给你,你不要,亲戚说偶尔体验一下没关系,你最好的应对方式应该是(   )。

A.坚决拒绝   B.从危害健康的角度建议大家戒烟
C.婉言谢绝   D.以上方式都对

63.世界上三大毒品产地中哪一个不在亚洲?(   )。

A."金三角"   B."金新月"   C."银三角"

64.英国人最早将鸦片传入中国。(   )。

A.正确   B.错误

65.大麻是目前世界上滥用人数最多的毒品。(   )。

A.正确   B.错误

66.网络成瘾是一种行为成瘾。表现为由于(   )互联网而导致个体明显的社会、心理、生理功能损害。

A.过度使用   B.正常使用

67.为了安全起见,我们应该拒绝陌生人给的糖果、点心或任何饮料。(   )。

A.正确   B.错误

68."虎门销烟"是哪一天开始的?(   )。

A.1839年6月3日   B.1840年6月9日
C.1841年7月17日   D.1842年10月10日

69.未成年人的父母或者其他监护人应当对未成年人进行毒品危害的教育,防止其吸食、注射毒品或者进行其他毒品违法犯罪活动。(   )。

A.正确   B.错误

70.我国近代史上著名的"虎门销烟"中销毁的是哪种烟?(   )。

A.鸦片烟   B.卷烟   C.大麻烟

71.我国近代史中的第一次"鸦片战争"是哪国发起的?(   )。

A.美国   B.德国   C.英国   D.日本

72.我国禁毒工作的治本之策是(   )。

A.预防教育   B.依法严厉打击   C.切断毒品来源   D.戒断治疗

73.我们的爸爸、爷爷都可以喝酒,所以作为小学生我们也可以喝酒。(   )。

A.正确   B.错误

74.我们在网络上和陌生人交流和交友的时候,应该保持警惕心,不能轻易泄露自己的个人信息。(   )。

A.正确   B.错误

75.吸毒会败坏社会风气,腐蚀人的灵魂,摧毁民族精神。(   )。

A.正确   B.错误

76.吸毒会耗费越来越多的家庭财产。(   )。

A.正确   B.错误

77.吸毒人群的意外死亡率较一般人群高。（　　）。
　　A.正确　　　　　　　　　　　　　　B.错误

78.吸毒人员身体消瘦是一种常态，而非病态，所以吸食毒品能有效减肥。（　　）。
　　A.正确　　　　　　　　　　　　　　B.错误

79.吸毒如果仅仅偶尔吸一两次，一般都不会上瘾。这种说法（　　）。
　　A.正确　　　　　　　　　　　　　　B.错误

80.吸毒者不健康的心理有：盲目好奇、慕虚荣、赶时髦、追求刺激和享乐、赌气或逆反、无知和轻信、自暴自弃。（　　）。
　　A.正确　　　　　　　　　　　　　　B.错误

81.吸食冰毒以后马上驾驶车辆，容易造成情绪冲动及过度兴奋，极易引发严重交通事故。（　　）。
　　A.正确　　　　　　　　　　　　　　B.错误

82.吸食注射毒品成瘾的，应当戒除毒瘾。（　　）。
　　A.正确　　　　　　　　　　　　　　B.错误

83.吸烟会使肺癌的发生概率增加，诱发呼吸系统疾病，从而威胁人们的身体健康。（　　）。
　　A.正确　　　　　　　　　　　　　　B.错误

84.下面表述正确的是？（　　）。
　　A.禁毒主要是人民政府的责任　　　　B.禁毒主要是公安机关的责任
　　C.禁毒与自己无关　　　　　　　　　D.禁毒是全社会的共同责任

85.学生也有一份禁毒的责任。（　　）。
　　A.正确　　　　　　　　　　　　　　B.错误

86.要拒绝毒品，我们除了要知道什么是毒品、知道毒品极易成瘾、知道毒品的危害，还要。（　　）。
　　A.树立正确的人生观　　　　　　　　B.养成良好行为习惯
　　C.拒绝不良诱惑　　　　　　　　　　D.ABC 都是

87.以下属于生活技能教育主要内容的是。（　　）。
　　A.正确的自我认识　　　　　　　　　B.学会倾听、有效交流与沟通
　　C.调节情绪，缓解紧张和压力　　　　D.以上三项表述均是

88.长期抽烟、喝酒也会产生生理依赖和心理依赖。（　　）。
　　A.正确　　　　　　　　　　　　　　B.错误

89.出于观赏的目的，种植大麻、古柯或罂粟就是合法的。以上说法正确吗？（　　）
　　A.正确　　　　　　　　　　　　　　B.错误

90.止咳露（或止咳水）只是一种常见的中成药，大量服用不会形成药物依赖。这种说法（　　）。
　　A.正确　　　　　　　　　　　　　　B.错误

91.制定《禁毒法》的目的是：预防和惩治毒品违法犯罪行为，保护公民身心健康，维护社会秩序。（ ）。

　　A.正确　　　　　　　　　　　　　　B.错误

92.2019年有一部禁毒题材的网络热播剧是（ ）。

　　A.湄公河行动　　B.破冰行动　　　　C.门徒　　　　　　D.无间道

93.学校毒品预防教育的目标是（ ）。

　　A.校园无毒品　　B.学生不吸毒　　　C.以上选项都是

94.学校是毒品预防教育的主阵地，课堂是主渠道。（ ）。

　　A.正确　　　　　　　　　　　　　　B.错误

95.新精神活性物质又称（ ）。

　　A.策划药　　　　B.实验室毒品　　　C.NPS（英文缩写）　D.以上选项都是

96.不是艾滋病的传播途径的是（ ）。

　　A.性传播　　　　B.母婴传播　　　　C.血液传播　　　　D.皮肤传播

97.不健康的生活方式有？（ ）。

　　A.上学时认真读书　　　　　　　　　B.放学后参与体育锻炼

　　C.假期学习锻炼两不误　　　　　　　D 抽烟、酗酒

98.依托全国青少年毒品预防教育数字化平台，建立科学评比遴选机制，鼓励各地开发制作各类禁毒宣传教育资料，推送全国（ ）。

　　A.共享共用　　　B.各自使用　　　　C.互相抄袭

99.结交朋友越多越好吗？（ ）。

　　A.是　　　　　　B.不是　　　　　　C.结交挚友，不交损友

100.高雅情趣是（ ）向上的生活情趣，高雅情趣能催人上进，改变人的精神面貌，提高人的文化修养，使人的道德高尚，使生活更加充实且富有意义。

　　A.健康　　　　　B.科学　　　　　　C.文明　　　　　　D.以上都是

扫描二维码，查看试题答案

中学组试题库

1. 根据《中华人民共和国刑法》，毒品是指鸦片、海洛因、甲基苯丙胺（冰毒）、吗啡、大麻、可卡因以及国家规定管制的其他能够使人形成瘾癖的（　　）和精神药品。
   A.致幻药品　　　　B.活性物质　　　　C.麻醉药品　　　　D.兴奋药品

2. 毒品的分类方式多种多样，从毒品的来源来看，毒品可分为天然毒品、（　　）、合成毒品。
   A.半合成毒品　　　B.人工毒品　　　　C.新型毒品　　　　D.传统毒品

3. 禁毒是全社会的共同责任。对于中学生而言，下列做法正确的是：（　　）。
   ①在娱乐场所或在外游玩时，接受陌生人递过来的香烟、食品或饮料。
   ②积极向周围的同学和朋友宣传毒品知识
   ③好奇，追求刺激，体验一下吸毒的感觉
   ④不涉足未成年人不宜进入的场所，慎交友
   ⑤遇到挫折和烦恼，同教师或家长倾诉交流，寻求长辈们的帮助，及时化解心中的矛盾
   ⑥碍于面子，尝试朋友们递过来的一些粉末、片剂或者类似香烟的东西
   A.①④⑥　　　　　B.②④⑤　　　　　C.③⑤⑥　　　　　D.①③⑤

4. 阿片类毒品是从罂粟中提取的生物碱及体内外的衍生物。它们能与中枢特异性受体相互作用，缓解疼痛，产生欣快感。下列毒品中不属于阿片类毒品的是：（　　）。
   A.吗啡　　　　　　B.海洛因　　　　　C.冰毒　　　　　　D.鸦片

5. 毒品祸害无穷，不仅严重损害吸毒者本人的身体健康，对吸毒者的家庭和整个社会秩序都造成了严重的打击，吸毒的危害包括：（　　）。
   A.摧残人的身体，扭曲人格，引发自伤、自残、自杀的行为，传播疾病等
   B.摧残家庭成员身心，导致倾家荡产、家破人亡、贻害后代等
   C.诱发违法犯罪、影响国民素质、吞噬社会巨额财富、影响国计民生等
   D.以上选项全是

6. 鸦片，又叫阿片，俗称大烟，源于罂粟植物的（　　），其所含主要生物碱是吗啡。鸦片因产地不同，呈黑色或褐色；有氨味或陈旧尿味，味苦，气味强烈。鸦片最初是作为药用，主要用于镇咳、止泻等。吸食者初吸时会感到头晕目眩、恶心或头痛，多次吸食就会上瘾。
   A.花蕊　　　　　　B.蒴果　　　　　　C.根　　　　　　　D.茎和叶

7. 新精神活性物质（New Psychoactive Substances，简称NPS），是不法分子为逃避打击而对列管毒品进行化学结构修饰所得到的毒品类似物，具有与管制毒品相似或更强的兴奋、致幻、麻醉等效果，这一概念于2013年在《世界毒品报告》中被首次提出，下列关于新精神活性物质的说法正确的是：（　　）。
   A.新精神活性物质又被称为"策划药""实验室毒品"

B.从流行时间上看,新精神活性物质属于第三代毒品

C.新精神活性物质具有很强的迷惑性,不法分子通常把它们伪装成"跳跳糖""奶茶""曲奇饼干""巧克力"

D.ABC都对

8. 下列哪个选项全部是新精神活性物质?( )。

A."蓝精灵""喵喵""恰特草""零号胶囊"

B."GHB""彩虹烟""香蕉水""笑气"

C."K粉""摇头丸""咔哇潮饮""大麻"

D."LSD""止咳水""浴盐""吗啡"

9. LSD,化学名称为D-麦角酰二乙胺,于1938年被首次合成,是一种强效( )。

A.抑制剂　　　　B.兴奋剂　　　　C.致幻剂　　　　D.镇静剂

10. 加强禁毒工作,治理毒品问题,对深入推进平安中国、法治中国建设,维护国家长治久安,保障人民群众健康幸福,实现"两个一百年"奋斗目标和中华民族伟大复兴的中国梦,具有十分重要的意义。作为一名中学生,可以为禁毒工作做些什么?( )。

A.主动学习禁毒相关知识,积极向身边的同学、朋友、亲人传播禁毒知识

B.加入禁毒志愿者,在社区学校积极参与一些禁毒公益活动

C.主动远离迪厅、酒吧等毒品可能出现的成人娱乐场所

D.ABC都是

11. "国际禁毒日"是每年的( )。

A.7月9日　　　B.6月26日　　　C.12月1日　　　D.5月17日

12. 珍爱生命,远离毒品。青少年要积极学习毒品知识,增强防毒拒毒意识,主动对毒品说"不"。下列有关毒品的说法正确的是?( )。

①吸毒容易对身体健康造成多种危害,包括降低机体免疫力,损害中枢神经系统,感染传染性疾病,病死率增高等

②长期吸毒才会上瘾,偶尔吸几次不会上瘾

③大麻在许多国家都不算毒品,不会成瘾,对人体没有什么危害,偶尔尝一下没关系

④含可待因复方口服液制剂,就是通常所说的止咳水,可刺激中枢神经,达到镇痛、镇静、止咳作用,长期饮用易上瘾。我国已将其列入第二类精神药品管理

⑤鸦片,俗称大烟、福寿膏、阿芙蓉等,医学名阿片。其滥用方式为口吸,是一种传统麻醉品,具有保健作用

A.③④⑤　　　B.①④⑤　　　C.②③⑤　　　D.①④

13. 我国的"毒品"一词有着深远的历史渊源,是国人在百年来与毒品不懈抗争中的创造成果。我国首次对"毒品"一词作出清晰定义的法律文本是:( )。

A.《全国人大常委会关于禁毒的决定》　　B.1997版《刑法》

C.《麻醉药品和精神药品管理条例》　　　D.《中华人民共和国禁毒法》

14.毒品问题不是一个国家、一个民族的问题,而是全人类所面临的挑战。各国应当紧密团结在一起,携手应对毒品问题。目前,我国已加入的三大禁毒国际公约是:( )。

①《1961年麻醉品单一公约》

②《海牙禁止鸦片公约》

③《1971年精神药物公约》

④《联合国禁止非法贩运麻醉药品和精神药品公约》

A.①②③　　　　B.②③④　　　　C.①②④　　　　D.①③④

15. 可卡因是用( )制成的,因价格高昂,通常被称为"麻醉品中的香槟"。

A.大麻　　　　B.古柯　　　　C.罂粟　　　　D.恰特草

16. "丧尸药""浴盐""土冰",这些都是同一类毒品的俗称,它的真正名称是( )。

A.氯胺酮　　　　B.甲卡西酮　　　　C.苯丙胺

17. 王某在某地购得15克海洛因藏在家中准备自己吸食,后被公安机关查获,王某的行为构成了什么罪?( )。

A.贩卖毒品罪　　　B.非法持有毒品罪　　　C.不构成犯罪　　　D.私藏毒品罪

18. ( )要依法加强涉毒演艺人员参加演出管理,推进娱乐服务场所毒品预防工作,支持创作优秀禁毒文化作品。

A. 公安机关　　　B. 文化和旅游部门　　　C. 教育部门　　　D.禁毒部门

19. 麻黄碱是从( )中提取的。

A.罂粟　　　　B.麻黄草　　　　C.大麻　　　　D.迷幻蘑菇

20. 不满16周岁的未成年人吸毒成瘾严重的,可以不适用( )。

A.强制隔离戒毒　　　　　　　　　B.责令其接受社区戒毒

C.责令其接受社区康复　　　　　　D.自愿戒毒

21. 第一次将毒品犯罪规定为国际犯罪的公约是( )。

A.《麻醉药品单一公约》

B.《海牙鸦片公约》

C.《日内瓦禁毒公约》

D.《禁止非法贩运麻醉药品和精神药物公约》

22. "金新月"国际毒源地是指以下哪几个国家的交界地带?( )。

A.老挝、缅甸、泰国　　　　　　B.阿富汗、伊朗、巴基斯坦

C.印度、斯里兰卡、阿联酋　　　D.新加坡、伊朗、菲律宾

23. 在我国目前现有的几种戒毒模式中,具有限制人身自由的行政强制措施性质的是( )。

A.自愿戒毒　　　　　　　　　　B.社区戒毒与社区康复

C.强制隔离戒毒　　　　　　　　D.以上均不属于

24. 世界上第一个国际禁毒公约是（　　）。

A.《1971年精神药物公约》

B.《海牙鸦片公约》

C.《1961年麻醉品单一公约》

D.《联合国禁止非法贩运麻醉药品和精神药品公约》

25. 下列有关毒品的认识错误的是：（　　）。

A.摇头丸又称"俱乐部毒品"或"休闲毒品"

B.鸦片，俗称大烟、烟土、福寿膏、阿片，其原植物是罂粟

C.大麻属于荨麻目大麻科草本植物，其主要有化学成分为四氢大麻酚（THC）

D.小王邀约多人，多次在小李家里吸毒，虽然小李知道吸毒是违法行为，但小李本人没有吸毒，所以小李不要承担任何法律责任

26. 下面关于大麻的说法哪个是错误的？（　　）。

A. 大麻是世界范围内滥用最严重的毒品之一

B. 长期使用大麻容易成瘾并引发痴呆

C. 吸食过量大麻可发生意识不清、产生幻觉等

D. 大麻在许多国家都不算毒品，不会成瘾，对人体没有什么危害，偶尔尝一下没关系

27. γ-羟基丁酸，又称GHB，是一种无色无味的液体，由于它可以被轻易地放入饮料之中交给不知情的受害人使用，且受害人经常会不记得遭受过攻击。所以被称为"液体迷魂药""迷奸水"（　　）。

A.正确　　　　　　　　　　　　B.错误

28. （　　）是迷幻蘑菇中的主要成分，这种物质是一种血清素受体激动剂。在血清素缺席的场合，能够刺激一些受体，使人产生做梦一样的幻觉。

A.赛洛西宾　　　B.麦司卡林　　　C.四氢大麻酚　　　D.吗啡

29. （　　），又称"阿拉伯茶""东非罂粟"等。原产于非洲及阿拉伯半岛，主要活性成分为卡西酮、去甲伪麻黄碱等。具有兴奋和轻微致幻作用。滥用会出现抑郁、烦躁等症状。

A.恰特草　　　B.大麻　　　C.鼠尾草　　　D. 帽蕊木

30. 毒品是使用后能够产生（　　）的物质。

A.致幻性　　　B.依赖性　　　C.兴奋性　　　D.抑制性

31. 身体脱毒只是戒毒过程的第一步，最根本上的是要彻底摆脱（　　）才能达到彻底康复。

A.生理依赖　　　B.戒断反应　　　C.心瘾　　　D.身体不适

32. 合成毒品直接作用于人的（　　）。

A.大脑　　　B.心脏　　　C.中枢神经　　　D.肌肉

33. 毒品预防教育的首要重点对象是（　　）。

A.无业人员　　　B.青少年　　　C.流动人口　　　D.老年人

34. 当发现有人可能正在吸毒或实施涉及毒品的违法犯罪行为时，应该（　　）。
A.尽快离开，确保安全情况下报警　　B.事不关己
C.好奇上前去看个究竟　　D.马上阻止其违法犯罪行为

35. 当有人威胁我们吸毒时，要将情况主动告知家长和学校，或者打110报警，寻求帮助。（　　）。
A.正确　　B.错误

36. 一个完整的戒毒过程，包含（　　）。
A.生理脱毒、心理康复、回归社会三部分　　B.生理脱毒、心理康复
C.心理康复、回归社会　　D.生理脱毒、回归社会

37. 当在你身边出现毒品时，正确的做法是（　　）。
A.变卖　　B.丢弃　　C.报告公安机关　　D.假装看不见

38. 吸毒人员既是病人又是（　　）。
A.正常人　　B.违法者　　C.罪犯

39. 国家鼓励公民、组织开展公益性的禁毒宣传活动。（　　）。
A.正确　　B.错误

40. 国家严格管制戒毒药品的研究、生产、供应和使用。（　　）。
A.正确　　B.错误

41. 海洛因的滥用方式有（　　）。
A.口吸　　B.鼻吸　　C.注射　　D.以上均正确

42. 海洛因，如采取静脉注射的方式，1至2次就可能成瘾。（　　）。
A.正确　　B.错误

43. 夏季郊外雨后的草地上长出了漂亮的新鲜蘑菇，我们可以把这些漂亮的野蘑菇随便采回家里做菜吃。（　　）。
A.正确　　B.错误

44. 你的好朋友在娱乐场所给了你一种样子像糖果一样的东西，说特别好玩，让你尝尝。你的选择应该是：（　　）。
A.相信朋友不会害你，直接吞下
B.不想吃，但是碍于朋友之间的面子，勉强吃了
C.拒绝
D.好奇，尝试一下也没关系

45. 你的同学或者好朋友把你介绍给他的朋友们，这些人私密地聚在某人家里或者类似娱乐场所的地方，使用一些粉末、片剂或者类似香烟的东西。还请你品尝，你恰当的拒绝方式应该是（　　）。
A.找个合适的借口离开那里　　B.坚决地拒绝
C.婉言谢绝　　D.以上方式都可以

46. 你认为一个家庭如何才能"远离毒品"？（　　）。

A.自己拒绝毒品，向父母和亲属介绍毒品常识，提醒他们千万不要尝试毒品

B.不去沾毒品，也不关心毒品

C.自己不去碰毒品就行

D.自己树立防毒意识

47. 贩卖毒品负刑事责任的年龄是（　　）。

A.已满十八周岁　　B.已满十六周岁　　C.已满十四周岁　　D.已满十二周岁

48. 青少年如何防止吸毒？（　　）。

A.接受毒品基本知识和禁毒法律法规教育

B.树立正确的人生观，不盲目追求享受

C.不听信毒品能治病，毒品能解脱烦恼和痛苦

D.以上选项都是

49. 青少年吸毒的原因是什么？（　　）。

A.好奇与虚荣　　　　　　　　　B.追求刺激

C.朋友的怂恿和盲目从众心理　　D.以上选项都是

50. 如果有人在我们周围大量生产制造冰毒，很容易产生大量刺鼻的刺激性气味。这种说法正确吗？（　　）。

A.正确　　　　　　　　　　　　B.错误

51. 吸毒人员的毒品滥用方式多样，有更大的艾滋病传播风险。为了引起人们更广泛的关注，世界卫生组织将每年（　　）定为"世界艾滋病日"。

A.3月14日　　B.6月26日　　C.9月10日　　D.12月1日

52. 在机场或火车站安检之前，有陌生人很着急地请你帮忙带个小书包，说书包里是"救命药"，飞机抵达或火车到站后，有人会来取这个小书包，还要给你一些酬金。你该怎么做？（　　）。

A.助人为乐，举手之劳帮个忙　　B.婉言拒绝，表示自己不方便带东西

53. 合成大麻素是（　　）。

A.第一代毒品　　B.第二代毒品　　C.第三代毒品

54. 近几年，经过持续开展对青少年的毒品预防教育，我国35岁以下吸毒人员逐年减少。（　　）。

A.正确　　　　　　　　　　　　B.错误

55. 健康生活方式有：（　　）。

A. 上学时认真读书　　　　　　B. 放学后参与体育锻炼

C. 假期学习锻炼两不误　　　　D. ABC都是

56. 2019年5月1日起，我国将（　　）类物质列入非药用类麻醉药品和精神药品管制品种增补目录。

A.羟考酮　　B.氯胺酮　　C.芬太尼

57. 止咳水通常含有可待因、麻黄碱等成分，（　　）服用可形成心理依赖，戒断症状类似海洛因毒品。

　　A.长期大量　　　　B.遵医嘱　　　　C.按药品说明剂量　　　　D.一次过量

58. 要构筑良好的拒毒心理防线，只需做到正确把握好奇心，抵制不良诱惑即可。（　　）。

　　A.正确　　　　　　　　　　　　　　B.错误

59. 田某发现，在美国留学期间结识的朋友劳伦经常在微信朋友圈出售一些据称是化学制出来的糖果、巧克力和"叶子"味的烟弹，这些很有可能是（　　）。

　　A.可卡因　　　　B.冰毒　　　　　C.海洛因　　　　　D.大麻

60. 远离毒品的自我保护方法有：（　　）。

　　A.养成良好生活习惯　　　　　　　B.不在涉毒高危场所逗留
　　C.不接受来历不明的食物饮料等馈赠　　D.ABC 都是

61. 长期服用安眠药不会使人成瘾。（　　）。

　　A.正确　　　　　　　　　　　　　　B.错误

62. 制定《禁毒法》的目的是：（　　）。

　　A.预防和惩治毒品违法犯罪行为　　　B.保护公民身心健康
　　C.维护社会秩序　　　　　　　　　　D.ABC

63. 中学生应该怎样做才能远离毒品、拒绝毒品？（　　）。

　　A.了解毒品的特征　　　　　　　　　B.认识到毒品的危害
　　C.能够辨别毒品　　　　　　　　　　D.以上选项都是

64. 身边的亲戚、朋友，同学或者家里家长都吸烟，他们递烟给你，你不要，亲戚说偶尔体验一下没关系，你最好的应对方式应该是：（　　）。

　　A.坚决拒绝　　　　　　　　　　　　B.从危害健康的角度建议大家戒烟
　　C.婉言谢绝　　　　　　　　　　　　D.以上方式都可以

65. 安定有助于睡眠，可以擅自服用，不需医生指导使用，也不会对身体造成什么危害。（　　）。

　　A.正确　　　　　　　　　　　　　　B.错误

66. 为吸毒者提供打火机、吸管等吸毒场所、工具，但自己并不吸毒，所以不用承担法律责任。这种说法：（　　）。

　　A.正确　　　　　　　　　　　　　　B.错误

67. 近年来市场上不断涌现一些"新精神活性物质"，它们的使用效果和某些毒品相似，但却没有被国家管制为毒品。由于未被国家管制，所以我们可以尝试使用这种物质。（　　）。

　　A.正确　　　　　　　　　　　　　　B.错误

68. 紧紧抓住（　　）、外出务工人员、社区矫正人员等易涉毒高危群体和涉毒人员，依托网格化管理，利用信息化手段，有针对性也开展动态化、个性化的毒品预防教育。

　　A.失学辍学青少年　　　　　　　　　B.农村留守儿童
　　C.社会闲散人员　　　　　　　　　　D.ABC

69. 不断推进禁毒宣传教育的理念思路、内容形式、方法手段改革创新，提高传播力、引导力和影响力，增强（　　）。

A.时代性　　　　B.科学性　　　　C.实效性　　　　D.ABC

70. 坚持关口前移、预防为先，从根本上遏制吸毒人员滋生，从源头上（　　）。

A.减少毒品供应　　　　　　　　B.减少毒品需求

C.减少毒品危害　　　　　　　　D.减少吸毒人员数量

71. "两打两控"专项行动是指打击制毒犯罪和打击贩毒犯罪、管控吸毒人员和管控。（　　）

A.制毒物品　　　　　　　　　　B.易制毒化学品

C.制毒设备　　　　　　　　　　D.毒品原植物

72. 为防范利用寄递渠道贩毒问题，国家邮政局要求物流寄递企业严格落实"（　　）、寄件验视、过机安检"三项制度。

A.化名寄递　　　B.持证寄递　　　C.实名寄递　　　D.无记名寄递

73. 下面表述正确的是？（　　）

A.禁毒主要是人民政府的责任　　　　B.禁毒主要是公安机关的责任

C.禁毒与自己无关　　　　　　　　　D.禁毒是全社会的共同责任

74. 禁毒民警检查某娱乐场所时，被两男子的交谈内容"吸引"，不时可以听到"壶""溜了几口"等话语，通过这些敏感词，民警即时判断出来，这极有可能是两名吸食（　　）人员。

A.冰毒　　　　B.大麻　　　　C.海洛因　　　　D."K粉"

75. （　　）地区是我国境外合成毒品的主要来源。

A."金三角"　　B."金新月"　　C."银三角"　　D.南美

76. 2019年8月29日，青岛海关首次查获了10盒1000粒被误传为"聪明药"的一类管制精神药物，它们是（　　）。

A.莫达非尼　　B.曲马多　　　C.尼美西泮　　D.芬太尼

77. 下列选项中属于吸毒成瘾的表现的是：（　　）。

A.不顾不良后果，强迫性寻求及使用毒品的行为

B.戒断后复吸的

C.多次吸食毒品的行为

D.以上选项都是

78. 下列选项中属于毒品的是：（　　）。

A.瘦肉精　　　B.老鼠药　　　C.砒霜　　　D.氯胺酮

79. 下列选项中不属于毒品的特征是：（　　）。

A.依赖性　　　B.危害性　　　C.受管制性　　D.扩散性

80. 不是艾滋病的传播途径的是（　　）。

A.性传播　　　B.母婴传播　　C.血液传播　　D.飞沫传播

81. 下列属于合成毒品的是：（　　）。
    A.大麻　　　　　B.迷幻蘑菇　　　　　C."K粉"　　　　　D.北美仙人球
82. 下列说法正确的是：（　　）。
    A.吸毒成瘾是一种脑病　　　　　　B.少量吸毒对身体没有损害
    C.只吸几次毒不会上瘾　　　　　　D.吸食合成毒品危害比传统毒品要小
83. 下列物品中不属于毒品的是：（　　）。
    A.鸦片　　　　　B.海洛因　　　　　C.青霉素　　　　　D.杜冷丁
84. 下列毒品中属于抑制剂类毒品的是：（　　）。
    A.冰毒　　　　　B.摇头丸　　　　　C.三唑仑　　　　　D.麦斯卡林
85. 下列关于戒毒说法正确的是：（　　）。
    A.戒毒有特效药　　　　　　　　　B.毒瘾能轻易戒除
    C.一旦染上毒瘾很难戒除　　　　　D.偶尔吸一次不要紧
86. 吸食过量大麻可能会意识不清、产生幻觉等。（　　）
    A.正确　　　　　　　　　　　　　B.错误
87. 吸食合成毒品危害比传统毒品要小。（　　）
    A.正确　　　　　　　　　　　　　B.错误
88. 吸食、注射毒品严重破坏人体的生理机能和免疫机能，引起各种并发症，最终导致（　　）。
    A.昏睡　　　　　B.毒瘾发作　　　　　C.死亡　　　　　D.极度兴奋
89. 吸食冰毒以后驾驶车辆，容易造成情绪冲动及过度兴奋，从而导致行为失控极易引发严重交通事故。（　　）。
    A.正确　　　　　　　　　　　　　B.错误
90. 吸毒者在今后的人生道路上应该选择的正确生活态度是：（　　）。
    A.最后吸一次，以后再也不吸了　　B.及时行乐，吸毒无害
    C.时而坚定，时而动摇　　　　　　D.戒除毒瘾，回归社会
91. 吸毒者不健康的心理有盲目好奇、慕虚荣、赶时髦、追求刺激和享乐、赌气或逆反、无知和轻信、自暴自弃。（　　）。
    A.正确　　　　　　　　　　　　　B.错误
92. 下列说法正确的是：（　　）。
    A.吸毒成瘾是一种脑病　　　　　　B.少量吸毒对身体没有损害
    C.只吸几次毒不会上瘾　　　　　　D.吸食合成毒品危害比传统毒品要小
93. 我们的爸爸、爷爷都可以喝酒，所以我们未成年人也可以喝酒。（　　）。
    A.正确　　　　　　　　　　　　　B.错误
94. 我们在网络上和陌生人交流和交友的时候，应该保持警惕心，不能轻易泄露自己的个人信息。（　　）。
    A.正确　　　　　　　　　　　　　B.错误

95. 吸毒成瘾不仅是身体上会对毒品产生依赖，更严重的是在心理上对毒品产生依赖。（　　）。

A.正确 　　　　　　　　　　　　　　B.错误

96. 我国禁毒工作的治本之策是：（　　）。

A.预防教育　　　B.依法严厉打击　　　C.切断毒品来源　　　D.戒断治疗

97. 长期吸食以后，情绪亢奋冲动。就算是停止复吸，戒断很久以后，都容易出现幻听、幻觉、被害妄想等稽延性戒断症状。这是（　　）类毒品的精神病态特征。

A.大麻类　　　　B.鸦片类　　　　　C.苯丙胺类　　　　D.古柯类

98. 我国的禁毒方针是"禁吸、禁贩、禁种、禁制"。（　　）。

A.正确 　　　　　　　　　　　　　　B.错误

99. 我国近代史上著名的"虎门销烟"中销毁的是（　　）。

A.鸦片烟　　　　B.莫合烟　　　　　C.大麻烟　　　　　D.彩虹烟

扫描二维码，查看试题答案

大学组试题库

一、选择题

1. (　　)俗名"可可精",是从古柯叶中分离出来的一种最主要的生物碱,属中枢神经兴奋剂,呈白色晶体状,无气味,味略苦而麻,兴奋作用强。
　　A.海洛因　　　　B.可卡因　　　　C.大麻　　　　　D.鸦片

2. 地方各级人民政府发现非法种植毒品原植物的,应当(　　)采取措施予以制止、铲除。
　　A.立即　　　　　B.适时　　　　　C.成熟后　　　　D.收割时

3. 毒品起源于(　　)。
　　A.矿物　　　　　B.动物　　　　　C.植物　　　　　D.毒物

4. 根据国务院授权,(　　)负责组织开展禁毒国际合作,履行国际禁毒公约义务。
　　A.国务院　　　　B.国家禁毒委员会　　C.全国人大常委会　　D.公安部

5. 广大青少年在日常生活中防毒要做到四点:一是不要听人蛊惑,受人引诱;二是不要与吸毒者、贩毒者为伍;三是不要接受有吸毒劣迹的人送的可疑物;四是(　　)。
　　A.只看不吸　　　　　　　　　　　B.远离毒品,不沾毒
　　C.不参与家人吸毒　　　　　　　　D.不去歌厅等娱乐场所

6. 国家鼓励公民举报毒品违法犯罪行为。各级人民政府和有关部门应当对举报人予以保护,对(　　),给予表彰和奖励。
　　A.举报人员　　　B.举报积极人员　　C.举报有功人员　　D.实名举报人员

7. 国家鼓励志愿人员参与(　　)工作。地方各级人民政府应当对志愿人员进行指导、培训,并提供必要的工作条件。
　　A.缉毒侦查　　　　　　　　　　　B.禁毒管理
　　C.禁毒宣传教育和戒毒社会服务　　D.禁毒知识普及教育

8. 海洛因吸毒者的典型体征是(　　)。
　　A.瞳孔缩小呈针尖样　　　　　　　B.瞳孔放大,不聚光
　　C.身体瘦弱　　　　　　　　　　　D.身体浮肿

9. 合成毒品"麻古"的主要成分是甲基苯丙胺和(　　)。
　　A.大麻　　　　　B.古柯碱　　　　C.咖啡因　　　　D.安纳咖

10. 合成毒品直接作用于人的(　　)。
　　A.大脑　　　　　B.心脏　　　　　C.中枢神经　　　D.肌肉

11. 戒毒人员在(　　)等方面不受歧视。有关部门、组织和人员应当在这些方面对戒毒人员给予必要的指导和帮助。
　　A.入学　　　　　B.就业　　　　　C.享受社会保障　　D.A、B和C

12. 李某发现儿子小强吸毒后，便将其关在家中，并与家人轮流看守令其戒毒。起初，断了毒品的小强呼天喊地，半个月后，小强又恢复了正常。试问小强是否已全部戒除毒瘾？（　　）。

  A.已完全戒断毒瘾　　　　　　　　B.只戒断了生理上的毒瘾

13. 李某是某酒吧老板，明知一些人经常在该酒吧内吸食冰毒，李某却视而不见。对李某的行为如何进行处罚（　　）。

  A. 批评教育　　　　　　　　　　　B.以容留他人吸毒罪论处

  C.以贩卖毒品罪论处　　　　　　　　D.罚款并吊销营业执照

14. 李某为炫耀，将50克冰毒放在身上，后被民警抓获。李某构成（　　）。

  A. 吸毒　　　　B.非法持有毒品罪　　　C.贩卖毒品罪　　　D.窝藏毒品罪

15. 麻古具有强烈的兴奋和致幻功能，吸食后容易造成人体中枢神经（　　）的损伤。

  A. 不可逆性　　　B.可逆性　　　　C.一过性　　　　D.临时性

16. 美沙酮替代维持治疗主要适用于吸食、注射（　　）的吸毒人员。

  A. 冰毒　　　　B.可卡因　　　　C.大麻　　　　　D.海洛因

17. 你的好朋友给你一种样子像糖果的东西，说特别好玩，让你尝尝。你的选择应该是：（　　）。

  A.相信朋友不会害你，直接吞下。

  B.不想吃，但是碍于朋友之间的面子，勉强吃了。

  C.拒绝或者收下但是不会吃。

18. 你的同学或者好朋友把你介绍给他的朋友们，这些人私密地聚在某人家里或者类似娱乐场所的地方，使用一些粉末、片剂或者类似香烟的东西。还请你品尝，你恰当的拒绝方式应该是（　　）。

  A.找个合适的借口离开那里　　　　　B.坚决地拒绝

  C.婉言谢绝　　　　　　　　　　　　D.以上方式都可以

19. 你认为一个家庭如何才能"远离毒品"？（　　）

  A.自己拒绝毒品，向父母和亲属介绍毒品常识，提醒他们千万不要尝试毒品

  B.不去沾毒品，也不关心毒品

  C.自己不去碰毒品就行

  D.自己树立防毒意识

20. 青少年如何防止吸毒？（　　）。

  A.接受毒品基本知识和禁毒法律法规教育

  B.树立正确的人生观，不盲目追求享受

  C.不听信毒品能治病，毒品能解脱烦恼和痛苦的说法

  D.以上选项都是

21. 青少年吸毒的原因是什么？（　　）。

  A. 好奇与虚荣　　　　　　　　　　　B.追求刺激

  C.朋友的怂恿和心理障碍　　　　　　D.以上选项都是

22.青少年要远离毒品,增强自我保护意识,其中最重要的因素是（　　）。
　　A. 社会环境　　　　B.家庭　　　　　　C.自身　　　　　　D.身边朋友
23. 王某在自己开垦的山地里种植罂粟,收获前他学习了《禁毒法》,将所有罂粟铲除,对于王某应该（　　）。
　　A.拘留　　　　　　B.罚款　　　　　　C.不予处罚　　　　D.判刑
24.毒品预防教育的首要重点对象是（　　）。
　　A. 无业人员　　　　　　　　　　　　　B.青少年
　　C.流动人口　　　　　　　　　　　　　D.文化素质较低的人员
25.吸毒,也称"药物滥用",就是出于（　　）目的,通过注射、口服、鼻吸或其他方式将毒品摄入人体的行为。
　　A. 非医疗　　　　　B.治病　　　　　　C.麻醉　　　　　　D.交友
26.吸毒成瘾一般具有哪些特征?（　　）。
　　A. 药物耐受性　　　B.生理依赖性　　　C.心理依赖性　　　D.以上三项均正确
 27.吸毒的危害有哪些方面?（　　）。
　　A.危害个人,包括摧残人的身体,扭曲人格,引发自伤、自残、自杀的行为,传播疾病等
　　B.危害家庭,包括对家庭成员身心摧残,导致倾家荡产、家破人亡,贻害后代等
　　C.危害社会,包括诱发违法犯罪、影响国民素质、吞噬社会巨额财富、影响国计民生等
　　D.A.B 和 C
28.吸毒人员既是病人又是（　　）。
　　A. 正常人　　　　　B.受害者、违法者　　C.罪犯　　　　　　D.违法者
29.吸毒人员主动到公安机关登记或者到有资质的医疗机构接受戒毒治疗的（　　）。
　　A.应当处罚　　　　B.可以处罚　　　　C.不予处罚
30.下列原因中,在吸毒人群中初次吸毒比例最高的是（　　）。
　　A. 好奇心驱使　　　B. 他人引诱　　　　C. 取乐解闷　　　　D. 赶时髦
31.远离毒品的自我保护方法有（　　）。
　　A. 养成良好习惯　　　　　　　　　　　B.不在危险地方逗留
　　C.不接受他人的食物　　　　　　　　　D.ABC 都是
32.在迪厅、酒吧、KTV 等娱乐场所,如果你看到了一种红色药丸（或药片）状的东西,那你可能就是看到了（　　）,千万小心不要沾染。
　　A. 跳跳糖　　　　　　　　　　　　　　B. 彩球糖
　　C.摇头丸或麻古　　　　　　　　　　　D. 山楂丸
33.长期吸食以后,情绪激昂冲动。就算是停止复吸,戒断很久以后,都容易出现幻听、幻觉、被害妄想等精神病稽延症状。这是（　　）类毒品的精神病态特征。
　　A. 麻醉类　　　　　B. 海洛因　　　　　C. 苯丙胺（冰毒）　　D. 杜冷丁
34.郑某在南方某地购得 15 克海洛因藏在家中准备自己吸食,后被公安机关查获,郑某的行为构成了什么罪?（　　）。

A. 贩卖毒品罪　　　B. 非法持有毒品罪　　　C. 不构成犯罪　　　D. 私藏毒品罪

35. 止咳水通常含有可待因、麻黄碱等成分，（　　）服用可形成心理依赖，戒断症状类似海洛因毒品。

　　A. 长期大量　　　B. 遵医嘱　　　C. 按药品说明剂量服用　　　D. 一次过量服用

36. 王某在多次贩毒后，因畏惧法律的严惩，主动前往公安机关投案并如实供述了自己的犯罪事实，对他可以（　　）。

　　A. 从轻或减轻处罚　　　　　　B. 从重处罚

37. 根据我国《刑法》对毒品犯罪的刑事责任年龄的规定，对已满 14 周岁不满 16 周岁的人，犯贩卖毒品罪的，应当（　　）。

　　A. 负刑事责任　　　　　　B. 不负刑事责任

38. 我国近代史中的第一次"鸦片战争"是哪国发起的？（　　）。

　　A. 美国　　　　B. 德国　　　　C. 英国　　　　D. 日本

39. 我国云南、新疆紧邻哪两大毒品产地？（　　）。

　　A. 金三角和金新月　　　　　　B. 金新月和银三角

　　C. 金三角和银三角

40. 吸毒对女性怀孕后胎儿的影响是（　　）。

　　A. 可能导致胎儿畸形死胎　　　　B. 没有任何影响

　　C. 可能导致难产　　　　　　　　D. 会让胎儿更健康

41. 吸毒者在今后的人生道路上应该选择的正确生活态度是（　　）。

　　A. 最后吸一次，以后再也不吸了　　　B. 及时行乐，吸毒无害

　　C. 时而坚定，时而动摇　　　　　　　D. 戒除毒瘾，回归社会

42. 吸食、注射毒品严重破坏人体的生理机能和免疫机能，引起各种并发症，最终导致（　　）。

　　A. 昏睡　　　　B. 毒瘾发作　　　　C. 吸毒死亡

43. 下列不属于合成毒品的是（　　）。

　　A. 海洛因　　　B. 摇头丸　　　C. 冰毒　　　D. K 粉

44. 下列说法正确的是（　　）。

　　A. 吸毒成瘾是一种脑病　　　　　　B. 少量吸毒对身体没有损害

　　C. 只吸几次毒不会上瘾　　　　　　D. 吸食合成毒品危害比较传统毒品要小

45. 下列选项中属于禁毒志愿者义务的是。（　　）。

　　A. 履行禁毒志愿者服务承诺

　　B. 自身远离毒品

　　C. 每年参加不少于 48 小时的禁毒志愿服务活动

　　D. 以上选项都是

46. 鸦片是罂粟植物的（　　）。

　　A. 种子碾碎后或花粉的提取物　　　B. 果实未成熟时，割浆后的提取物

　　C. 种子碾碎后的提取物　　　　　　D. 花粉的提取物

47. 要构筑拒毒心理防线，我们需要做到（　　）。
　　A. 正确把握好奇心　　　　　　　　　　B. 抵制不良诱惑
　　C. 养成良好的健康心理　　　　　　　　D. 以上 A、B、C 表述均正确

48. 要拒绝毒品，我们除了要知道什么是毒品、知道毒品极易成瘾、知道毒品的危害，还要（　　）。
　　A. 树立正确的人生观　　　　　　　　　B. 养成良好行为习惯
　　C. 拒绝不良诱惑　　　　　　　　　　　D. ABC 都是

49. 以下几种毒品，成瘾性和毒副作用最强的是（　　）。
　　A. 古柯叶　　　　B. 海洛因　　　　C. 鸦片　　　　D. 大麻

50. 以下哪些是我国刑法所界定的毒品？（　　）。
　　A. 鸦片、海洛因、甲基苯丙胺（冰毒）、吗啡、大麻、可卡因
　　B. 挥发性溶剂
　　C. 烟草、酒精

51. 以下属于毒品滥用的高危场所的是（　　）。
　　A. 歌舞厅、夜总会、洗浴中心等公共娱乐场所
　　B. 个人家中
　　C. 学校、医疗机构及药店
　　D. 上班的公司

52. 以下属于生活技能教育主要内容的是（　　）。
　　A. 正确的自我认识　　　　　　　　　　B. 学会倾听、有效交流与沟通
　　C. 调节情绪，缓解紧张和压力　　　　　D. 以上 ABC 三项表述均是

53. 以下属于吸毒者吸食毒品原因的是（　　）。
　　A. 无知和亲信　　　　　　　　　　　　B. 借助吸毒逃避现实，寻求解脱
　　C. 受贩毒者引诱、处境性滥用　　　　　D. 以上 ABC 三项表述均是

54. 引诱、教唆、欺骗或者强迫（　　）吸食、注射毒品的，从重处罚。
　　A. 成年人　　　　B. 未成年人　　　　C. 妇女

55. 吸毒者极易感染各种疾病，包括性病、丙型肝炎等，注射毒品是传染（　　）的主要途径。
　　A. 痢疾　　　　B. 艾滋病　　　　C. 肺病

56. 依据毒品对于大脑中枢神经的作用，杜冷丁属于（　　）。
　　A. 兴奋类　　　　B. 抑制剂　　　　C. 致幻剂

57. 在对众多吸毒者进行调查时发现，占据第一位的吸毒原因是（　　）。
　　A. 贪慕虚荣，赶时髦　　　　　　　　　B. 借助吸毒逃离现实，寻求解脱
　　C. 受贩毒者引诱　　　　　　　　　　　D. 盲目好奇，追求享乐和刺激

58. 造成情绪暴躁而引发针对他人的肢体暴力（例如啃脸、咬耳）行为的"僵尸浴盐"，其主要的化学成分是卡西酮类物质。是一种新型的（　　）。

  A. 传统毒品   B. 合成毒品

59. 张某吸毒，有时让王某为其购买毒品，王某借机从中牟利，对王某的行为是否应追究刑事责任？（　　）

  A. 应该   B. 不应该   C. 由所涉毒品数量决定

60. 长期吸毒会使吸毒者沉溺于虚幻的自我体验中而不能自拔，使其丧失对生活的热爱、丧失对人际交往的兴趣，而这反映毒品对青少年（　　）的危害。

  A. 身体健康方面   B. 心理健康方面

  C. 社会发展方面   D. 以上三项均不对

61. 长期吸食鸦片的会导致什么样的危害？（　　）。

  A. 会使人的先天免疫力丧失   B. 容易感染各种疾病   C. A 和 B 都是

62. 古柯原植物经过提纯以后得到的毒品是（　　）。

  A. 迷幻蘑菇   B. 海洛因   C. 冰毒   D. 可卡因

63. "国际禁毒日"是每年的（　　）。

  A. 7月9日   B. 6月26日   C. 12月1日   D. 5月17日

64. "金三角"是指泰国、缅甸、（　　）。

  A. 老挝   B. 越南   C. 柬埔寨   D. 印度

65. "摇头丸"是苯丙胺类的衍生物，属中枢神经（　　），是我国规定管制的精神药品。"摇头丸"是其俗称，意为会使人摇头的药丸，吸食者易处于幻觉状态，有暴力攻击倾向。

  A. 麻醉剂   B. 兴奋剂

  C. 抑制剂   D. 以上答案都不正确

66. 不属于阿片类毒品的是（　　）。

  A. 吗啡   B. 海洛因   C. 冰毒   D. 美沙酮

67. （　　）俗称"K粉"，属于合成类新型毒品。

  A. 氯胺酮   B. 海洛因   C. 大麻   D. 美沙酮

68. （　　）化学名称叫二乙酰吗啡，呈灰白色粉末状，也就是人们所说的"白粉""白面"。

  A. 冰毒   B. 可卡因   C. 海洛因   D. 美沙酮

69. （　　），即甲基苯丙胺，外观为纯白或黄色结晶体，晶莹剔透。

  A. 可卡因   B. 冰毒   C. 海洛因   D. 吗啡

70. 《禁毒法》规定，教育行政部门、（　　）应当将禁毒知识纳入教育、教学内容，对学生进行禁毒宣传教育。公安机关、司法行政部门和卫生行政部门应当予以协助。

  A. 学校   B. 中小学校   C. 大专院校   D. B 和 C

71. 《中华人民共和国刑法》规定，毒品的数量以（　　）属实的走私、贩卖、运输、制造、非法持有毒品的数量计算，不以纯度折算。

  A. 缴获   B. 检查   C. 查证   D. 收缴

72.被称为现代迷魂药的三唑仑是一种强效的（　　）。
A. 致幻剂　　　　B. 兴奋剂　　　　C. 麻醉剂　　　　D. 氧化剂

73.麻黄碱是从哪种原植物中提取的（　　）。
A. 罂粟　　　　B. 大麻　　　　C. 麻黄草　　　　D. 古柯

74.成瘾是由于（　　）某种有依赖性药物或物质引起的一种慢性中毒状态。
A. 反复使用　　　　B. 一次使用　　　　C. 偶尔使用　　　　D. 曾经使用

75.从医学角度看，吸毒成瘾作为一种疾病。以下哪个表述是正确的（　　）。
A. 心理障碍　　　　　　　　　　B. 精神疾病
C. 躯体疾病　　　　　　　　　　D. 慢性的复发性的脑疾病

76.当发现有人可能正在吸毒或实施涉及毒品的违法犯罪行为时，应该（　　）。
A. 尽快离开，确保安全情况下报警　　B. 事不关己
C. 好奇上前去看个究竟　　　　　　　D. 马上阻止其违法犯罪行为

77.当有人以各种借口引诱你吸食毒品或尝试可能是毒品的药丸时，正确的做法是（　　）。
A.拒绝　　　　B.尝试　　　　C.接受　　　　D.犹豫不决

78.当在你身边出现毒品时，正确的做法是（　　）。
A. 变卖　　　　B. 丢弃　　　　C. 报告公安机关　　　　D. 假装看不见

79.毒品是使用后能够产生（　　）的物质。
A. 危害性　　　　B. 依赖性　　　　C. 兴奋性　　　　D. 抑制性

80.有一类毒品既有兴奋作用又有致幻作用，以下是这类毒品代表的是（　　）。
A. 氟硝安定　　　B. 三唑仑　　　C.LSD　　　D. 摇头丸

81.发现吸贩毒情况，想向公安机关举报应拨打电话号码（　　）。
A. 114　　　　B. 119　　　　C. 110　　　　D. 120

82.贩卖毒品负刑事责任的年龄是（　　）。
A. 已满十八周岁　　B. 已满十六周岁　　C. 已满十四周岁　　D. 已满十二周岁

83.贩卖毒品应当（　　）。
A. 批评教育　　B. 追究刑事责任　　C. 送劳动教养　　D. 行政处罚

84.根据（　　）需要，依法可以生产、经营、使用、储存、运输麻醉药品和精神药品。
A. 医疗、教学及科研　　　　　　B. 宣传
C. 消费市场　　　　　　　　　　D. 大众生活

85.根据毒品来源和生产方法不同，可将毒品分为天然毒品和（　　）。
A. 合成毒品　　B. 传统毒品　　C. 化学毒品　　D. 新型毒品

86.公安机关可以对涉嫌吸毒的人员进行必要的检测，被检测人员应当予以配合；对拒绝接受检测的，经县级以上人民政府公安机关或者其派出机构负责人批准，可以（　　）。
A. 行政罚款　　B. 依法惩治　　C. 行政拘留　　D. 强制检测

87. 公安机关在吸毒检测过程中，采集女性被检测人尿液检测样本，应由（　　）进行。
   A. 检测人　　　B. 民警　　　C. 女性工作人员　　　D. 医生
88. 海洛因对中枢神经系统主要起（　　）。
   A. 兴奋作用　　B. 抑制作用　　C. 致幻作用　　D. 安眠作用
89. 海洛因同吗啡相比，其成瘾性（　　）。
   A. 更强　　　B. 较弱　　　C. 相当　　　D. 更弱
90. 海洛因的滥用方式有（　　）。
   A. 口吸　　　B. 鼻吸　　　C. 注射　　　D. 以上均正确
91. "金新月"国际毒源地是指以下哪几个国家的交界地带？（　　）。
   A. 老挝、缅甸、泰国　　　B. 伊朗、阿富汗、巴基斯坦
   C. 印度、斯里兰卡、阿联酋　　　D. 新加坡、伊朗、菲律宾
92. 吗啡一般是从（　　）中提炼出来的？
   A. 海洛因　　B. 鸦片　　C. 古柯叶　　D. 大麻
93. 南美的秘鲁、玻利维亚、（　　）是可卡因的最大生产基地。
   A. 巴西　　　B. 阿根廷　　　C. 哥伦比亚　　　D. 厄瓜多尔
94. 人们常说"毒品猛于虎"，毒品的危害除了对身心的危害，严重摧残吸毒者的身体之外，还包括（　　）。
   A. 对家庭的危害　　B. 对社会的危害　　C. 对他人的危害　　D. 以上 A 和 B
95. 申请成为禁毒志愿者的年龄要求是（　　）。
   A. 没要求　　B. 14 周岁以上　　C. 16 周岁以上　　D. 18 周岁以上
96. 为什么有的吸毒者在炎热的夏天仍穿着长衣长裤？（　　）。
   A. 怕冷
   B. 免疫力低下，怕得感冒
   C. 为了掩饰因为注射在身上留下的针孔和针疤
97. 我国《禁毒法》明确了"（　　），综合治理，禁种、禁制、禁贩、禁吸"的禁毒方针。
   A. 预防为本　　B. 预防为主　　C. 打击为主　　D. 打防并举
98. 我国《刑法》对毒品犯罪的刑事责任年龄的规定，对已满14周岁不满16周岁的人，犯贩卖毒品罪的，应当（　　）。
   A. 负刑事责任
   B. 从轻或减轻处罚
   C. 不予刑事处罚
   D. 责令其家长或者监护人加以管教，必要时，也可以由政府收容教养
99. 吸食方式中危害最大的是（　　）。
   A. 吸入式　　B. 口服式　　C. 皮下注射式　　D. 静脉注射

100.下列哪种表述符合毒品可卡因的危害？（　　）。

A. 皮下虫行蚁走感，奇痒难忍，造成严重抓伤甚至断肢自残，情绪不稳定，容易引发暴力或攻击行为

B. 情感冲动、性欲亢进、嗜舞

C. 偏执、妄想、自我约束力下降

D. 嗜睡，精神萎靡

101.下列哪种属于兴奋剂（　　）？

A. 摇头丸　　　　B.二甲基色胺　　　　C.巴比妥　　　　D.吗啡

102.下列选项中对我国毒品消费形势表述正确的是。（　　）。

A. 毒品消费者市场逐步萎缩　　　　B. 35 岁以下青少年吸毒人数占比高

C. 吸食合成毒品的人数下降　　　　D. 吸毒人数减少

103.小明今年上五年级，沉迷于网络游戏，然后到黑网吧去上网，结交了不良的朋友，最后染上了烟瘾和学会了吸毒。这个故事告诉我们什么道理？（　　）。

A. 不在危险的地方逗留，尤其是网吧这样人多和复杂的环境

B. 要养成自律的好习惯

C. 要学会抵制诱惑

D. 以上选项都是

104.一位"朋友"以"参加朋友聚会"为由将你带至他的家中，然后提出玩点"小刺激"，引诱你使用某种物品，你应该选择的最佳拒绝方式是（　　）。

A. 直接说不　　　　B. 寻找借口离开　　　　C. 提出新建议　　　　D. ABC 都是

105.因吸毒被查获的人员应当接受（　　）。

A. 治安处罚　　　　B. 刑事处罚　　　　C. 不处罚　　　　D. 批评教育

106.在植物古柯树叶中提取的一种生物碱是一种中枢神经系统的兴奋剂，叫作（　　）。

A. 可卡因　　　　B. 阿片　　　　C. 吗啡　　　　D. 四氢大麻酚

107.大学生应该怎样做才能远离毒品、拒绝毒品？

A. 了解毒品的特征　　　　B. 认识到毒品的危害

C. 能够辨别毒品　　　　D. 以上选项都是

108.身边的亲戚或者朋友与同学家里家长都吸烟，他们递烟给你，你不要，亲戚说偶尔体验一下没关系，你最好的应对方式应该是（　　）。

A. 坚决拒绝　　　　B. 从危害健康的角度建议大家戒烟

C. 婉言谢绝　　　　D. 以上方式都可以

109.世界上三大毒品产地中哪一个不在亚洲？（　　）。

A. "金三角"　　　　B. "金新月"　　　　C. "银三角"

110.世界上生产的鸦片类毒品最多的国家是（　　）？

A. 缅甸　　　　B. 阿富汗　　　　C. 哥伦比亚　　　　D. 墨西哥

111.世界上最大的可卡因产地是哪里？（　　）。

A. 金三角　　　　B. 金新月　　　　C. 银三角　　　　D. 贝卡谷地

112. （　　）是被滥用最早的毒品，历史悠久，地域广泛，滥用者众多。
　　A. 可卡因　　　　　B. 阿片类毒品　　　C. 苯丙胺类兴奋剂　　D. 大麻
113. 网络成瘾是一种行为成瘾。表现为由于（　　）互联网而导致个体明显的社会、心理、生理功能损害。
　　A. 过度使用　　　　　　　　　　　　　B. 正常使用
114. "虎门销烟"是哪一天开始的（　　）。
　　A. 1839 年 6 月 3 日　　　　　　　　　B. 1840 年 6 月 9 日
　　C. 1841 年 7 月 17 日　　　　　　　　 D. 1842 年 10 月 10 日
115. 我国近代史上著名的"虎门销烟"中销毁的是哪种烟？（　　）。
　　A. 鸦片烟　　　　B. 卷烟　　　　　C. 大麻烟
116. 我国禁毒工作的治本之策是（　　）。
　　A. 预防教育　　B. 依法严厉打击　　C. 切断毒品来源　　　D. 戒断治疗
117. 下列毒品中属于抑制剂类毒品的是（　　）。
　　A. 冰毒　　　　B. 摇头丸　　　　C. 海洛因　　　　　D. 麦斯卡林
118. 下列哪种毒品常用鼻吸的方式吸食？（　　）。
　　A.麻古　　　　　B.古柯　　　　　C.K 粉　　　　　　D.冰毒
119. 下列人员中，不属于吸毒检测对象的是（　　）。
　　A.涉嫌吸毒人员　　B.社区戒毒期间人员　　C.已经康复的吸毒人员
120. 下列属于合成毒品的是（　　）。
　　A. 可卡因　　　　B. 鸦片　　　　　C. 冰毒　　　　　　D. 大麻
121. 下列属于合成毒品的是（　　）
　　A. 大麻　　　　　B. 海洛因　　　　C. K 粉　　　　　　D. 北美仙人球
122. 下列物品中不属于毒品的是（　　）。
　　A. 鸦片　　　　　B. 海洛因　　　　C. 酒精　　　　　　D. 杜冷丁
123. 下列选项中属于毒品的是（　　）。
　　A. 瘦肉精　　　　B. 老鼠药　　　　C. 砒霜　　　　　　D. K 粉
124. 下列选项中属于吸毒成瘾的表现的是（　　）。
　　A.不顾不良后果，强迫性寻求及使用毒品的行为
　　B.戒断后复吸的行为
　　C.多次吸食毒品的行为
　　D.以上选项都是
125. 吸毒成瘾的原因有（　　）。
　　A. 个人　　　　B. 家庭　　　　　C. 社会　　　　　　D.以上选项都是
126. 吸毒的方式有（　　）。
　　A.通过呼吸道　　B.通过消化道　　C.静脉注射　　　　D.以上选项都是
127. 下列有关世界三大毒源地叙述正确的是（　　）。
　　A."金三角"位于老挝、越南、缅甸三国的接壤地区

B."金新月"位于阿富汗、巴基斯坦、伊朗三国的接壤地区

C."银三角"位于南美洲的哥伦比亚境内

128.下面关于大麻的说法哪个不对？（　　）

A.大麻在许多国家都不算毒品，不会成瘾，对人体没有什么危害，偶尔尝一下没关系。

B.大麻是世界范围内滥用最严重的毒品之一。

C.长期使用大麻容易成瘾并引发痴呆。

129.（　　）是指直接作用于中枢神经系统，使之兴奋或抑制，连续使用能产生依赖性的药品。

　　A.麻醉药品　　　　B.精神药品　　　　C.新精神活性物质

130.（　　）是指对中枢神经有麻醉作用，连续使用后易产生生理依赖性、能形成瘾癖的药品。

　　A.麻醉药品　　　　B.精神药品　　　　C.新精神活性物质

131.鸦片最早是由（　　）传入中国的。

　　A. 阿拉伯人　　B. 埃及人　　　　C. 印度人　　　　D. 契丹人

132.药物成瘾具有的特征之一：有一种不可抗拒的力量强制性地驱使人们使用该药，并使人（　　）去获得它。

　　A. 不择手段　　　　　　　　B. 正常手段

133.要养成良好的生活习惯、行为习惯，不吸烟，不饮酒，不涉足青少年不宜进入的场所，包括歌舞厅、游戏厅、酒吧等地方，以（　　）。

　　A. 远离毒品　　　　　　　　B. 亲近毒品

134.以下哪一种情况一般不会发生在吸毒人员的身上。（　　）。

　　A.酗酒　　　　B.脾气暴躁　　　　C.每天锻炼身体　　　　D.偷盗

135.以下属于青少年所面临的毒品陷阱是（　　）。

　　A. 吸毒朋友的影响　　　　　　B. 毒贩子的毒招

　　C. 明星和"榜样"的效应　　　　D. 以上ABC三项均是

136.以下说法正确的是（　　）。

　　A. 合成毒品麻古的主要成份是甲基苯丙胺和咖啡因

　　B. 合成毒品麻古的主要成份是甲基苯丙胺和大麻

　　C. 合成毒品麻古的主要成份是甲基苯丙胺和可卡因

137.以下致幻毒品中（　　）是从生长在墨西哥北部与美国南部的仙人球里提取的。

　　A. 吗啡　　　　B. 麦司卡林　　　　C. 古柯　　　　D. 麻古

138.以下哪一种不是毒品原植物（　　）。

　　A. 罂粟　　　　B. 大麻　　　　C. 烟叶　　　　D. 古柯

139.吸毒人员（　　）戒除毒瘾。

　　A. 应当　　　　B. 可以　　　　C. 不需要

140.罂粟是几年生草本植物？（　　）。

　　A. 1　　　　B. 2　　　　C. 3

141.我国目前海洛因仍然在医疗上使用吗？（　　）。
　　A. 常使用　　　　B. 不使用　　　　C. 偶尔使用
142.由于我国西南边境毗邻世界最主要的毒源地（　　），造成毒源地的毒品大量流入我国，部分经我国中转走私到其他国家和地区。
　　A."金三角"　　　B."银三角"　　　C."金新月"
143.娱乐场所应当开展禁毒宣传教育，建立巡查制度，发现娱乐场所内有毒品违法犯罪活动的，应当（　　）。
　　A. 自行处理　　　B. 立即向公安机关报告　　　　C. 自愿报告
144.预防吸毒的有效措施有（　　）。
　　A. 远离特殊人群、特殊场所、特殊嗜好
　　B. 加强毒品知识的教育，认清毒品的危害
　　C. 不结交社会上的吸毒朋友
　　D. 以上选项都是
145.在容易接触的毒品中，有一种属于荨麻目大麻科草本植物，其主要有化学成分为四氢大麻酚（THC），它被人们称为（　　）。
　　A. 氟硝安定　　B. 大麻　　　　C. 冰毒　　　　D. 海洛因
146.在药理上，海洛因的镇痛效力是吗啡的几倍？（　　）。
　　A. 4至8倍　　　B. 1至2倍　　　C. 8倍以上

二、正误判断题

147. 毒品与药品，往往具有双重属性，只要为人解除痛苦的就是药品。　　　　　　（　　）
148. 对毒品犯罪的处罚包括生命刑，即死刑。　　　　　　　　　　　　　　　　　（　　）
149. 共用剃须刀有传染艾滋病的危险。　　　　　　　　　　　　　　　　　　　　（　　）
150. 合成毒品成瘾者的违法行为一般在吸食后，因产生精神障碍而导致行为失控，引发自伤自残、暴力侵害等严重公共安全问题。　　　　　　　　　　　　　　　　　（　　）
151. 教育部门应编写禁毒教材，各级各类学校必须专门开设禁毒教育课，将禁毒教育列为学校教育的内容。　　　　　　　　　　　　　　　　　　　　　　　　　　　　（　　）
152. 戒毒是指吸毒人员自愿或者由国家强制戒除其吸食、注射毒品瘾癖的过程。　（　　）
153. 大量滥用止咳水会导致中毒性精神病、心跳停止及呼吸停顿，导致窒息死亡。（　　）
154. 强制隔离戒毒是指对吸食、注射毒品成瘾严重人员，在一定时期内通过行政措施对其强制进行药物治疗、心理治疗和法制教育、道德教育，使其戒除毒瘾。　　　　（　　）
155. 如果有人在我们周围大量生产制造冰毒，则很容易产生大量刺鼻的刺激性气味。
　　　　　　　　　　　　　　　　　　　　　　　　　　　　　　　　　　　　　（　　）
156. 吸毒成瘾的因素有生理因素、社会因素、个人的心理因素。　　　　　　　　（　　）
157. 吸毒对人的身心危害有：吸毒对身体造成中毒、戒断反应、精神障碍与变态、感染各种疾病。　　　　　　　　　　　　　　　　　　　　　　　　　　　　　　　　（　　）

158. 吸毒者染上毒瘾后,缺乏自我控制能力,更容易走向偷盗、抢劫等犯罪道路。( )

159. 吸食 K 粉、摇头丸等药物会导致血压上升、心跳过速、心律失常,甚至可能诱发精神分裂症及急性心脑疾病。但不会致人死亡。( )

160. 吸食毒品因共用针具容易导致艾滋病与丙型肝炎等类疾病的传播。( )

161. 吸食可卡因可能导致心律不齐,血压升高,心肺与肝功能损害,丧失判断能力,产生幻觉,出现自杀行为等。( )

162. 引诱、教唆或者强迫未成年人吸食、注射毒品或者卖淫的,依法从重处罚。( )

163. 在吸毒者中,由于无知、好奇,被他人引诱而吸毒的青少年的比例最高。( )

164. 长期服用安眠药不会使人成瘾。( )

165. 安定有助于睡眠,可以擅自服用,不需医生指导使用,也不会对身体造成什么危害。( )

166. 为吸毒者提供打火机、吸管等吸毒场所、工具,但自己并不吸毒,所以不用承担法律责任。( )

167. 我国《刑法》规定走私、贩卖、运输、制造毒品,无论数量多少,都应当追究刑事责任。( )

168. 吸毒成瘾不仅是身体上会对毒品产生依赖,更严重的是在心理上对毒品产生依赖。( )

169. 吸毒的人毒瘾会越来越大。( )

170. 吸毒人群的意外死亡率较一般人群高。( )

171. 吸毒如果仅仅偶尔吸一两次,一般都不会上瘾。( )

172. 吸毒是违法行为。( )

173. 吸毒者会被治安处理,不会对今后的工作、生活造成多大影响。( )

174. 吸食合成毒品的危害比较传统毒品要小。( )

175. 小王在网上及微信群里教人制作毒品的方法,但他自己从来没有吸毒、贩毒和制毒,所以他仅仅算是传播了毒品的相关知识,并不算违法。( )

176. 小王邀约多人,多次在小李家里吸毒,虽然小李知道吸毒是违法行为,但小李本人没有吸毒,所以小李不要承担任何法律责任。( )

177. 学校应当将禁毒知识纳入教育、教学内容,对学生进行禁毒宣传教育。( )

178. 研究表明,80%以上的苯丙胺滥用者即使停止滥用长达 8~12 年,仍有一些精神病症状,乃至精神分裂,一遇刺激便会发作。( )

179. 摇头丸具有兴奋与致幻双重作用,在药力作用下,用药者的时间概念和认知会混乱,因而表现出超乎寻常的活跃。( )

180. 罂粟壳是罂粟的成熟干燥果壳,呈椭圆形或瓶状卵形,残留有吗啡等成分。( )

181. 有的吸毒者为了获取毒品和毒资,丧失人格,违反道德和法律,实施盗窃、抢劫和抢夺等破坏社会秩序的行为。( )

182. 有人说大麻成瘾性小,偶尔吸食一两次没关系;但实际上大麻危害极大,吸食会造成"致畸、致癌、致突变"。( )

183. 在食品中掺用罂粟壳的行为，不构成犯罪，也无须进行行政处罚。（   ）
184. 只要依靠坚强的意志，戒毒就一定能成功。（   ）
185. 止咳露（或止咳水）只是一种常见的中成药，大量服用不会形成药物依赖。（   ）
186. 杜冷丁，为白色结晶性粉末，无臭或几乎无臭。医疗多用于针剂，滥用会成瘾，严重危害人体健康和生命安全。（   ）
187. 鸦片是一种无色、无味的物质。（   ）
188. 苯丙胺因其纯品无色透明，像冰一样，故俗称"冰毒"。（   ）
189. K粉呈白色结晶粉末状，易溶于水，可随意勾兑进饮料。（   ）
190. 传统毒品一般是指鸦片、海洛因、大麻等流行较早的毒品。（   ）
191. 大麻类毒品的主要活性成分是四氢大麻酚。（   ）
192. 当有人威胁我们吸毒时，要将情况主动告知家长和学校，或者打110报警，寻求帮助。（   ）
193. 杜冷丁是麻醉药品，不能随便用。（   ）
194. 非法性是毒品的法律属性。凡违反有关规定，用于非医疗、科研目的而制造、运输、销售、使用麻醉药品和精神药品时，这些药品就是毒品，此类行为就是非法行为。（   ）
195. 各级人民政府应当建立毒品违法犯罪举报制度。（   ）
196. 国际上习惯称吸毒为麻醉药品和精神药品的滥用。（   ）
197. 国家对麻醉药品药用原植物种植实行管制。禁止非法种植罂粟、古柯植物、大麻植物以及国家规定管制的可以用于提炼加工毒品的其他原植物。（   ）
198. 国家鼓励公民、组织开展公益性的禁毒宣传活动。（   ）
199. 国家严格管制戒毒药品的研究、生产、供应和使用。（   ）
200. 荷兰不限制贩卖和吸食大麻。（   ）
201. 戒毒药品可随意提供给戒毒医疗机构开展戒毒治疗使用。（   ）
202. 戒毒治疗不得以营利为目的。（   ）
203. 精神药品是指由国际禁毒公约和我国法律法规规定管制的、直接作用于人的中枢神经系统，使人兴奋或抑制，连续使用能产生依赖性的药品。（   ）
204. 咖啡因是由化学合成或从茶叶、咖啡果中提炼出来的一种生物碱，是毒品；头疼粉中含有定量的咖啡因，所以人们服用服食头疼粉的行为是吸毒。（   ）
205. 氯胺酮，是一种静脉全麻药，也用作兽用麻醉药，一般人只要足量接触二、三次即可上瘾，是一种极度危险的精神药品。（   ）
206. 吗啡、海洛因，如采取静脉注射的方式，1至2次即可成瘾。（   ）
207. 青少年涉毒犯罪的特征表现为：低龄化趋势明显，吸毒犯罪者居多。（   ）
208. 任何陌生人委托我们帮他保管任何物品，我们都应该拒绝。（   ）
209. 如果有同学或好朋友吃了一些东西以后，发生昏厥、呕吐或是抽搐等不适症状，我们可以拨打120急救电话。（   ）
210. 如果自己一个人在家，遇到有不明的快递物品送到家里，我们应该先打电话向父母核实情况，才能开门接收快递员送的东西。（   ）

211. 生理戒断是指尿检呈阴性，戒断症状消失。（   ）
212. 我国的吸毒现象已遍及社会各阶层、各年龄段。（   ）
213. 我国对毒品违法尚不构成犯罪的行为予以处罚，处罚的形式有警告、罚款、行政拘留和吊销公安机关发放的许可证。（   ）
214. 吸毒的方式有口服、鼻吸、肌肉注射和静脉注射等。（   ）
215. 吸毒行为可以通过采集当事人血液、尿液、毛发等检测出来。（   ）
216. 吸食过量大麻烟可引起气管炎、咽炎、气喘发作、喉头水肿等疾病。（   ）
217. 摇头丸主要出现在慢摇吧、迪厅等娱乐场所，青少年应尽量远离这些场所。（   ）
218. 要构筑良好的拒毒心理防线，只需做到正确把握好奇心，抵制不良诱惑即可。（   ）
219. 罂粟壳是罂粟的成熟干燥果壳，呈椭圆形或瓶状卵形。（   ）
220. 邮寄毒品进出国（边）境的行为不是走私毒品罪。（   ）
221. 印度人最早将鸦片传入中国。（   ）
222. 随着社会的发展，大麻已经不是世界上滥用人数最多的毒品。（   ）
223. 天然类毒品是指直接从毒品原植物中提取的毒品，常见的主要有大麻、鸦片、冰毒及麦司卡林等。（   ）
224. 为了安全起见，我们应该拒绝陌生人给的糖果、点心或任何饮料。（   ）
225. 未成年人的父母或者其他监护人应当对未成年人进行毒品危害的教育，防止其吸食、注射毒品或者进行其他毒品违法犯罪活动。（   ）
226. 我们的爸爸、妈妈、爷爷、奶奶都可以喝酒，所以我们也可以喝酒。（   ）
227. 依赖性一般有生理依赖性与心理依赖性两大特征。（   ）
228. 吸毒的人不会长寿。（   ）
229. 吸毒对社会的危害，包括诱发违法犯罪、影响国民素质、吞噬社会巨额财富、影响国计民生等。（   ）
230. 吸毒行为产生的环境因素主要包括社区环境、家庭环境和人际环境。（   ）
231. 吸毒会败坏社会风气，腐蚀人的灵魂，摧毁民族精神。（   ）
232. 吸毒会耗费越来越多的家庭财产。（   ）
233. 目前我国吸毒人群中青少年所占比例较高，吸毒群体趋于低龄化。（   ）
234. 吸毒人员身体消瘦是一种常态，而非病态，所以吸食毒品能有效减肥。（   ）
235. 吸毒是国家法律禁止的行为。（   ）
236. 吸毒者不健康的心理有盲目好奇、慕虚荣、赶时髦、追求刺激和享乐、赌气或逆反、无知和轻信、自暴自弃。（   ）
237. 吸毒者对毒品都具有较强的依赖性，而依赖性仅表现在身体（生理）上对毒品的依赖。（   ）
238. 吸毒者既是违法者又是病人。（   ）
239. 吸食毒品，既害国家，又害家庭，更害自己。（   ）
240. 吸食毒品等于自我毁灭。（   ）
241. 吸食过量大麻可发生意识不清、产生幻觉等。（   ）

242. 吸食新型合成毒品后，只要自己注意，不可能染上性病或艾滋病。（　）

243. 吸食注射毒品成瘾的，应当戒除毒瘾。（　）

244. 小丁13岁，被毒贩子教唆利用，帮助贩毒集团贩毒，并伴随有吸毒行为，小丁虽然不用承担刑事责任，但应该进行戒毒治疗。（　）

245. 小王把20克冰毒寄存在小张家里后离开了，后来被公安机关查获。由于小张自己不吸毒，小王也承认毒品是他自己放的，没有告诉小张是毒品，所以小张他不需要负任何法律责任。（　）

246. 新闻、出版、文化、广播、电影、电视等有关单位，应当有针对性地面向社会进行禁毒宣传教育。（　）

247. 学生也有一份禁毒的责任。（　）

248. 鸦片，俗称大烟、福寿膏、阿芙蓉等，医学名阿片。其滥用方式为口吸，是一种传统麻醉品，具有保健作用。（　）

249. 鸦片，俗称大烟、烟土、福寿膏、阿片，其原植物是罂粟。（　）

250. 鸦片、合成大麻、海洛因、可卡因是传统毒品。（　）

251. 鸦片最初是医用药物，主要用于镇咳止泻，后来被人们作为毒品吸食。（　）

252. 摇头丸就像跳跳糖或是泡泡糖一样，是一种娱乐食品，不是毒品。（　）

253. 摇头丸又称"俱乐部毒品"或"休闲毒品"。（　）

254. 要拒绝毒品，我们只要知道毒品的危害，吸毒、贩毒就是违法犯罪即可。（　）

255. 要树立正确的世界观、人生观、价值观，努力学习，追求进取，正确把握自己的行动与交友，以免走上歧途、误入毒海。（　）

256. 要想真正远离毒品，我们首先就必须要了解人们选择吸食毒品之原因。（　）

257. 已满14周岁不满16周岁的人对涉及"毒品"的犯罪，仅对"贩卖"毒品行为负刑事责任，对其他涉毒罪行不负刑事责任。（　）

258. 1874年英国化学家莱特（R.Wright），在吗啡中加入醋酸酐等物质，首次提炼出镇痛效果更佳的半合成化衍生物，海洛因。（　）

259. 罂粟籽、大麻籽属于毒品原植物种子。（　）

260. 有关单位及其工作人员在入学、就业、享受社会保障等方面歧视戒毒人员的，由教育行政部门、劳动行政部门责令改正；给当事人造成损失的，依法承担赔偿责任。（　）

261. 有效的戒毒方法包括药物治疗、物理治疗和心理社会治疗、行为矫治等。（　）

262. 远离毒品关键在于自己。（　）

263. 孕妇涉毒犯罪有可能免除刑责。（　）

264. 在荷兰吸毒，也属违法。（　）

265. 在我们日常生活里可能遇到的毒品中，根据其来源可将其分为传统毒品与新型毒品。（　）

266. 在中国，K粉列入第一类精神药品管制。（　）

267. 长期滥用冰毒等苯丙胺类兴奋剂可导致慢性精神障碍，又称苯丙胺性精神病。（　）

268. 长期吸毒会使吸毒者沉溺于虚幻的自我体验中而不能自拔,使其丧失对生活的热爱、丧失对人际交往的兴趣,这是毒品的社会危害。（ ）

269. 长期吸食鸦片会使人先天免疫力丧失,非常容易感染各种疾病。（ ）

270. 长期酗酒也会产生生理依赖和心理依赖。（ ）

271. 只要出于观赏的目的,种植大麻、古柯或罂粟就是合法的。（ ）

272. 只要坚决不接触毒品,不交毒友,时刻保持警惕,就不会沾染毒品。（ ）

273. 只要自己的吸毒行为没有危害到社会、家庭和他人的生活,就是合法的。（ ）

274. 止咳水的主要成分虽然为可待因及麻黄碱等,但它其实是一种镇咳处方药,即便非法乱用也不是吸毒。（ ）

275. 制定《禁毒法》的目的是：预防和惩治毒品违法犯罪行为,保护公民身心健康,维护社会秩序。（ ）

276. 学校是毒品预防教育的主阵地,课堂是主渠道。（ ）

三、社会实践题及案例分析题（此部分的题目，根据大学生的学习程度的不同，选择相应的题目）

277. 请根据毒品预防教育的学校教育,设计一个到中小学进行毒品预防教育的方案。

278. 请根据毒品预防教育中的家庭教育,分析家庭的教育模式和家庭的亲子关系对青少年远离毒品的影响。

279. 试根据毒品预防教育的社区教育内容,分析社区在无毒社区的构建和戒毒人员后期康复中所起的作用,探讨社区从哪些方面入手,可以减少社区内吸毒现象并强化戒毒效果。

280. 根据所学的禁毒防艾工作策略,作为禁毒防艾志愿者设计并实施一次到社区进行禁毒防艾宣传教育活动的具体方案。

281. 在毒品预防教育指导教师的带领下,与当地公安局毒品预防教育部门联系,参加一次到戒毒所的实地警示教育活动。请你写出应该的注意事项。

282. 以班级或小组为单位组织,参看一部禁毒影视剧或禁毒视频,以小组为单位写出一篇小论文,分析影视剧或视频中吸毒者吸毒的成因、危害,探究如何在青少年成长过程中有效把握家庭教育、社区管理等环节。

扫描二维码，查看试题答案

附录 6：中小学毒品预防教育方案设计模板

中小学毒品预防教育方案				
一、指导思想				备注/效果/改进措施
二、主要工作目标				
三、主要工作措施				
四、预防教育效果评价				
五、存在的问题分析及解决措施				
六、相关附件				
讲课 ppt	剪辑的视频片段		禁毒测试题	调查问卷及结果分析

参考文献

[1] 李晓凤. 禁毒社会工作的"精细化"标准研究——以珠江三角洲地区为例[M]. 北京：中国社会出版社，2016.

[2] 贾东明，陈钊鑫，王大安，等. 青少年毒品预防教育[M]. 武汉：湖北科学技术出版社，2021.

[3] 刘志民. 毒品预防专题教育——教师用书[M]. 北京：高等教育出版社，2007.

[4] 肇恒伟，关纯兴. 禁毒学教程[M]. 沈阳：东北大学出版社，2003.

[5] 骆寒青. 毒品预防教程[M]. 北京：中国人民公安大学出版社，2011.

[6] 中华人民共和国禁毒法（实用版）[M]. 北京：中国法制出版社，2020.

[7] 梁晋云，杨军，张龙. 高等学校毒品与艾滋病预防教育[M]. 昆明：云南大学出版社，2021.

[8] 中国毒品形势报告[EB/OL].（2022-02-11） http://www.nncc626.com/2022-02/11/c_121156140.htm